Self - directed learning Skill

대학생을 위한

# 자기주도학습기술

김혜온 · 김수정 공저

학지사

현대와 같은 지식사회에서는 "아는 것이 힘이다."라는 말이 정말 실감이 난다. 그러나 오늘 유용했던 지식이 내일은 더 이상 쓸모없는 낡은 지식이 되는 상황에서 학창 시절에 단순하게 축적한 지식만으로는 부족하다는 지적이 있다. 이러한 맥락에서 지식 획득과 관리능력의 중요성 그리고 평생학습의 필요성이 부각되고 있다. 학습자는 단순히 학교에서 제공되는 지식을 수동적으로 수용만 하는 것이 아니라 능동적으로 자신에게 필요한 지식을 찾고 관리하며 활용할 수 있어야 한다. 최근 자기주도학습(self-directed learning)의 필요성에 대해 자주 언급되는 것도 이러한 맥락에서 이해할 수 있다.

자기주도학습에서는 학습자가 자신의 학습활동에 대해 주도적으로 의사결정을 한다. 학습자는 자신이 무엇을 학습해야 하는가를 살펴보고 스스로 학습목표를 설정한다. 또한 학습목표에 도달하기 위해 적절한 학습전략을 선택하고 활용하여 그 효과를 검증한다. 물론 효과적인 학습을 하기 위해서는 스스로 공부하려는 동기와 자신이 선택한 목표를 지속적으로 추구하려는 의지가 있어야 한다. 이와 같이 자기주도학습에서는 학습자의 능동적인 역할이 강조된다.

자기주도학습이 제대로 이루어지지 않는 데에는 여러 가지 이유가 있을 수 있다. 교사(교수)나 부모로부터 어떻게 공부를 해야 하는지에 대해 지시받았던 것에 익숙하면 스스로 계획을 세우고 전략을 짜서 학습하는 능력이 생기지 않는다. 특히 중 · 고등학교 교육이 대학입시에 초점이 맞추어진 우리나라 교육현실에서는 자기주도학습이 제대로 이루어지기 어렵다.

학습목표를 세우고 스스로에게 동기를 부여하며 목표달성을 위한 학습전략을 짜는 것 그리고 효과적으로 공부하기 위해 시간과 학습환경을 관리하는 것 모두 자기주도학습의 핵심요소다. 이 책에서는 자기주도학습의 세 가지 측면, 즉 인지적 측면, 동기 · 정서적 측면, 시간과 환경의 관리 측면을 다루려고 한다. 이에 대한 구체적인 내용은 다음과 같다.

제1장에서는 목표설정에 대해 다룬다. 학습목표의 설정은 자기주도학습의 시작이라고 할 수 있다. 이 장에서는 목표설정의 필요성에 대해 설명하고 다양한 목표의 유형을 제시한다. 목표가 여러 개 있을 때, 순서를 정하고 목표를 구체화하는 방법에 대해서도 설명한다. 제2장에서는 학습전략에 대해 다룬다. 학습전략이란 학습목표를 달성하기 위해 각 상황에 맞게 활용할 수 있는 의식적인 활동이나 자동화된 활동들을 말한다. 학습을 하면서 학습내용을 단순히 반복하는 것뿐 아니라 학습내용을 깊이 있게 이해하기 위해서는 새로 배운 내용을 이미 알고 있는 내용과 연결하며 잘 구조화하여 정리하는 것이 중요하다. 이때 다양한 전략을 활용할 수 있다. 또한 상위인지는 자기주도학습에 필수적인 요소다. 상위인지란 한마디로 말해서 자신의 인지과정을 통제하고 조절하는 것으로, 학습과정에서의 자신의 능력, 강점 그리고 약점에 대해 의식하고 있는 것이라고 할 수 있다. 즉, 자신의 인지과정을 검토하고 문제가 있을 때 학습상황에 맞추어 이를 조절하는 것을 말한다.

제3장에서는 기억과 주의에 대해 다룬다. 학습내용에 포함된 정보를 수용하여 저장했다가 필요할 때 인출하는 과정을 효율적으로 하는 것이 학습의 가장 기본적인 요소다. 또한 학습상황에서 학습해야 할 자료가 많을 때 중요한 대상에 주의를 집중하는 것이 요구된다. 이 장에서는 학습에서의 정보처리 과정과 기억훈련 방법에 대해서 설명한다.

제4장과 제5장에서는 문제해결에 대해 다룬다. 현대사회에서와 같이 빠르게 변화하는 세상에서 모든 것을 다 학교에서 배울 수는 없다. 특히 단순히 암기를 해서 획득된 지식은 죽은 지식으로 남아 있을 가능성이 높다. 중요한 것은 학습한 내용을 제대로 이해하고 필요할 때 응용할 수 있어야 한다. 이러한 맥락에서 문제해결 능력이 점점 강조되고 있다. 제4장에서는 문제해결의 중요성과 문제해결 과정에 대해 단계별로 설명한다. 제5장에서는 창의적인 문제해결에 대해서 다루는 데 창의적인 문제해결의 걸림돌이 무엇인지 살펴보고 창의적인 문제해결을 위한 아이디어를 찾는 방법에 대해 설명한다.

제6장에서는 비판적 사고에 대해 다룬다. 자기주도적 학습은 학습자의 능동적인 역할을 강조한다. 특히 학습한 내용을 단순히 수용하는 것이 아니라 이를 비판적으로 판단하고 선택하여 자신의 지식체계를 구성해 가는 것이 중요하다. 비판적인 사고의 특성과 비판적인 사고를 위한 전략을 살펴보고, 이를 논증하기 위해 사용된 자료를 검증하는 방법과 논증의 논리성을 평가하는 방법에 대해 설명한다.

제7장에서는 지식관리에 대해 다룬다. 지식관리란 자신에게 필요한 지식을 획득하고 이를 잘 정리하여 필요할 때 인출할 수 있도록 하는 것이다. 이를 위해 자료를 관리하고 지식을 시각화하는 방법에 대해 설명한다.

이와 같은 기본적인 인지적 활동 외에도 학습과정에서 일련의 복합적인 활동이 이루어진다. 즉, 학교에서의 성공적인 학습을 위해서는 책을 읽고, 노트를 정리하며, 토론하고 발표하는 활동들이 요구된다. 제8장, 제9장, 제10장, 제11장에서는 이와 같은 학습과 관련된 활동을 다룬다.

제8장에서는 책을 읽는 방법에 대해 다룬다. 효과적으로 책을 읽기 위해서는 책을 읽기 전에 책을 읽는 목표를 분명히 하고 책의 구조를 살펴보는 것이 필요하다. 책을 읽으면서도 다양한 전략들을 활용할 수 있다. 이 외에도 책을 읽고 나서 활용될 수 있는 전략들이 소개된다.

제9장에서는 듣기와 노트필기 전략에 대해 설명한다. 수업시간에 노트필기를 잘하기 위해서는 듣기 전략을 잘 활용해야 하고 자신이 이해한 내용을 효율적으로 정리하는 방법을 연습하는 것이 필요하다.

제10장에서는 글쓰기에 대해서 다룬다. 대학교에서는 대부분의 수업에서 보고서를 과제로 제출할 것을 요구받는 등 글쓰기가 요구되는 상황이 많다. 글을 쓰기 위해 글을 읽는 사람을 고려하고 주제를 명료화하여 자료를 탐색하그 아이디어를 생산한 후, 글쓰기 계획을 체계적으로 세우고 이에 따라 글로 옮기고 검토하는 방법들이 소개된다.

제11장에서는 발표와 토론에 대해서 다룬다. 특히 대학생들은 토론과 발표할 기회가 많은데, 토론을 통해서 자신의 생각을 잘 전달하고 다른 사람들로부터 새로운 지식과 관점을 배울 수 있다. 또한 자신이 알고 있는 내용을 글이나 구두로 발표하는 능력을 연습하는 것도 매우 중요하다. 발표를 계획하고 준비하는 방법, 발표 내용을 구성하는 방법과 시청각자료의 활용, 발표를 연습하고 평가하는 방법들이 소개된다. 아울러 효과적으로 토론을 하기 위해서 유의할 점들을 다룬다.

제12장에서는 학습동기에 대해 설명한다. 자기주도학습에는 앞에서 언급한 인지적 측면 외에도 정의적 측면이 중요하다. 성공적인 학습을 위해서는 학습목표를 설정하고 스스로에게 동기를 부여하며 이를 유지하는 능력 그리고 성공과 실패의 상황에서도 잘 대처하는 능력이 필요하다. 또한 다른 것을 하고자 하는 우혹을 잘 이겨내어 공부를 중

도에 포기하지 않고 지속할 수 있는 의지가 중요하다. 이 장에서는 이 외에도 동기 향상을 위한 전략들이 소개된다.

제13장에서는 정서에 대해 다룬다. 공부를 하면서 항상 흥미와 보람을 느낄 수는 없다. 때로는 공부를 해도 효과가 없다는 좌절감이 들기도 하고 특히 시험이나 발표를 앞두고 제대로 해내지 못할 것에 대한 두려움을 느낄 수 있다. 이럴 때 도망가고 싶은 느낌을 갖게 되기도 한다. 이와 같이 실패에 대한 두려움과 자신이 원하는 대로 결과가 나오지 않을 때의 실망감 등을 어떻게 처리를 하는가도 자기주도학습의 중요한 요소다. 또한 시험불안이 있을 때 이를 극복하는 방법을 알고 실행하는 것이 공부를 열심히 하는 것 만큼이나 중요할 것이다.

제14장에서는 시간과 환경의 관리에 대해 다룬다. 공부를 하는 환경을 잘 정리하여 주의가 산만해지지 않도록 하거나 시간관리를 잘하는 것이 학습의 효과에 영향을 미친다. 이를 위해 효율적으로 시간을 계획하거나 시간낭비를 방지할 수 있는 전략들과 학습하기에 좋은 환경을 구성하는 방법들이 소개된다.

이 책의 내용은 주로 대학교 저학년 학생들을 위해 구성되었다. 혹자는 초·중·고등학교 모두 12년 동안 학교를 다닌 사람들에게 학습의 기술을 설명하는 것이 새삼스러운 일이라고 생각할 수도 있다. 그러나 대학입시만을 목표로 달려 온 많은 학생들이 막상 대학에 들어와서 무엇을 어떻게 공부해야 할지 몰라서 방황하거나 공부를 제대로 시작하기도 전에 공부와 거리를 두는 안타까운 모습을 보인다. 현대와 같은 지식정보 사회에서 지식의 중요성이 더욱 부각되고 있고, 학교를 졸업한 후에도 스스로 계획하고 학습하는 평생교육이 강조되는 시점에서 자기주도적인 학습을 위한 기술을 습득하기 위해 고민해 보는 것은 유익한 일일 것이다. 이제 독자들이 이 책을 통해 자신이 이미 알고 있는 학습기술은 더 효율적으로 활용하고, 아직 몰랐던 전략들은 새로 익혀서 자신에게 필요한 지식을 능동적으로 구성해 나가는 데 도움이 되기 바란다.

끝으로 이 책을 출간해 주신 학지사의 김진환 사장님과 편집과정에서 애쓰신 편집부 모든 분들께 지면을 통해 깊은 감사를 드린다.

2008년 8월

저자 일동

# 차 례

제 1 장

# 목표 설정

영호는 부모님께 순종하는 학생이다. 초등학교 때부터 학교공부 외에도 어머니께서 시키시는 대로 보습학원, 한문학원, 피아노학원, 태권도 등을 다녔다. 소질이 있거나 특별히 좋아해서라기보다 어머니가 하라고 하시니까 그냥 따라한 것이다. 중 · 고등학교 다닐 때에도 학교생활을 나름대로 성실히 하였고, 필요에 따라 학원에도 다녔다. 시험 때가 되면 좋은 성적을 받기 위해서 열심히 준비해서 어느 정도의 성적을 유지할 수 있었다. 물론 공부하기 싫을 때도 많았지만, 대학에 들어가야 한다는 부담감 때문에 마음 놓고 놀아 본 기억도 없다. 대학에 가서 딱히 무엇을 전공하는 것이 좋을지 고민해 보지도 않은 채 그냥 성적대로 지원하여 합격하였다. 일단 안도감도 들고 그동안 못 놀았던 것을 한풀이하듯이 입학하기 전까지 정신없이 지냈다. 그런데 막상 대학에 들어가 보니 대학생활을 어떻게 해야 될지 막막한 생각이 들었다. 갑자기 주어진 자유가 좋으면서도 한편 두려운 생각도 든다. 전공을 제대로 선택한 것인지에 대해서도 의문스럽다. 매스컴에서는 청년실업 운운하는데, 앞으로 진로를 어떻게 개척해야 할지 답답한 느낌이 든다.

**체 • 크 • 리 • 스 • 트**

다음은 목표 설정에 관해 알아보는 질문들이다. 각 문항의 내용에 전혀 동의하지 않을 때는 1번, 조금 동의할 때는 2번, 많이 동의할 때는 3번 그리고 전적으로 동의할 때는 4번에 표시하면 된다.

| | 1 | 2 | 3 | 4 |
|---|---|---|---|---|
| 1. 대학을 졸업할 때까지 무엇을 이루려고 하는지 목표를 세웠다. | | | | |
| 2. 많은 일을 한꺼번에 하려고 하다가 쉽게 지친다. | | | | |
| 3. 내가 이루려고 하는 장기적인 목표를 성취할 수 있도록 이번 주에 무엇을 해야 할지 생각해 본다. | | | | |
| 4. 그냥 매일 충실히 살다 보면 좋은 결과가 있을 것이라고 생각한다. | | | | |
| 5. 가능하면 쉬운 목표를 정해야 포기하지 않게 된다고 생각한다. | | | | |
| 6. 내가 정한 목표를 달성하면 스스로에게 상을 준다. | | | | |

위의 체크리스트에서 점수를 모두 합산하여 총점을 계산하는데, 2, 4, 5번 문항은 역산을 한다. 즉, 1번에 표시하면 4점, 2번은 3점, 3번은 2점 그리고 4번에 표시를 했으면 1점으로 계산한다. 모두 6문항이므로 최고점이 24점, 최하가 6점이 될 것이다. 점수가 18점보다 낮을 경우에는 목표를 설정하는 데 문제가 있는 것으로 볼 수 있다. 이제 목표 설정에 대해 자세히 살펴보도록 하자.

## 1. 자기주도학습과 목표 설정

엘리스: 어떤 길로 가야 할지 말해 줄 수 있니?
고양이: 네가 어디를 가고 싶은지에 달려 있지.
엘리스: 글쎄, 어디를 가든지 마찬가지야.
고양이: 그래, 그럼 어떤 길로 가든지 마찬가지야.

이상한 나라의 엘리스에서 나오는 이야기다. 목표가 없다면 자기가 선택한 길이 옳은지 틀린지 알 수 없다는 것을 알려 주면서 목표 설정의 중요성을 강조하는 메시지를 전달하고 있다.

목표가 없다면 자신이 선택한 길에서 역량을 100% 발휘할 수 없다. 목표가 있어야 확신을 갖고 더욱 집중해서 그 길을 갈 수 있기 때문이다. 사례에서 소개된 영호라는 학생도 초 · 중 · 고등학교 때 부모님이나 선생님이 시키는 대로 성실하게 공부하여 대학에 입학하였으나, 이제 자신을 이끌어 주는 사람이 없다는 사실에 막막해한다. 중 · 고등학교에서는 무엇을 언제까지 공부해야 하는지 학습목표가 이미 주어져 있기 때문에 학생들은 단지 주어진 목표에 도달하기 위해 성실하게 노력하기만 하면 된다. 그러므로 스스로 목표를 설정하고 계획하여 실행해 본 경험이 없는 사람들에게는 자신에게 주어진 자유가 부담스럽기까지 할 것이다. 성실하게 공부하는 습관이 붙은 사람들도 학습목표가 분명하지 않을 때에는 과연 자기가 제대로 공부를 하고 있는지 확신하지 못할 수 있다.

성공적인 대학생활을 위해서는 스스로 목표를 설정하고 이를 위해 계획을 짜고 꾸준하게 실행하는 것이 필요하다. 이것이 자기주도학습의 시작이라고 할 수 있다(Knowles, 1980). 자기주도학습에서는 학습자가 학습의 모든 과정에서 주도권을 갖는다. 즉, 학습목표를 스스로 설정하고 학습에 필요한 인적 · 물적 자원을 확보하여 학습목표와 학습내용에 적합한 전략과 기술을 선택하여 적용한다(송인섭, 2007). 학습목표가 분명해야 이에 맞는 학습전략을 선택하여 실행할 수 있고, 또 학습을 마친 후 학습목표를 달성했는지를 검토하며, 어디에 문제가 있었는지 분석하여 수정할 수 있다. 일반적으로 목표는 인간 행동의 방향만 제시해 주는 것이 아니라 그 일을 할 수 있는 에너지를 제공한다. 따라서 목표가 분명하면 목표를 향해 갈 수 있는 동력을 갖게 되고 중간에 지치거나 좌절감이 들 때에도 극복하기가 쉽다.

## 2. 목표의 종류

목표에는 여러 종류가 있다. 인생에서 성공하겠다는 막연한 목표도 있고, 다음 학기에는 장학금을 받겠다는 구체적인 목표도 있다. 앞으로 10년 후에 무엇을 이루겠다는 장기적인 목표를 세울 수도 있고 일주일 후에 무엇인가를 성취하겠다는 단기적인 목표를 세울 수도 있다.

### 1) 장기 목표와 단기 목표

장기적인 목표는 자신의 일생을 두고 이루고자 하는 일뿐 아니라, 대학을 졸업할 때까지 이루고자 하는 목표들이 모두 포함된다. 즉, 며칠 혹은 몇 주 안에 이룰 수 없는 목표들을 말한다. 장기적인 목표는 '성공적인 인생' 과 같이 막연할 수 있다. 이는 '성공' 의 의미가 분명하게 정의되지 않았기 때문이다. 성공이 행복한 가정의 삶, 부, 건강, 직업, 우정 등 다양한 삶의 영역에서 어떻게 정의될 수 있을지 생각해 보아야 한다. 물론 대학을 졸업할 때까지 무엇을 이루겠다고 목표를 정할 때에는 비교적 구체적으로 설정할 수 있다.

연습문제

다음의 각 생활영역에서 대학을 졸업할 때까지 이루고자 하는 목표를 적어 보자.

| | 대학 졸업 때까지 이루고자 하는 목표 |
|---|---|
| 직업/학업 | |
| 가족/인간관계 | |
| 취미 | |
| 기타 | |

장기적인 목표가 설정되면 앞으로 한 달 후까지 실행해야 할 단기적인 목표는 더욱 구체적으로 세울 수 있다. Pintrich와 Schunk(2002)는 단기적인 목표를 세우는 것이 목표지향적인 행동을 유발하기 때문에 장기적인 목표를 성취하는 데 유리하다고 하였다. 단기적인 목표를 설정함으로써 장기적인 목표를 더 효율적으로 성취할 수 있는 전략을 세울 수 있다는 것이다.

예를 들어, 교사가 되면 학생들을 가르치는 보람도 있고 경제적으로도 안정적인 직업을 갖게 될 것이라고 생각한다면 이를 이루기 위해 임용고사에 합격해야 한다. 대학 졸업할 때까지 임용고사에 합격하는 장기적인 목표를 이루기 위해서는 교직과목들을 이수하고, 임용고사를 준비하기 위해 구체적인 계획을 세워야 한다. 이렇게 구체적인 계획을 세우지 않고 단순히 공부를 열심히 해야겠다고 생각을 하는 경우 제대로 임용고사를 준비하지 못한 채 대학교 시기를 보낼 가능성이 크다. 목표를 설정했을 때와 그렇지 않았을 때의 대학생활은 많은 차이가 있다.

연습문제

다음의 각 생활영역에서 장기 목표를 이루기 위한 단기 목표를 설정해 보자.

| | 대학 졸업 때까지 이루고자 하는 목표 | 단기 목표 |
|---|---|---|
| 직업/학업 | | |
| 가족/<br>인간관계 | | |
| 취미 | | |
| 기타 | | |

### 2) 이상적인 목표와 현실적인 목표

높은 이상을 갖고 목표를 설정하는 것은 좋은 일이다. 그러나 너무 높은 목표를 설정했을 때에는 시작도 하기 전에 포기할 가능성이 높다. 현실적인 목표란 자신의 강점과 약점, 자신이 갖고 있는 인적·물적 자원을 감안한 목표다. 대학에 들어와서야 바이올린을 배우기 시작한 사람이 사라 장과 같이 세계적인 바이올린 연주가가 되겠다고 생각하는 것은 물론 멋진 목표는 될 수 있으나 현실적인 목표라고 하기는 힘들다. 이제 겨우 간단한 연습곡을 힘들게 배우고 나서 사라 장이 멋지게 연주하는 CD를 듣고, '난 언제나 저렇게 연주할 수 있을까?' 하며 지레 좌절할 수 있기 때문이다. 이런 목표를 성취하기 위해서는 이미 어렸을 때부터 바이올린을 배웠어야 했을 것이다. 그러나 이렇게 어렸을 때부터 준비를 해야 하는 특별한 능력을 요구하는 분야가 아닌 경우 대부분 대학 입학 후부터 목표를 설정하고 체계적으로 충실하게 준비하면 자신의 목표를 이루는 것이 가능하다. 목표를 설정할 때는 물론 자신의 지적 능력, 건강, 경제적인 여건 등을 고려해야 한다. 성취 불가능한 이상적인 목표보다는 실현가능성이 있는 현실적인 목표를 설정하는 것이 좋으나, 그렇다고 너무 쉬운 목표를 설정하면 이를 준비하면서 보람을 느끼기 어려우므로 현실적이면서도 도전적인 목표를 설정하는 것이 좋다.

**연습문제**

현재로서는 성취하는 것이 쉽지 않지만 대학을 다니면서 도전해 보고 싶은 목표를 설정해 보자.

### 3) 막연한 목표와 구체적인 목표

장기적인 목표는 이상적이고 막연할 수 있다. 물론 꿈을 원대하게 갖고 넓은 안목에서 목표를 설정하는 것도 좋으나, 이를 실현할 수 있도록 중간 목표들을 구체적으로 설정하는 것이 필요하다. 구체적인 목표는 이를 달성했는지 여부를 판단할 수 있는 목표이기도 하다. 대학을 다니면서 열심히 공부하겠다는 목표를 설정했다면 이를 달성했는지 판단할 수 있는 기준이 있어야 한다. 예를 들어, 2주일 안에 '인간 심리의 이해' 과목의 보고서를 작성하겠다든지, 1학년 1학기 평점을 얼마 받겠다고 한다면 이는 구체적인 목표라고 할 수 있다. 모든 장기적인 목표가 막연하게 설정되는 것은 아니다. 예를 들어, 졸업할 때 전체 평점을 얼마 받겠다고 한다면 이는 장기적인 목표이지만 구체적이라고 할 수 있다. 이런 관점에서 앞에서 적어 본 장기 목표와 단기 목표들이 구체적이었는지 평가할 수 있을 것이다. 목표가 구체적일 때 자신이 목표를 달성했는지 여부를 판단할 수 있고, 목표를 달성하지 못했을 때 앞으로 목표 달성을 위해 어떤 전략을 세워야 할지 구상할 수 있다.

VanderStoep과 Pintrich(2003)는 목표의 구체성을 상황과 연결하여 설명하였다. 예를 들어, 수업 시간에 적극적으로 발표하겠다는 목표는 교양 수업과 같이 많은 학생들이 참여하는 수업 시간보다는 20명 안팎의 학생들이 참여하고 발표와 토론 위주로 진행되는 전공 수업에서 더 달성하기가 쉽다. 구체적인 목표를 설정하고 이를 실현할 수 있는 상황과 그렇지 않은 상황을 고려하는 것도 목표 달성 여부를 판단하는 중요한 기준이 된다.

**연습문제**

자신의 단기 목표를 어떤 상황에서 어떻게 성취할 것인지 구체화하고 이를 성취했는지 여부를 어떤 기준으로 평가할 것인지 생각해 보자.

| 단기 목표 | 상황 변수 | 평가 기준 |
|---|---|---|
| 예) 수업 시간에 적극적으로 참여 | 전공 수업에서만 가능 | 수업 시간에 1번 이상 질문하기 |
| | | |
| | | |

### 4) 결과지향적 목표와 과정지향적 목표

결과지향적인 목표는 말 그대로 자신이 노력한 결과에 초점을 둔 목표이고 과정지향적인 목표는 결과와 관계없이 과정을 중요하게 생각하는 목표다. 예를 들어, 시험 성적은 원하는 것만큼 나오지 않았지만 시험 준비를 하면서 시험을 치른 분야의 많은 지식을 쌓게 된 것을 긍정적으로 평가한다면, 혹은 운동선수가 시합에 나가서 우승을 하지 못했지만 연습하는 과정에서 많은 기술을 습득한 것에 만족한다면, 과정지향적인 목표는 달성된 것으로 본다. 어떻게 보면 과정지향적인 목표는 최종 목표를 달성하기 위한 부분 목표를 성취하는 것으로 해석할 수 있다.

과정지향적인 목표, 즉 자신의 실력이 점점 향상되는 것을 목표로 할 경우에는 성적과 같은 피드백이 바로 주어지지 않을 때에도 눈에 보이지 않는 목표를 향해 장기적으로 노력하는 끈기가 요구되기도 한다. 과정지향적인 사람들은 노력을 중요시하고 결과에 연연해하지 않기 때문에 쉽게 해결되지 않는 도전적인 과제를 회피하지 않는다. 반면 결과지향적인 목표를 추구하는 사람들은 결과가 좋지 않을 것이라고 예상될 때에는 쉽게 포기하는 경향이 있다.

결과지향적인 목표를 추구하는 사람들은 흔히 다른 사람들과의 비교를 통해 자신의 성공여부를 결정한다. 이는 특히 경쟁이 우선시되는 사회에서 더욱 그렇다. 앞에서 예를 든 것과 같이 상대평가를 하는 경우 모든 사람들이 A학점을 받을 수 있는 것이 아니기 때문에 A학점을 받기 위해서는 남보다 더 잘해야 한다. 따라서 다른 사람들과의 경쟁적인 관계에 있을 때 결과지향적인 사람들은 더 많은 스트레스를 경험한다. 이들은 경우에 따라 목표를 아주 낮게 잡아 실패를 피하려고 하거나 목표를 너무 높게 잡아 그 일이 너무 어려웠었다고 변명한다. 자신의 목표를 달성하기 어렵다고 판단될 때에는 실패경험을 피하기 위해 최선을 다하지 않는 경향도 보이는데, 이는 자신이 노력을 하지 않아서 기대만큼 성적이 나오지 않은 것으로 합리화하려는 것이다. 또한 다른 사람들과의 경쟁이나 비교를 통해 인정받으려고 하는 경우, 자신의 목표를 달성하기 어려울 때 다른 사람들이 자신을 어떻게 평가할 것인가까지 신경쓰게 되어 목표 그 자체에만 집중하는 것이 어렵고 그로 인해 목표 달성이 더 힘들어질 수 있다.

과정지향적인 목표를 갖고 있을 때 더욱 자기주도적인 학습을 하게 된다. 그 결과, 즉 성적만을 중요시하지 않고 자신이 공부를 해서 더 많은 지식과 기술을 쌓겠다는 생각을 할 때 내용을 더 깊이 있게 이해하려는 노력을 하게 된다. 따라서 무엇인가를 처음 배우기 시작할 때에는 결과보다는 과정을 중요시하는 것이 바람직하다. 결과가 만족스럽지 못하더라도 자신이 예전보다 얼마나 더 향상했는가에 초점을 맞춤으로써 더 깊이 있게 공부할 수 있기 때문이다. 물론 과정지향적인 목표도 구체적으로 설정할 수 있다. 예를 들어, '이번 학기 교육방법론 시간에 다양한 교육 방법에 대해 적어도 세 권의 참고도서를 활용하여 그 내용을 정리해서 이해하겠다.' 는 목표를 설정하는 것이다.

물론 결과지향적인 목표가 구체적이고 과정지향적인 목표가 추상적일 때에는 구체적인 결과를 성취하기 위해 더 열심히 노력할 수 있다. 예를 들어, A학점을 받겠다는 구체적인 목표가 있을 때에는 학습내용을 깊이 있게 이해하겠다는 추상적인 목표를 갖고 있을 때보다 더욱 열심히 할 것이다. 그러나 상대평가를 하는 경우 모든 학생들이 A학점을 받을 수 있는 것은 아니기 때문에 결과지향적인 목표를 달성하기가 쉽지 않을 수 있다.

## 3. 목표 설정 방법

공부하기 위한 목표를 세우는 경우 동시에 여러 개의 목표를 추구해야 할 때가 많으며 각각의 목표는 우리로 하여금 시간과 에너지의 분산을 요구한다. 시간과 에너지가 분산되면서도 동시에 여러 목표를 항상 추구할 수 있다면 문제가 없지만, 늘 그럴 수 있는 것은 아니다. 따라서 목표를 설정할 때 어느 목표를 먼저 달성하기 위해 노력해야 하는지를 결정해야 한다. 그리고 앞에서 언급한 바와 같이 목표는 이를 달성하기 위한 체계적인 계획을 세울 수 있을 만큼 구체적일 필요가 있다.

### 1) 목표의 위계화

목표를 구체적으로 세우기 전에 워밍업으로 할 수 있는 작업을 해 보자. 종이 위에 자신의 소망을 적어 보는 것이다. 앞으로 5년 내에 이루고 싶은 일을 생각나는 대로 적어 본다. 그 다음에 하나씩 점검해 보는데, 자신이 그 일을 정말로 원하는지 그리고 그 일을 이루기 위해 들여야 하는 노력, 시간 등에 목표로 삼기에 적합한지를 체크한다. 이런 것을 점검한 후에 자신의 목표를 설정하고 필요에 따라 이를 이루기 위한 단계적인 목표를 세워 구체화한다.

목표를 설정할 때 주의할 점은 너무 많은 목표를 세우지 말고 적은 목표를 집중적으로 추구하라는 것이다. 여러 가지 일을 해야 하고 이들을 동시에 처리할 수 없을 때에는 우선순위를 결정해서 하는 것이 효율적이다. 경계해야 할 점은 한꺼번에 많은 일을 하려고 하는 것, 많은 일을 시작하고 끝을 맺지 않는 것, 중요하지 않은 일을 시작하는 것 등이다.

우선순위를 정할 때 다음과 같은 질문을 해 보는 것이 도움이 된다.

- 지금 현재 중요한 것이 무엇인가?
- 장기적으로 이루고자 하는 것이 무엇인가?
- 어느 시기에 어떤 목표를 각각 집중적으로 이루려고 하는가?
- 어느 시기에 어느 목표를 이루기 위해 어떤 노력을 해야 하는가?

**연습문제**

앞에서 설정한 단기 목표의 우선순위를 정해 보자.

경우에 따라서는 자신이 하고 싶은 일이 너무 많아서 한꺼번에 이룰 수가 없거나 한 가지를 이루려고 하면 다른 것을 포기해야 하는 등 목표들 사이에서 갈등이 생기기도 한다. 예를 들어, 자격증시험 준비를 하면서 여행을 하고 영화를 보는 것과 같은 자신의 취미생활까지 모두 하는 것은 어려울 수 있다. 이럴 때에는 어떤 목표가 더 중요한지 선택해야 한다. 또는 어느 시점에서는 한 가지 목표를 중점적으로 실천하다가, 다음 시점에서는 다른 것을 추구하는 등 목표를 추구하는 시점을 조절할 수도 있다. 이렇게 언제 어떤 목표를 중점적으로 실행할 것인지를 조절해 놓으면, 설사 한 가지 목표를 위해서 다른 것을 희생해야 하는 경우에도 이번에 뒤르 미루어진 목표를 언제 집중적으로 실행할 수 있는지를 알고 있으므로 갈등을 덜 경험하게 된다.

연습문제

앞에서 설정했던 각 생활영역에서의 목표를 언제 중점적으로 실행할 것인지 생각해 보자.

| | 단기 목표 | 중점적으로 실행할 시기 |
|---|---|---|
| 직업/학업 | | |
| 가족 | | |
| 인간관계 | | |
| 취미 | | |
| 기타 | | |

### 2) 목표의 구체화

목표를 구체화할 때는 다음과 같은 방법을 취할 수 있다. 대학생들의 경우 자신이 어떤 분야로 진출하고 싶은지를 결정한다. 그 다음에는 자신의 진로에 비추었을 때 1년 안에 무엇을 해야 하는가를 결정한다. 이렇게 1년의 목표를 세운 후 1개월 목표, 다음에 주간 목표를 정하는 것과 같이 자신의 목표를 점점 구체화한다. 다시 주간 목표를 기준으로 일일 목표가 세워지면 시간계획을 세우기가 용이해진다. 예를 들어, 2년 후에 자격시험에 합격하는 것을 목표로 했을 때, 그 자격시험을 준비하기 위해서 보아야 할 책의 목록을 정하고 이를 나누어 1년 목표를 정할 수 있다. 그 다음 한 달 안에 공부해야 할 자료의 양이 결정되고, 일주일의 분량이 정해진다. 이와 같이 단순히 '열심히 공부를 하겠다.' 라는 막연한 목표보다 '어느 분량을 언제까지 끝내겠다.' 와 같이 구체적인 계획을 세우는 것이 자신이 목표를 달성했는지 여부를 점검할 수 있어서 더 좋다. 주간 목표가 정해지면 매일 그 다음날의 목표를 설정하는 것이 좋다. 또한 한 주가 시작되기 전에 약 15분 정도의 시간을 내서 자신의 주간 목표가 현실적인지 검토해 보는 것도 바람직하다.

**연습문제**

자신의 1년 후의 목표 중 한 가지를 선택하여 한 달 목표로 구체화해 보자.

| 1년 후의 목표: | |
|---|---|
| 1개월 후 | |
| 2개월 후 | |
| 3개월 후 | |
| 4개월 후 | |
| 5개월 후 | |
| 6개월 후 | |
| 7개월 후 | |
| 8개월 후 | |
| 9개월 후 | |
| 10개월 후 | |
| 11개월 후 | |
| 12개월 후 | |

목표를 너무 과중하게 정해놓고 이를 실천하지 못해 초기에 포기해 버리는 경우가 종종 발생한다. 목표가 아무리 좋아도 이를 이루지 못할 때는 좌절감과 같은 부정적인 정서경험을 하게 되어 계획을 세우지 않은 것보다 못할 수 있다. 목표는 너무 빡빡

하게 세우는 것보다 여유 있게 세우는 것이 좋다. 자신의 목표를 주기적으로 점검하고 필요에 따라서는 계획을 수정한다. 한 달간의 목표를 달성할 때에도 이를 부분 목표로 나누어 단계별로 실천하는 것이 중간에 점검할 수 있어서 좋다. 단계별 목표를 달성했을 때에는 스스로에게 보상하는 것도 효과적이다.

**연습문제**

자신의 한 달간의 목표를 정리해 보자.

목표:

| | 부분 목표 | 목표 달성 시점 | 나에게 주는 상 | 보충할 시점 |
|---|---|---|---|---|
| 1 | | | | |
| 2 | | | | |
| 3 | | | | |
| 4 | | | | |

이 장에서 중요하다고 생각되는 내용을 정리해 보자.

제 2장

# 학습전략

철우는 자격증을 취득하기 위해 학교 수업시간 외에도 도서관에서 매일 4시간씩 공부한다. 시험과목에 해당되는 책들을 열심히 노트정리하면서 읽고는 있는데, 과연 자신이 제대로 공부하고 있는지 의구심이 들 때도 있다. 어려운 전문용어에, 외워야 할 내용도 만만치 않기 때문이다. 평소에 그는 성실한 성격 때문에 규칙적으로 도서관에 앉아 공부하는 습관은 갖고 있다. 그러나 가끔 주변의 친구들이 자신처럼 꾸준히 공부하지 않는데도 성적이 더 좋게 나오는 것을 보면 은근히 화가 난다. 그는 자신이 머리가 나빠서 그런가 보다고 생각하면서도 혹시 공부하는 방법에 문제가 있는 것은 아닌지 의구심이 든다.

### 체 • 크 • 리 • 스 • 트

평소에 공부할 때 다음과 같은 행동을 얼마나 자주 하는지 표시해 보자. 거의 하지 않을 때는 1번, 가끔 할 때는 2번, 종종 할 때는 3번, 자주 할 때는 4번에 표시하면 된다.

| | 1 | 2 | 3 | 4 |
|---|---|---|---|---|
| 1. 공부한 내용을 기억하기 좋게 중요한 부분은 요점 정리를 해 둔다. | | | | |
| 2. 공부한 내용을 다른 과목이나 강의 중에 들은 내용과 관련지어 생각한다. | | | | |
| 3. 공부한 내용을 반복해서 외운다. | | | | |
| 4. 공부하기 전에 어떤 부분을 공부해야 하는지 미리 생각해 보고 계획한다. | | | | |
| 5. 어려운 내용의 텍스트를 읽을 때는 이에 맞추어 (천천히 혹은 더욱 집중하여) 읽는다. | | | | |
| 6. 책 읽을 때 이해되지 않는 부분은 표시해 두었다가 다시 읽어 본다. | | | | |
| 7. 수업내용을 잘 정리하기 위해 표나 그래프, 그림 등을 만든다. | | | | |
| 8. 새로 배운 내용을 어떻게 응용할 수 있는지 생각해 본다. | | | | |
| 9. 노트정리한 것을 여러 번 반복해서 읽어 본다. | | | | |
| 10. 공부를 시작하기 전에 어느 정도 진도를 나갈 것인가를 계획한다. | | | | |
| 11. 시험에서 잘 기억할 수 있도록 핵심단어를 외운다. | | | | |
| 12. 공부를 시작하기 전에 어떻게 하면 효과적으로 학습할 수 있을지 생각해 본다. | | | | |
| 13. 중요한 용어들을 정리하여 외운다. | | | | |
| 14. 공부할 내용의 순서를 미리 정해 본다. | | | | |
| 15. 책에서나 노트필기한 것 중 중요한 내용을 다시 정리한다. | | | | |
| 16. 공부한 내용을 이해했는지 확인하기 위해 스스로 질문해 본다. | | | | |
| 17. 책이나 노트의 중요한 부분에 밑줄을 긋고 정리한다. | | | | |
| 18. 공부한 내용에 대한 구체적인 예를 찾아본다. | | | | |
| 19. 어려운 용어나 공식을 외운다. | | | | |
| 20. 공부한 내용을 스스로 다시 설명해 본다. | | | | |
| 21. 책의 내용이 명확하게 이해되지 않을 때 그 부분을 다시 한 번 천천히 읽어 본다. | | | | |

앞의 체크리스트에서 3, 9, 11, 13, 19번 문항은 반복전략에 해당된다. 반복전략은 기억을 잘하기 위해 사용되는 전략인데, 조직화(1, 7, 15, 17번 문항)나 정교화(2, 8, 18, 20번 문항) 그리고 상위인지 전략(4, 5, 6, 10, 12, 14, 16, 21번 문항)에 비하면 단순한 학습전략이라고 할 수 있다. 각 영역별 점수를 내어 보자. 조직화와 정교화는 각각 4문항으로 최하점수는 4점이고 최고점수는 16점이다. 조직화와 정교화 전략의 점수가 각각 12점 이하일 때에는 학습전략을 개선할 필요가 있다. 상위인지 전략의 경우에는 8문항이므로 22점 이하의 경우에도 마찬가지로 학습전략을 개선할 필요가 있다. 조직화와 정교화 그리고 상위인지 전략에 대해서는 앞으로 자세하게 설명을 할 것이다.

## 1. 학습전략의 필요성

학습전략이란 학습목표를 달성하기 위해 각 상황에 맞게 활용될 수 있는 의식적이거나 자동화된 활동들을 말한다. 학습전략 중 가장 단순하고 많이 활용되는 것이 반복전략이다. 반복을 통해서 암기하면 입력된 정보를 그대로 인출하는 데에는 문제가 없다. 그러나 이해하지 못한 채 단순히 암기한 경우 새로운 상황에서 문제가 발생했을 때 한계가 있다. 물론 이해했다고 해서 모두 다 일상생활에서 응용이 되는 것은 아닐 것이다. 최근 교육심리학 내에서 알고 있어도 제대로 응용이 되지 않는, 이른바 '죽은 지식(inert knowledge)'에 대한 논란이 제기되고 있다.

반면에 학습상황에서 적절한 학습전략을 활용한다면 어떤 내용을 학습하더라도 필요한 상황에서 이를 사용할 수 없는 경우는 발생하지 않을 것이다. 또한 알맞은 학습전략을 사용하면 학습내용을 깊이 있게 이해하고 오래 기억할 수 있게 된다.

다음의 예로 죽은 지식의 한계성을 살펴보자.

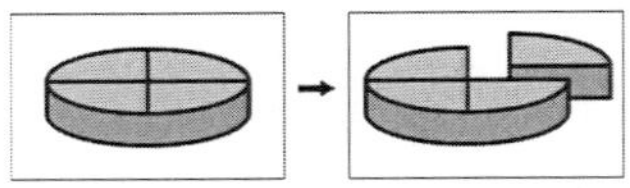

'다이어트 프로그램에 새롭게 참가하게 된 Weight Watcher 씨는 자신이 먹어도 되는 치즈의 양을 달아 보고 있다. 그는 한 끼에 다이어트 프로그램에서 나누어 준 컵의 2/3 중 3/4의 치즈를 먹어도 된다. 그는 어떻게 할까 생각하다가 일단 다이어트 컵에 치즈를 2/3 넣은 다음, 이것을 식탁 위에 붓고 평평하게 눌러서 원형을 만들고, 이를 열십자로 그어서 네 덩어리로 나누고, 이 중에서 하나를 치우고 나머지를 먹었다.'

위의 상황에서 Weight Watcher 씨는 나름대로 문제를 해결하기 위한 방법을 사용하였다. 그러나 그가 사용한 방법보다 $2/3 \times 3/4 = 1/2$의 분수를 활용하여 처음부터 컵의 절반 정도를 채웠더라면 훨씬 더 간단하게 문제를 해결했을 것이다. 즉, Weight Watcher 씨는 이미 학교에서 분수의 계산을 배웠음에도 이를 활용하지 못했던 것이다.

출처: 김혜온, 2007.

Pressley(1986)는 성공적으로 학습하는 사람을 관찰하여 다음과 같은 특징을 발견하였다.

- 정보를 빨리 파악하고 처리한다.
- 다양한 학습전략을 갖고 있고 이를 목적에 맞게 효율적으로 활용한다.
- 상식이 풍부하고 체계적인 사전지식을 갖고 있다.
- 과제를 수행할 때 과제영역에 관한 전략적 지식과 상위인지 지식을 효율적으로 조합한다.

학습전략은 일반적 전략과 학습 영역과 관련된 전략으로 구별할 수 있다. 일반적 전략은 인지적 전략, 상위인지 전략으로 구별된다. 물론 동기나 정서, 학습환경의 구성도 학습전략의 중요한 요소이나(Wild, 2000), 이는 별도의 주제로 제12~14장에서 각각 다루려고 한다.

인지적 전략은 학습내용에 포함된 정보의 수집, 처리 및 저장과 관련된 전략이다. 예를 들어, 학습내용을 반복하거나 중요한 정보와 중요하지 않은 정보를 구별하는 것, 노트정리와 같은 방법이 포함된다. 이 외에도 학습내용을 분석하여 표와 도표를 활용하여 정리하거나 학습내용과 사전지식을 연결하고 학습내용에 대한 질문을 구성해 보는 방법도 있다.

상위인지 전략은 자신의 학습활동을 검토, 조절하고 통제하는 전략이다. 예를 들어, 과제에서 요구되는 것이 무엇인가 검토하고 학습목표(경우에 따라서는 부분 목표)를 설정하고 학습과정을 계획하는 것이다. 학습전략을 선택하여 적용하고, 결과를 검토하여 실수를 수정하며, 결과에 따라 새로운 전략을 찾아 실행해 본다.

이러한 전략을 사용할 때 학습자, 과제 그리고 학습상황에 대한 검토가 이루어진다.

- 학습자: 나는 이 정도의 과제를 풀 수 있는가?
- 과제: 이 과제의 어려운 점은 무엇인가? 이 과제에서 무엇에 주의를 기울여야 하는가?
- 상황: 여기에서는 어떤 전략이 효과적일까?

이제 인지적 전략과 상위인지 전략에 대해서 자세하게 알아보자.

## 2. 인지적 전략

### 1) 조직화

조직화는 복잡한 내용을 단순화하고 학습내용 중 중요한 것들을 정리하는 전략이다. 예를 들어, 긴 글을 읽을 때 읽고 나서 그 내용을 잘 기억하기 위해 요약하는 방법이 이에 해당된다. 요약을 할 때 흔히 사용하는 방법으로 중요한 개념에 밑줄을 긋거나 중심 개념을 정리하는 방법을 활용할 수 있다. 이때 읽어 나간 순서대로 요약할 뿐 아니라 이를 정리하여 구조화하는 방법도 효과적이다. 이때 표나 도표를 활용할 수 있다.

### (1) 표와 도표의 활용

개념들의 유사점과 차이점을 비교하는 데에 표를 활용할 수 있다. 표를 활용하면 비교적 복잡한 내용도 일목요연하게 정리할 수 있다.

| 색 | 온도 효과 | 심리적 기분 |
|---|---|---|
| 푸른색 | 차가움 | 안정적인 느낌 |
| 녹색 | 차가움과 중간느낌 | 매우 안정적인 느낌 |
| 붉은색 | 따뜻함 | 매우 자극적 |
| 노란색 | 매우 따뜻함 | 자극적 |
| 갈색 | 중간느낌 | 자극적 |
| 보라색 | 차가움 | 공격적, 흥분 |

**[그림 2-1] 표의 예**

위의 표는 다양한 색상이 어떤 느낌을 주는지 표로 정리하여 보여 준다. 위의 내용을 말로 풀어 설명한 글은 매우 길고 복잡했을 것인데, 이를 표로 정리함으로써 그 내용을 일목요연하게 볼 수 있게 되었다.

도표를 활용할 경우에도 글의 내용을 시각적으로 정리함으로써 이해와 기억에 도움이 된다. 도표는 개념들을 공간적으로 배치하여 학습내용의 구조를 시각화하고 복잡한 내용 중 중요한 부분을 기억하는 데 도움을 준다. 도표에서는 텍스트에 비해서 개념들 간의 관계가 직접적으로 표시되었기 때문에 관계를 파악하기가 쉽다. 도표를 활용하면 학습내용을 인지적으로 구조화하고 이론적 모델을 도식적으로 요약할 수 있다.

다음의 도표는 적어도 다음과 같이 네 가지의 내용을 한눈에 볼 수 있도록 표시할 수 있다.

- 주문량이 증가하고 있다.
- 주문량은 때에 따라 오르내린다.
- 8월의 주문량이 가장 많다.
- 주문의 감소는 두 번 발생했다.

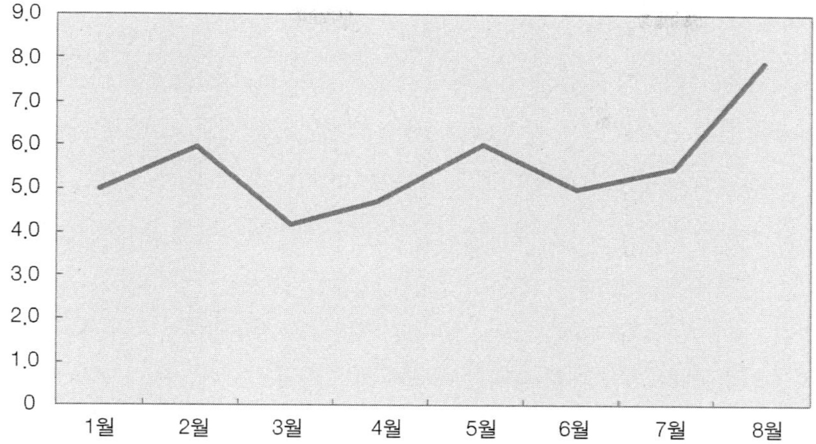


**[그림 2-2] 도표의 예**

물론 이러한 도표를 만들고 해석하기 위해서는 훈련이 필요한 것도 사실이다. 그러나 도표를 활용하겠다는 의지를 갖고 연습을 함으로써 길고 복잡한 텍스트의 내용을 효과적으로 조직화할 수 있는 도구를 활용할 수 있게 될 것이다.

아래와 같은 조직도도 한 기관의 복잡한 구조를 일목요연하게 구조화할 수 있는 방법이다.

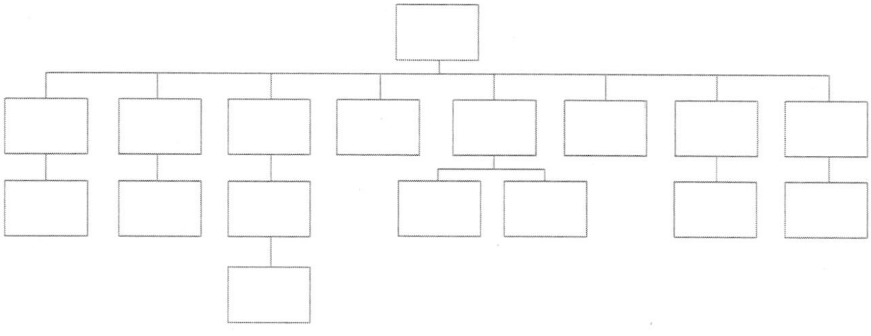

**[그림 2-3] 조직도의 예**

글의 내용을 조직화하고 시각화하는 방법을 더 살펴보자. 시각화할 때 많이 활용할 수 있는 방법으로 개념도와 마인드맵이 있다.

### (2) 개념도

주요 개념을 선택하여 이들을 연결하여 개념도(concept map)를 만든다. 개념도는 다양한 개념들 간의 관계를 보여 주기에 적당하다. 개념도를 만들고, 다른 사람들의 것과 비교하며, 개념들의 관계를 서로 어떻게 다르게 이해했는지 토론하는 것도 유익하다.

Novak(1998)은 개념도를 만드는 요령을 다음과 같이 제시하였다.

- 글 속에 포함되어 있는 용어, 개념, 아이디어를 정리한다.
- 이들의 위계적인 관계를 정리할 때 포괄적인 개념은 위에, 좀 더 세부적인 개념은 아래에 배치한다.
- 이들 개념들의 관계를 선이나 화살표로 연결한다.
- 개념들 간의 관계를(예: ~의 부분이다, ~에 의해 비롯된다, ~를 결정한다 등) 표시한다.
- 개념도가 기대와는 달리 잘 만들어지지 않을 때에는 개념들의 관계를 다시 정리해 본다. 이런 과정을 통해서 글의 내용을 더 잘 이해할 수 있게 된다.
- 다른 사람들이 만든 개념도와 비교하며 토론한다.

다음은 화성에 관한 글을 개념도로 표시해 본 것이다. 물론 각 개념 간의 관계를 다른 방법으로 표시할 수 있다.

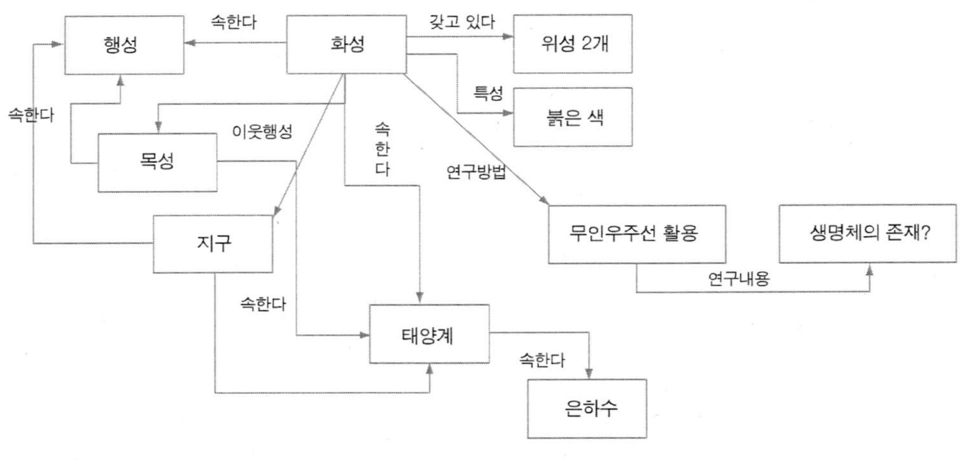


**[그림 2-4] 개념도의 예**

연습문제

다음의 글을 읽고 개념도를 작성해 보자.

물리학에 관한 한 연구에서 물리학 전문가와 물리학을 전공하는 대학생들의 문제해결 접근방법을 분석하였다. 전문가는 보통 문제에 적용시킨 주요한 원리나 법칙을 언급하였고, 그 법칙을 문제에 적용하는 이론적 근거와 어떻게 적용하였는지를 설명하였다. 반면에 대학생들은 자신이 어떤 방식을 사용했는지와 어떻게 이 방정식을 적용했는지에 대해서만 설명하였다. 대학생들은 물리학의 답을 얻는 것이 방정식을 기억하고 회상하여 이를 조작하는 것이라고 지각한 반면, 전문가는 물리학의 주요 개념을 가지고 문제에 접근하였다. 또한 그들은 문제를 해결할 때 단순히 공식에 숫자를 대입하지 않고 종종 수학적 도식을 그리기 위해 잠시 생각하고 해결 방안을 찾는 동안 이 도식을 점차 정교화하였다.

출처: 신종호 외 공역, 2007.

### (3) 마인드맵

마인드맵(mind map)은 기억모델에서 제시된 이론에 근거하여 개발되었다. 장기기억에 저장된 정보는 그물망 구조를 갖고 있기 때문에 글의 내용을 그물망 구조로 시각화하는 것이 정보의 저장과 인출에 도움이 된다. 따라서 마인드맵을 통해 중요한 내용을 정리하고 구조화하면 학습내용을 더 잘 이해하고 기억하게 된다. 또한 마인드맵을 활용함으로써 창의성이 증가된다는 주장도 있다. 마인드맵은 중심테마와 줄기, 가지로 구성되어 있다. 줄기는 비교적 중요한 내용을, 가지는 지엽적인 내용을 표시한다. 대개 짜임새를 갖추면서 줄기와 가지가 복합적인 그룹을 형성한다.

마인드맵은 글의 내용을 이해하고 잘 기억하기 위해 정리하는 것뿐 아니라 복잡한 상황에서 의사결정을 하거나 문제를 해결하는 데에도 유용하게 사용할 수 있다(이에 대해서는 제5장 참조). 강의를 듣고 나서 강의 중 기록한 내용을 마인드맵으로 정리하면 강의내용을 반복하는 효과뿐 아니라 심층적으로 이해할 수 있는 기회가 된다. 마인드맵을 사용하여 글이나 수업내용을 요약 정리하면 반복해서 학습할 때 시간을 절약할 수 있다. 이 외에도 마인드맵을 토론내용을 요약하는 데에 사용할 수 있고 글을 쓸 때에도 전체적인 윤곽을 파악할 수 있어 유용하게 활용할 수 있다.

마인드맵의 제작방법은 다음과 같다.

- 가장 중요한 개념을 중심에 배치한다.
- 이어서 가지를 쳐 나가면서 다른 개념들과 연결짓는다.
- 필요에 따라 중요한 개념은 글자 크기, 두께, 색상 등을 사용하여 강조할 수 있다.
- 전체적으로 윤곽을 잘 잡기 위해서는 중요한 내용만 포함시키는 것이 좋다.
- 글씨를 잘 읽을 수 있도록 가지는 옆으로 뻗어 나가게 한다.

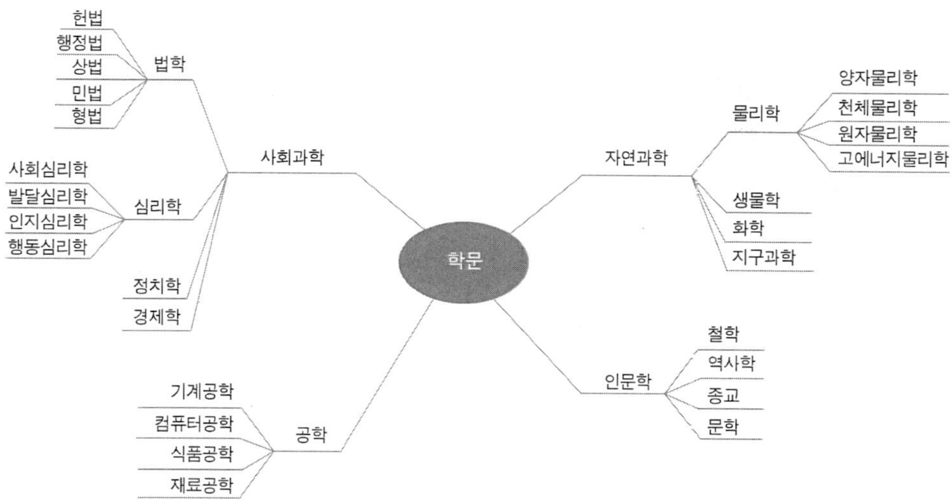


**[그림 2-5] 학문의 체계를 마인드맵으로 표시한 예**

## 2) 정교화

정교화는 학습내용에 포함된 내용을 단순히 수용하는 것이 아니라 이를 좀 더 깊이 있게 정보처리하는 전략이다. 단순한 암기로는 효과적인 학습을 할 수 없다. 이를 다음과 같이 Bransford와 Stein(1993)의 예를 활용하여 실험해 보자.

다음의 예문을 읽고 그 내용을 암기해 보자.

- 여자아이가 가위를 샀다.
- 노인이 안경을 꺼냈다.
- 화난 아이가 아이스크림을 먹는다.
- 졸린 사람이 맥주를 마신다.
- 가난한 사람이 노래를 부른다.
- 친절한 사람이 가방을 들고 간다.

이제 다음에 제시되는 질문에 답해 보자.

- 누가 안경을 꺼냈는가?
- 누가 노래를 부르는가?
- 누가 가위를 샀는가?
- 누가 맥주를 마시는가?
- 누가 가방을 들고 가는가?
- 누가 아이스크림을 먹는가?

아마 모든 질문들에 대해 답하는 것이 어려웠을 것이다. 그리고 지금은 다 맞게 대답을 했다고 하더라도 과연 일주일이 지난 후에도 그 내용을 다 기억할 수 있을까? 이를 기억하기 힘든 것은 각 사람의 특징과 행위가 의미 있게 연결되지 않아서 단순히 암기해야 하기 때문이다.

### (1) 심상의 활용

앞에서 제시된 문장에 다음과 같이 의미를 부여하면서(정교화 작업) 다시 읽어 보자.

여자아이가 엄마의 긴 치마를 고쳐 예쁜 짧은 치마를 만들기 위해서 가위를 샀다.

노인이 책을 읽기 위해서 안경(돋보기)을 꺼냈다.

풍선을 갖고 있다가 놓쳐서 화가 난 아이에게 엄마가 아이스크림을 사 주었다.

졸린 사람이 맥주를 마시고 잠을 자다가 맥주병이 대포가 되는 꿈을 꾸었다.

가난한 사람이 길거리에서 노래를 부르며 돈을 모금한다.

친절한 사람이 전축이 들어 있는 가방을 갖고 가서 여자친구에게 음악을 들려준다.

자, 다시 한 번 다음 질문에 대답해 보자.

- 누가 안경을 꺼냈는가?
- 누가 노래를 부르는가?
- 누가 가위를 샀는가?
- 누가 맥주를 마시는가?
- 누가 가방을 들고 가는가?
- 누가 아이스크림을 먹는가?

아까보다는 훨씬 더 잘 기억했을 것이다. 이때 중요한 것은 가능하면 재미있게 심상을 만들어야 한다는 것이다. 예를 들어, 여자아이가 종이를 자르기 위해 가위를 샀다는 것은 너무 평범하여 이 문장을 기억하는 데 도움이 되지 않는다.

### (2) 심층적 정보처리

사전지식이 없는 사람이 새로운 것을 배울 때 그 내용을 이해하지 못한다면 단순히 암기할 가능성이 높다. 예를 들어, 동맥과 정맥의 속성을 배우면서 '동맥이 두껍고 탄력성이 있다.'는 내용을 듣고 이를 기억하려고 할 때, 왜 동맥이 그런 속성을 갖고 있는지를 이해하지 못한다면 단순한 암기에 불과하다. 물론 예를 들어, 동맥과 탄력성을 합해서 '동탄' 지구라는 지역명칭과 연결하여 암기할 수도 있다. 그러나 동맥은 심장으로부터 뿜어 나오는 혈액을 받아 신체 각 부위로 옮기는데, 심장의 펌프와 같은 활동에 맞추어 두께를 조절해야 하기 때문에 탄력성이 있어야 한다는 것을 이해한다면 그 내용을 더 잘 기억할 수 있을 것이다.

이와 같이 기억해야 될 내용을 단순히 수용을 하는 것이 아니라 더 심층적으로 정보처리를 하는 전략을 '정교화' 라고 한다. 수업을 듣고 난 후 학습내용을 정리할 때에도 자신의 말로 정리하여 요약하면 그 내용이 더 잘 기억된다. 이 외에도 학습하는 과정에 새로운 정보를 기존의 지식구조에 통합하는 것도 정교화라고 한다. 이에는 학습한 내용에 해당되는 예를 찾아보거나 이미 학습한 내용들을 서로 연결하여 그 관계를 살펴보는 것 등이 포함된다.

글을 읽을 때에도 심층적인 정보처리가 요구된다. 글을 읽을 때 철자를 일일이 외우는 사람은 없을 것이다. 또한 문장을 단어 그대로 암기하는 사람도 많지 않을 것이다. 이는 철자를 인지하는 것보다는 단어를 살펴보는 것이 더 심층적으로 처리하는 것이고, 문장의 의미를 파악하여 자신이 이해한 것을 기억하고 있는 것이 단어 그대로 암기하는 것보다는 더 깊게 정보처리된 것이기 때문이다. 이와 같이 심층적으로 정보처리되는 것은 효과적인 학습의 필수조건이다.

정보처리의 깊이와 관련된 실험을 소개하면 다음과 같다. 글을 읽으면서 글에 사용된 형용사가 자신에게 해당되는지를 살펴보라고 한 경우에, 어떤 형용사와 유사한 의미의 형용사가 사용되었는지 살펴보라고 했을 때보다 더 잘 기억되었다. 즉, 실험 내용이 자신과 관련 있는가를 살펴보았을 때 더 심층적으로 정보처리가 되었다는 것이다(Singh, 1995; Symons & Johnson, 1997). 또 다른 실험에서는 토론 후에 자신이 이야기한 논점을 다른 사람의 논점보다 더 잘 기억하는 것이 관찰되었다. 즉, 정보가 자신에게 의미 있는 내용을 갖고 있을 때와 그렇지 않을 때에 정보처리의 깊이가 달라진다는 것이다. 수업시간에 별 생각 없이 수업내용을 수동적으로 듣고 있거나 단순히 반복해서 공부할 때에는 피상적인 정보처리가 이루어진다. 이에 반해 다음과 같은 활동을 할 때 심층적인 정보처리가 이루어진다. 심층적인 정보처리를 위해서 사용할 수 있는 전략은 다음과 같다.

- 응용해 보기
- 글의 내용에 대해 질문하기(예: 시험에 어떤 문제가 나올까?)
- 구술시험에 대비해서 교수와 학생으로서의 역할놀이하기
- 학습내용이 일상생활에서도 관찰되는가 생각해 보기
- 이전에 학습한 내용과 어떤 관계가 있는지 살펴보기
- 다른 사람에게 알려 주기 위해 학습내용에 대해 요약해 보기
- 학습한 내용을 알려 주기 위한 시청각자료를 어떻게 만들 수 있을지 생각하기
- 집단활동을 통해 내용을 평가하고 토론하기
- 중요한 부분에 밑줄 긋기
- 중요하지 않은 문장 지우기
- 문단의 제목 생각해 보기
- 반대의 주장 생각해 보기

**연습문제**

위에서 제시한 전략을 오늘 수업시간에 적용해 보자.

자신이 획득한 지식을 어디에 쓸 것인가에 따라 이해의 깊이가 달라지기도 한다. 예를 들어, 자동차를 직접 수리하고자 하는 사람은 자동차 엔진과 브레이크의 기능에 대해 자세하게 알려고 하겠지만, 엔진이나 브레이크가 자동차의 한 부분이며 엔진은 자동차를 달리게 하는 것이고 브레이크는 자동차를 멈추게 하는 것이라는 것을 이해하는 정도에 만족할 사람들도 있을 것이다. 학습을 하기 전에 학습내용이 자신과 어떤 연관성이 있을까를 미리 생각해 보는 것도 좋다. 예를 들어, 화학 시간에 환경오염 혹은 자신의 알레르기 증세와 연결시켜 그 원인과 치료에 대해 알아보려고 한다든지, 다이어트를 계획하는 사람이 열량의 발생과정에 대해 공부하려고 할 때 그 내용에 대해 더 심층적으로 학습하게 될 것이다.

### (3) 유추의 활용

유추는 다음의 그림에서 보여 주는 것과 같이 새로운 내용을 학습할 때 이를 자신이 이미 알고 있는 것과 어떤 관계가 있는지 알아보고 이들의 유사점을 연결하여 생각하는 것을 말한다. 유추는 새로 학습할 내용을 이미 알고 있는 것과 연결하여 지식을 확장하는 전략이다.

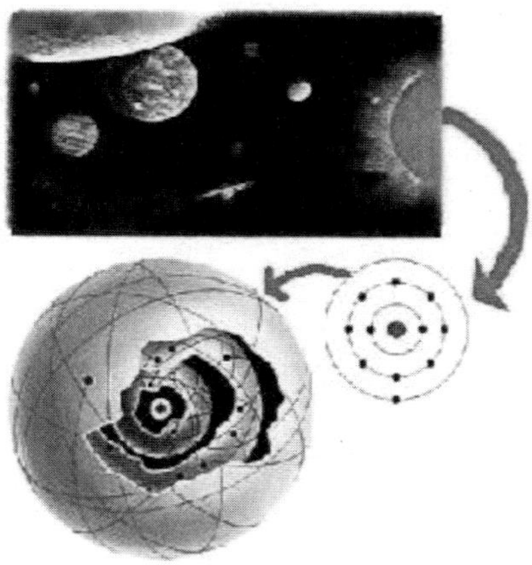

태양계를 원자구조에 비유
출처: www.dartmounth.edu/~kndunbar/analogy.html

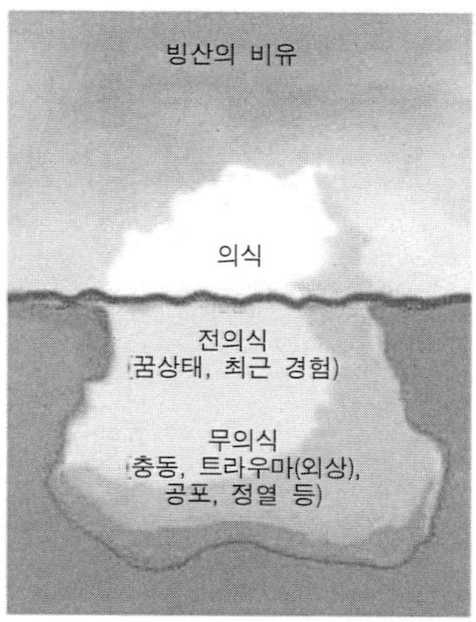


인간의 심리적 구조를 빙산에 비유
출처: www.gerardkeegan.co.uk/resource/imgs/iceberg_analogy_sm.gif (저자 번역)

**[그림 2-6] 유추를 활용한 예**

예를 들어, 전류의 흐름을 다음과 같이 물의 흐름에 유추하여 볼 수 있다.

| 전류의 흐름 | 물의 흐름 |
| --- | --- |
| 전압 | 수압 |
| 발전기 | 펌프 |
| 스위치 | 수도꼭지 |

유추를 활용하면 이미 알고 있는 영역과 관련지음으로써 새로운 영역을 학습하기 쉽다. 또한 이미 알고 있는 영역에 기초하여 새로운 영역에 대한 가설을 세움으로써 창의성이 증가할 수 있다(Gick & Holyoak, 1980).

Simons(1984)는 분자와 전자에 대해 설명하면서 다음과 같이 유추의 기법을 활용하였다. "빵을 자르다 보면 부스러기가 생긴다. 이 부스러기는 빵과 똑같은 맛을 갖고 있다. 그러나 이 부스러기를 더 잘게 나누면 이 안에 포함된 밀가루, 버터, 설탕 등으로 나눌 수 있을 것인데, 이들은 빵과는 맛이 다르다."

이 외에도 다음과 같이 유추의 기법을 치료 장면에 활용한 예가 있다. "샘이라는 코끼리는 자신의 코로 물동이를 들지 못한다고 말해서 다른 코끼리의 웃음거리가 됐다. 그러나 그는 코의 근육을 훈련해서 물동이를 자유롭게 들고 다닐 수 있게 되었다." 이런 이야기를 통해 야뇨증이 있는 아동이 긴장을 풀고 훈련을 통해 야뇨증을 해결하는 데 도움을 주었다.

자전거를 배울 때 한 발로 페달을 누르면서 다른 발을 위로 올려야 하는 것을 말로 외워 따라하려고 하면 쉽지 않다. 이때 계단을 오르는 모습을 연상하면 한 발로 계단을 누르면서 다른 발을 들어올려 위 계단에 올리는 모습을 떠올리면 페달 밟기를 쉽게 배울 수 있을 것이다. 혹은 스키 자세를 설명할 때 자신의 몸을 바나나 모양으로 만들라고 하면 쉽게 이해할 수 있을 것이다.

[그림 2-7] 바나나에서 유추하여 스키 자세를 배울 수 있다

Dörner(1989)는 백화점에 진열된 물건들을 보면서 유추할 수 있는 물건을 찾거나 사전을 뒤적이면서 유추할 수 있는 개념이 있는지 찾아보라고 제안하였다. 이때 브레인스토밍 방법을 사용하여 일단 발견되는 대로 기록하고 기록이 끝난 다음 각각이 타당한가를 검토해 볼 수 있다.

연습문제

Dörner가 제시한 것처럼 사전을 뒤적이면서 은유할 수 있는 개념이 있는지 찾아보자.

## 3. 상위인지 전략

상위인지란 자신의 학습과정에 대해 알고 있고 필요에 따라 이를 조절하는 능력을 말한다. 즉, 학습자가 자신의 능력과 학습내용의 난이도, 자신의 학습습관에 대해 인지하고 효과적인 학습을 위해 학습활동을 통제하며 조절하는 것을 말한다. 학습자가 학습과정을 체크하여 자신이 이미 학습한 내용을 얼마나 잘 소화했는지 검토하며, 이미 학습한 정도와 학습목표를 비교하는 것 모두가 상위인지에 포함된다. 상위인지 능력은 효과적인 학습을 위해 매우 중요하다는 것이 여러 연구들을 통해 입증되었다. Pintrich 등(2000)은 좋은 성적을 올리는 학습자는 자신의 학습활동을 검토하고 조절하는 것을 잘한다고 보고하였다. 그들은 자신의 능력의 한계를 잘 인식하였고, 새로운 문제를 해결할 때 문제가 무엇인지 잘 이해하여 해결에 필요한 전략을 선택하였다. 또한 학습 진행 정도를 검토하고 자신이 알고 있는 것과 모르는 것을 잘 파악하여 필요에 따라 전략을 수정하는 것도 관찰되었다.

Lauth 등(2004)도 공부를 잘하는 학생은 많은 것에 대해 알고 있는 것뿐 아니라 다음과 같은 특성을 보인다고 설명하였다.

- 목표를 설정하고 학습을 시작한다.
- 학습전략을 알고 있고 이를 사용한다.
- 학습전략의 사용을 계획하고 그 효과를 검증한다.
- 다양한 보충 학습자료를 사용한다.
- 자신의 강점과 약점에 대해 잘 안다.

상위인지에는 크게 계획, 통제, 조절이 포함된다. 이의 이론적인 모델은 Brown 등(1983)의 학자들이 정리하였다.

- **계획**: 공부를 시작하기 전에 무엇을 어떤 방법으로 할 것인가 그리고 진도는 어느 정도 나갈 것인가를 미리 계획을 세우는 것은 학습효과에 큰 영향을 준다. 학습계획을 세우는 것은 학습을 위한 인지적 준비를 하는 것만 의미하지는 않는다. 학습계획을 통해 학습자는 목표의식을 갖게 되어 학습동기도 높아지는 효과가

있다.

- **통제**: 계획을 세우고 나서 학습을 어느 정도 진행한 후에는 자신이 세운 목표에 어느 정도 접근하였는지 검토하는 것이 요구된다. 흔히 하는 방법으로 학습을 한 후 자신이 얼마나 그 내용을 알고 있는지 확인하기 위해 스스로 질문해 볼 수 있다. 교재에 따라 각 단원 끝에 과제나 질문이 제시되어 있는데, 이를 활용하는 것이 바람직하다. 혹은 함께 강의를 듣거나 같은 교재로 공부하는 학생들끼리 서로 질문하여 학습 진행과정을 체크하는 것도 좋다. 이 외에도 주의를 통제하는 것이 중요하다. 이는 학습과정 중간중간에 자신이 학습내용에 제대로 주의를 기울이고 있는가를 확인하는 것을 말한다. 다른 생각을 하는 것이 발견되면 다시 주의를 집중하도록 시도한다.

  이에 더해 학습하는 동안 지속적으로 자신의 학습과정을 기록함으로써 학습 진척상황을 확인할 수 있고 스스로 사용했던 전략을 확인하고 지속적으로 수정·변경시킬 수 있는 기회를 가질 수 있다. [그림 2-8]에 제시된 자기조절학습 실천장은 이런 자기기록을 하기 위해 Zimmerman과 Martinez-Pons(1986)가 제안한 14가지 자기조절 학습전략에 기초하여 만들어진 예다. 그림에서 보는 바와 같이 각 항목에 제시된 전략을 학습상황에서 실제로 활용했는지 여부를 묻고 활용했다면 어떻게 활용했는지에 관한 구체적인 내용을 학습자가 기록하게 한다.

- **조절**: 학습목표에 어느 정도 접근하고 있는가를 검토한 후 그동안의 학습과정이 효율적이지 못하다는 결론이 나면 이를 조절할 필요가 있다. 조절은 학습시간을 늘리거나 혹은 학습시간의 질을 개선하는 것(예: 밤에는 집중력이 떨어지니까 아침에 공부한다. 이를 위해 취침시간을 앞으로 당긴다.) 외에도 조용한 학습환경에서 공부하는 것 등이 포함된다. 이와 같은 거시적인 조절 외에도 이른바 미시적인 조절이라는 것이 있다. 미시적인 조절은 예를 들어, 학습내용이 어려울 때 더욱 주의를 기울여서 읽는다든지 혹은 강의시간에 노트필기하는 방법을 바꾸는 것과 같이 구체적인 학습전략을 조절하는 것을 말한다.

Hasselhorn(1992)은 학습행동을 검토하고 조절하기 위해서는 자신의 인지적 기능(예: 사고, 기억능력 등)과 과제 그리고 학습전략에 관한 지식 외에도 상위인지적인 민감화가 요구된다고 하였다. 상위인지적인 민감화는 학습 중에 효율이 떨어지거나 혹은 학습내용을 잘 이해하지 못하고 있을 때 이를 감지할 수 있는 능력이다. 이때 학습자는 학습전략의 효과에 대해 검토하고 새로운 전략을 시도해야 한다.

상위인지적인 조절을 위해 다음과 같이 자신의 인지적 기능(예: 사고, 기억능력 등)과 과제 그리고 학습전략에 관한 지식을 갖고 있는지 확인하는 질문을 할 수 있다.

① 인지적 기능
- 나의 강점과 약점은 무엇인가?
- 나는 어떤 방법으로 새로운 지식을 획득하는가?
- 나는 어떻게 하면 더 잘 기억할 수 있는가?

② 학습과제에 대한 이해도를 알기 위해 다음과 같은 질문을 할 수 있다.
- 내가 해결하려고 하는 이 과제는 어떤 종류의 과제인가?
- 나는 이 과제에 대해 무엇을 알고 있는가?

③ 학습전략에 관한 지식을 확인하기 위해 다음과 같은 질문을 할 수 있다.
- 어떤 학습전략을 사용하는 것이 좋은가?
- 언제 어떤 전략을 사용해야 하는가?
- 학습전략을 사용할 때 무엇에 유의해야 하는가?

<table>
<tr><td colspan="4">자기조절학습 실천장<br>(　)월 (　)일 (　)요일　　교과목 (　　　　　　　)</td></tr>
<tr><th>번호</th><th colspan="3">학습방법과 학습내용</th></tr>
<tr><td rowspan="2">1</td><td colspan="3">오늘 내가 학습할 목표(내용) 정하기</td></tr>
<tr><td colspan="3"></td></tr>
<tr><td rowspan="4">2</td><td colspan="3">정한 학습목표를 이루기 위해 시간에 따라 순서적으로 학습계획 세우기</td></tr>
<tr><td>학습시간</td><td colspan="2">(　)시 (　)분부터 (　)시 (　)분까지 (　)시 (　)분 동안</td></tr>
<tr><td>무엇을</td><td colspan="2"></td></tr>
<tr><td>어떻게</td><td colspan="2"></td></tr>
<tr><td rowspan="2">3</td><td colspan="3">계획한 학습을 이루기 위한 좋은 학습환경 만들기</td></tr>
<tr><td colspan="3"></td></tr>
<tr><td rowspan="3">4</td><td colspan="3">학습한 내용에 대한 정보 구하기</td></tr>
<tr><td>어디서</td><td colspan="2"></td></tr>
<tr><td>어떤 내용을</td><td colspan="2"></td></tr>
<tr><td>5</td><td colspan="3">학습한 내용을 연습장에 정리하고 점검하기</td></tr>
<tr><td>6</td><td colspan="3">학습내용의 조직화와 바꾸기</td></tr>
<tr><td rowspan="3">7</td><td colspan="3">학습한 내용을 반복하여 외우고 기억하기</td></tr>
<tr><td>무엇을</td><td colspan="2"></td></tr>
<tr><td>어떻게</td><td colspan="2"></td></tr>
<tr><td rowspan="3">8</td><td colspan="3">학습할 때 모르는 내용은 다른 사람의 도움 받기</td></tr>
<tr><td>누구에게</td><td colspan="2"></td></tr>
<tr><td>어떤 내용을</td><td colspan="2"></td></tr>
<tr><td rowspan="3">9</td><td colspan="3">학습한 내용 복습하기</td></tr>
<tr><td>무엇으로</td><td colspan="2"></td></tr>
<tr><td>어떤 내용을</td><td colspan="2"></td></tr>
<tr><td rowspan="3">10</td><td colspan="3">내가 세운 학습목표를 생각하며 스스로 평가하기(학습 후 기록)</td></tr>
<tr><td colspan="2">세운 학습목표대로 실천함(○)</td><td>부족함(×)</td></tr>
<tr><td colspan="2"></td><td></td></tr>
<tr><td rowspan="3">11</td><td colspan="3">위 평가 결과에 따른 자기칭찬 및 벌하기</td></tr>
<tr><td>자기칭찬</td><td colspan="2"></td></tr>
<tr><td>벌하기</td><td colspan="2"></td></tr>
</table>

[그림 2-8] 자기조절학습 실천장

상위인지를 학습의 진행과정과 연결하여 설명하면 다음과 같다.

- **학습하기 전**: 과제가 주어지면 학습목표를 설정하고 어떻게 이 목표에 도달할 수 있을지 계획을 세운다. 학습내용의 난이도를 검토하고 어떤 전략으로 학습할지 결정하여 학습시간에 대한 계획을 짠다.
- **학습 중**: 학습 중에는 학습을 통제하고 조절하는 것이 중요하다. 학습 진행 정도를 검토하고 필요에 따라 새로운 전략을 수행한다.
- **학습 내용의 저장과 인출**: 학습한 내용이 오래 저장되기 위해 어떤 부분이 반복되어야 하고 가끔씩 다시 회상되어야 하는가를 생각한다. 학습한 내용을 인출하기 위해, 예를 들어 시험에 대비해서 요약, 정리한다.

그러면 자신이 평소에 상위인지적인 전략을 사용하고 있는지 다음 질문에 답하면서 다시 한 번 체크해 보자.

- 평소에 학습목표를 설정하고 학습을 시작하는가?
- 학습목표를 한 번에 달성하기 어려울 때 부분 목표를 설정하는가?
- 학습에 필요한 시간을 충분하게 계획하는가?
- 학습의 진행정도를 검토하는가?
- 과제수행에 적합한 활동이 이루어지는지 검토하는가?
- 실수를 한 경우 이를 알고 있는가?
- 실수를 한 경우 이를 수정하는가?
- 학습과정을 반성하고 이를 조절하는가?

이 장에서 중요하다고 생각되는 내용을 정리해 보자.

제3장

# 기억과 주의

영수는 한 시간 동안 책을 읽었다. 그러나 책을 한참 읽었다는 뿌듯함은 잠시, 책을 덮고 나서 그 내용을 기억하려고 하는데 잘 생각이 나지 않는다. 그저 답답할 따름이었다. 그뿐이 아니다. 지난달에는 시험공부를 나름대로 열심히 했는데도 시험을 볼 때 잘 생각이 나지 않았다. 문제에 대한 답이 기억 날듯 말듯 무척 답답한 마음이 들었다. 시험이 끝난 후 책을 다시 읽어 보니 두 개의 개념을 서로 혼동하여 답을 바꿔서 적은 것을 알았다.

이 사례는 기억에 문제가 있었음을 보여 준다. 인간의 기억활동에 대해 알아보기 전에 자신의 기억활동에 대해 검토해 보도록 하자.

**체·크·리·스·트**

다음은 평소에 어떻게 공부하는지 알아보는 질문들이다. 공부할 때 다음과 같은 행동을 얼마나 자주 하는지 표시해 보자. 거의 하지 않을 때는 1번, 가끔 할 때는 2번, 종종 할 때는 3번 그리고 자주 할 때는 4번에 표시하면 된다.

| | 1 | 2 | 3 | 4 |
|---|---|---|---|---|
| 1. 공부하면서 무엇에 주의를 기울여야 하는지 미리 생각해 본다. | | | | |
| 2. 책을 읽으면서 다른 생각을 해서 무슨 내용을 읽었는지 생각이 나지 않는다. | | | | |
| 3. 공부하면서 어떻게 하면 나중에 기억을 잘할 수 있을까 생각해 본다. | | | | |
| 4. 암기를 잘하기 위해 내용에 관련된 그림을 머릿속에 떠올려 본다. | | | | |
| 5. 시험공부할 때 무조건 암기를 많이 한다. | | | | |
| 6. 공부하면서 주변에서 들려오는 소리로 주의가 분산되는 일이 많다. | | | | |

위의 체크리스트에서 점수를 모두 합산하여 총점을 계산하는데, 2, 5, 6번 문항은 역산을 한다. 즉, 1번에 표시하면 4점, 2번은 3점, 3번은 2점 그리고 4번에 표시했으면 1점으로 계산한다. 모두 6문항이므로 최고점이 24점, 최하점이 6점이 될 것이다. 18점보다 낮을 경우에는 기억전략을 개선할 필요가 있다.

## 1. 기억 모델

효과적으로 학습하기 위해서는 학습상황에서 두뇌가 어떻게 활동하는가를 아는 것이 유익하다. 심리학자들은 인간의 두뇌활동을 이른바 정보처리 모델(information processing model)로 설명하였다(Atkinson & Shiffrin, 1968).

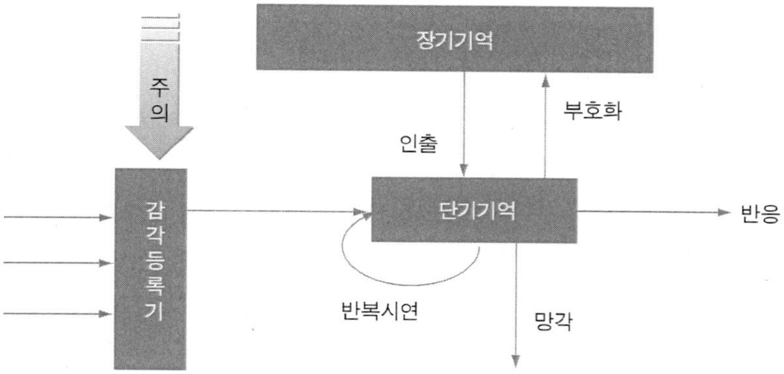


**[그림 3-1] 정보처리 모델**

[그림 3-1]에서 보는 바와 같이 정보처리 모델은 외부에서 입력된 정보가 어떻게 두뇌에서 처리되고 기억되는지를 설명한다. 이 모델에서는 기억체계를 세 개의 단계로 구분하여 설명한다. 외부에서 들어온 정보는 감각등록기를 거쳐 단기기억에 이른다. Baddley(1986)는 단기기억을 작업기억(working memory)이라고도 불렀는데, 이는 단기기억에서 단순히 정보가 저장되는 것뿐 아니라 정신적 조작(이해, 계산, 변형 등)이 이루어지고, 또 그동안 정보를 활성화하여 장기기억에 저장하기 좋도록 부호화(encoding)하는 작업이 이루어지기도 하기 때문이다. 단기기억에서 처리된 정보는 영구적인 저장고인 장기기억에 저장된다. 그리고 이렇게 장기기억에 저장된 정보는 필요할 때 다시 작동기억으로 인출되어 사용된다.

### 1) 감각등록기

감각등록기(sensory register)는 용량이 매우 크지만 저장시간이 0.25초 정도로 매우 짧다. 감각등록기에 유입된 자극 중 주의를 기울인 정보만 다음 정보처리 단계로 넘어가고 많은 것들이 자연적으로 소멸된다. 이는 마치 버스를 타고 가면서 차창을 스치는 풍경들을 보면서도 주의를 기울이지 않고 본 자극은 전혀 기억에 남지 않는 것처럼, 많은 자극들이 단기기억에도 이르지 못하고 유실되는 것이다. 따라서 잘 기억하려는 내용은 처음부터 주의를 기울여서 입력시켜야 한다.

필요한 정보에 주의를 기울이는 것은 학습에 필수조건이다. 물론 자기에게 흥미가 있는 분야의 내용에 주의를 기울이는 것은 비교적 쉽다. 그렇지 않은 경우에는 가끔씩 자기도 모르게 다른 생각을 하게 되는 등 학습내용에 계속해서 집중하기가 어렵다.

예를 들어 이 책을 읽고 있는 동안에도 주변에서 많은 소리가 들릴 것이다. 음악 소리, 컴퓨터 소음 등. 만일 도서관에서 이 책을 읽고 있다면 옆에 앉아 있는 학생의 책장 넘기는 소리, 휴대폰 진동 소리 등등. 만일 이 모든 소리에 주의를 기울인다면 이 책의 내용을 제대로 이해하기가 어려울 것이다. 따라서 책 내용에 집중하기 위해서는 다른 자극들을 무시하는 것이 필요하다. VanderStoep와 Pintrich(2003)는 인간의 주의용량을 파이에 비유하여 설명하였다. 파이 하나의 크기가 제한되어 있듯이 인간의 주의용량도 제한되어 있다. 만일 책을 읽으면서 조금 전에 친구와 전화통화했던 내용을 생각한다면 [그림 3-2]에서와 같이 주의 파이가 다른 일로 나누어지게 된다. 특별히 다른 생각을 하지 않는다고 해도 주변에서 계속 들려오는 잡음으로 이미 주의 파이는 나누어진 상태다.

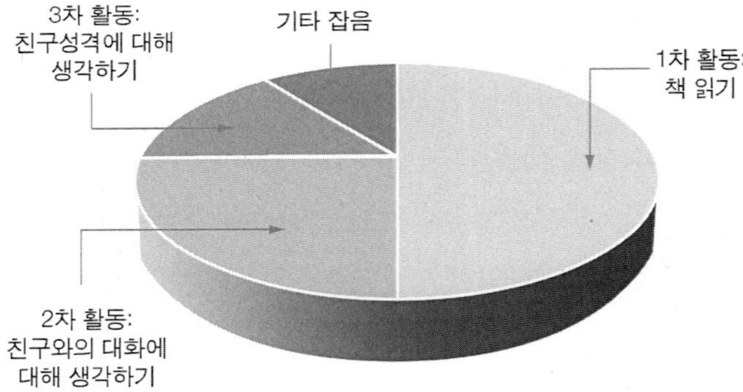


책을 읽으면서 다른 생각을 하면 책 내용에 할당되는 주의용량이 적어진다.

**[그림 3-2] 주의 파이**

정보가 감각등록기에서 단기기억으로 이전되기 위해 필요한 기능은 끊임없이 입력되는 정보 가운데 중요한 것을 선택하는 과정이다. 따라서 정보를 계획적으로 선택하는 훈련이 필요하다. 또한 공부하다가 주의가 분산되는 것을 느낄 때 주의를 환기한다. 만일 계속해서 집중하는 것이 어려울 때는 휴식을 취하는 것도 좋다. 어떻게 휴식을 취하는 것이 좋은가는 개인에 따라 다르다. 대개 간단한 산책이나 잠깐 수면을 취하는 것이 좋다. TV를 보거나 잡담을 길게 하는 것은 바람직하지 않다. 휴식시간을 단순히 쉬는 것으로 생각하지 않고 길게 집중해서 공부한 것에 대한 보상으로 생각하는 것이 학습동기를 유지하는 데에도 더 효과적이다.

### 2) 단기기억

감각등록기에서 주의를 받은 정보만 단기기억(short－term memory)에 이르게 되는데, 단기기억은 저장시간이 비교적 짧다. 이를 알아보기 위해 다음의 실험을 해 보자.

다음 단어들을 다른 사람에게 초당 한 단어씩 읽어 준다. 그다음 기억나는 단어들을 기록해 보게 한다.

> 연필, 얼룩말, 컴퓨터, 바나나, 달, 카메라, 지우개, 책상, 세포, 신발, 군인, 시금치, 다람쥐, 운동화, 비행기

아마도 앞부분에 있었던 단어와 마지막 부분에 있었던 단어들을 더 잘 기억하여 기록하였을 것이다. 마지막에 있었던 단어들을 잘 기억하는 것을 최신효과라고 한다. 물론 바로 조금 전에 들었던 단어들을 잘 기억해 내는 것은 당연하다고 볼 수 있다. 그렇다면 앞부분에 있었던 단어들이 중간부분에 있었던 단어들보다 더 잘 기억되는 이유는 무엇일까?

자신이 이 단어들을 들었을 때 어떻게 행동했었는가에 대해 곰곰이 생각해 보자. 아마도 연필이라는 단어를 듣고 다음에 얼룩말이라는 단어를 들었을 때 마음속으로 '연필, 얼룩말' 이라고 외웠었고, 그 다음 컴퓨터라는 단어를 들었을 때 '연필, 얼룩말, 컴퓨터' 라고 외웠을 것이다. 이렇게 속으로 되내기를 하는 것을 리허설(rehearsal)이라고 하는데, 리허설을 통해 앞부분에 있는 단어들을 잘 기억할 수 있었다. 이와 같이 앞부분의 단어들을 잘 기억하는 것을 초두효과라고 한다. 이런 방법으로 실험하여 단어들을 기억해 내는 회상 비율을 조사해 보니 다음과 같은 결과가 나왔다.

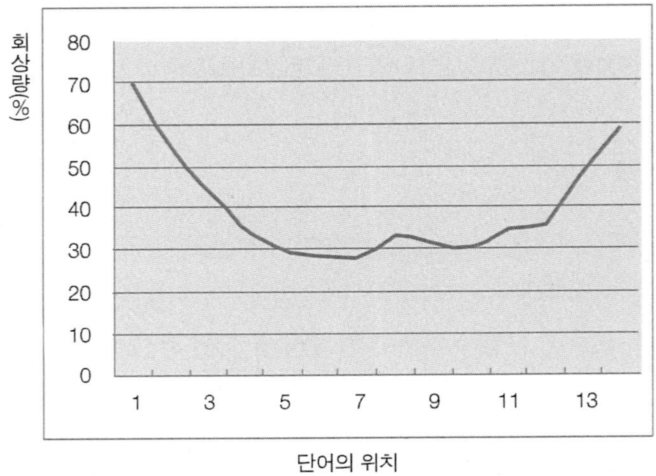


**[그림 3-3] 초두효과와 최신효과**

학자에 따라 단기기억에서 정보가 3∼4분 저장된다고 설명하기도 하는데, 이는 정보가 입력되고 계속 반복해서 암송하는 것이 전제된 것이다. 즉, 리허설로 입력된 정보를 계속 활성화해야 그 정도의 시간 동안 단기기억에 정보가 기억된다는 것이다. 물론 단기기억에 새로 입력된 정보가 바로 장기기억의 네트워크에 연결된다면 리허설이 필요없을 것이다. 이에 대해서는 다음에 더 자세히 설명할 것이다.

단기기억의 또 하나의 특징은 용량이 제한되어 있다는 것이다. 다시 간단한 실험을 해 보기 위해 다음의 단어들을 외워 보자.

| | | | | | |
|---|---|---|---|---|---|
| 한준 | 지우개 | 사과 | 배 | 고양이 | 영수 |
| 딸기 | 오이 | 구두 | 연필 | 참외 | 운동화 |
| 순이 | 경찰 | 호박 | 성악가 | 모자 | 사자 |
| 복숭아 | 양말 | 수박 | 호랑이 | 수영 | 당근 |
| 원숭이 | 책 | 감자 | 장갑 | 엿장수 | 치마 |

어떤 순서로 기억해 냈는가? 다른 사람들이 적어 놓은 것과 비교해 보자. 주어진 순서대로 기억한 사람도 있겠지만 대부분 명단에 있는 단어들을 이름, 과일, 야채, 학

용품, 의류 등 의미를 기초로 구조화하여 기억하는 경향을 보였을 것이다. 암기해야 될 내용이 의미를 기초로 구조화하기 어려운 경우 발음이나 철자를 기준으로 묶어지는 경우도 있기는 하나 대부분 의미가 비슷한 것끼리 묶게 된다. 경우에 따라서는 의미가 비슷한 다른 단어를 회상했을 수도 있다(예를 들어, 치마 대신 스커트라든지 혹은 성악가 대신 가수와 같이). 위와 같이 의미를 기초로 구조화하는 것은 실험 상황에서뿐 아니라 일상생활에서도 흔히 볼 수 있는 일이다. 아마도 소리가 비슷한 단어의 순서대로 기억하거나 글자 수가 비슷한 단어 순서대로 기억한 사람은 거의 없을 것이다.

위와 같이 내용을 잘 묶어서 정리하여 기억하는 것을 청킹(chunking)이라고 한다. 청킹은 단기기억을 효율적으로 사용할 수 있게 하는 기억전략이다. 청킹을 활용할 때 사전지식을 활용하면 더 효과적으로 정보를 정리하여 저장할 수 있다. 다시 간단한 실험을 해 보자.

1 4 9 1 6 2 5 3 6 4 9 6 4 8 1을 기억해 보자. 그렇게 간단하지는 않을 것이다. 그렇다면 다음의 숫자들은 어떠한가? 1 4 9 16 25 36 49 64 81 즉, 앞에서 제시한 숫자들을 제곱수로 묶어서 기억하면 간단하지 않은가? 이렇게 청킹을 활용하면 15개의 숫자를 암기하는 것이 아니라 1부터 9까지의 제곱수를 암기하는 것이 된다.

TV에서 바둑을 해설하는 사람들이 복기하는 것을 보고 그 기억력에 탄복하는 사람들이 많다. 바둑을 모르는 사람들에게는 검은 돌과 하얀 돌의 배열이지만, 바둑을 잘 두는 사람들은 청킹을 활용하여 일정한 패턴을 암기하기 때문에 단기기억에 부담을 주지 않아 잘 기억해 낼 수 있는 것이다.

또 다른 예를 들어 보자. 이 책을 읽는 사람들 모두 초등학교 때 구구단을 외었을 것이다. 어떤 사람들은 수학을 잘하려면 사고능력이 필요한 것이지 계산능력이 필요한 것이 아니라고 말한다. 그러나 단기기억을 효율적으로 활용한다는 측면에서는 구구단을 외우는 것도 장점이 될 수 있다. 앞에서 Baddley(1986)는 단기기억을 작업기억이라고 불렀다고 설명하였는데, 단기기억에서 단순히 정보를 저장하고 있는 것뿐 아니라 다른 정신적 조작(이해, 계산, 변형 등)이 이루어지고 있기 때문이다. 단기기억은 단순히 저장만 하는 영역이 아니라 정신적 조작도 하는 영역이다. 그런데 구구단을 암기해서 일정한 수준의 계산을 능숙하게 하는 사람은 계산의 과정이 자동화되어 정신적 조작을 하는 영역의 부담을 줄일 수 있다. 이렇게 하여 여유가 생긴 단기기억의 용량을 복잡한 문제를 풀 때 좀 더 고차원적인 정보처리 과정을 위해 활용할 수 있다. 이와 같이 기초적인 능력을 자동화하는 것은 단기기억을 효율적으로 활용하는 방안이 될 수 있다. 물론 자동화된 기초능력에서 머무르지 않고 더 고차원적인 사고활동과 창의적인 활동이 이루어져야 하는 것은 당연하다. 이에 대해서는 제4장과 제5장에서 좀 더 자세하게 다루기로 한다.

### 3) 장기기억

감각등록기와 단기기억은 비교적 가까운 과거에 경험한 내용들을 기억한다. 사실 일상생활이나 학습상황에서 기억에 대해 이야기할 때에는 대부분 장기기억에 저장된 내용을 말한다. 물론 감각등록기에서 제대로 주의를 받지 못하거나 단기기억에서 소멸되는 정보들은 장기기억에 이르지 못한다. 즉, 단기기억에 머물렀던 정보 중 의미가 있는 정보들이 전이되어 비교적 장시간 저장되는 것이다.

장기기억(long-term memory)의 용량과 저장시간은 뇌의 손상을 입지 않는 한 무한대인 것으로 알려지고 있다. 그렇다면 학생들이 '머리가 꽉 차서 더 이상 들어가지 않는다.'는 표현을 할 때 이는 무엇을 의미하는가? 이는 장기기억이 다 찼다는 것을 의미하는 것이 아니라 여러 가지 이유에서(예: 피곤함) 더 이상 학습할 내용에 주의를 기울이지 못하는 것을 의미한다.

오히려 머릿속에 많은 지식이 들어 있을수록 새로 배우는 내용을 더 잘 이해하고 이를 더 잘 기억하게 된다. 앞에서 설명했던 청킹을 생각해 보면 그렇다는 것을 알 수 있다.

장기기억의 내용들은 짧게는 몇 분에서 길게는 수십 년 동안 기억된다. 물론 얼마 전에 학습한 내용을 기억해 내지 못하는 경우도 많이 있으나 아주 오래전에 배웠던 내용을 아직도 기억하고 있는 경우도 많다. 이는 망각과 관련된 것으로 조금 뒤에 자세히 살펴보기로 한다.

나중에 기억을 잘할 수 있도록 장기기억에 저장하기 위해서는 기억할 내용을 무조건 암기하는 것보다는 그 내용을 먼저 이해하는 것이 중요하다. 즉, 기억해야 될 정보의 의미를 이해하고 또 새로 저장하는 내용을 자신이 이미 알고 있는 것과 연결하였을 때 더 잘 기억하게 된다. 학습내용을 효과적으로 기억하기 위한 방법에 대해서는 기억훈련 부분에서 더 자세히 설명하기로 한다.

그렇다면 장기기억에는 무엇이 어떻게 저장되어 있는가? 심리학자들은 장기기억에 저장된 내용을 의미기억과 일화기억으로 나누어 설명하기도 하고(Tulving, 1972) 서술기억과 절차기억으로 나누어 설명하기도 한다(Anderson, 1989).

일화기억(episodic memory)은 구체적 경험에 대한 기억으로 자신이 경험한 시간, 장소, 상황 등에 대해서 기억하는 것이다. 반면 의미기억(semantic memory)은 기억할 내용의 의미, 관계 등을 기억하는 것으로, 대부분의 학습내용이 의미기억에 해당된다. 예를 들어, 수업시간에 종달새의 특징에 대해 설명을 듣고 그 내용을 기억하는 것은 의미기억에 해당되는데, 그 수업시간에 선생님이 어떤 옷을 입고 어떤 억양으로 설명했었는지를 기억한다면 이는 일화기억에 해당된다. 때로는 의미기억에 일화기억이 도움을 줄 수도 있으나 종달새의 특징에 대해서는 별로 기억을 못하고 주변 상황에 대해서만 기억한다면 오히려 학습에 방해가 될 것이다.

한 예를 들어 보자. A라는 사람이 모임에 가서 재미있는 이야기를 해 주었다. 며칠 후 그 자리에 있었던 친구 B가 다른 모임에 가서 그 이야기를 옮겨 이야기하였다. 그런데 그 자리에 공교롭게도 며칠 전에 그 이야기를 했던 A가 앉아 있었다. 그 사람은 '자신이 한 이야기를 어쩌면 저렇게 천연덕스럽게 할 수 있을까?' 하고 조금 어이없어 했다. 그러나 그 이야기를 옮겼던 친구 B는 자신이 그 이야기를 어디에서 누구에게 들었는지를 잊어버렸기 때문에 자연스럽게 이야기할 수 있었던 것이다. 즉, 그 친구는 자기가 들었던 재미있는 이야기를 의미기억으로 저장한 것이지 일화기억으로 저장한 것이 아니었다. 물론 학습상황에서는 일화기억보다는 의미기억이 더 중요하나, 일상에서는 일화기억이 약할 때 앞에서 든 예와 같은 상황이 벌어질 수 있다.

장기기억에 저장된 내용을 서술기억과 절차기억으로 나누어 설명하기도 한다고 하였는데, 이를 서술적 지식(declarative knowledge)과 절차적 지식(procedural knowledge)으로 표현하기도 한다. 이에 대해서는 제7장에서 다시 한 번 다루기로 한다.

서술기억은 사실에 관한 내용을 기억하는 것이다. '도전! 골든벨을 울려라' 와 같은 퀴즈 게임을 할 때 자신이 알고 있는 것을 회상해 내는 것과 같이 언어로 표현되는 지식으로, 보통 'know what' 이라고 표현되는 것 중 'what' 에 해당된다. 앞에서 제시한 일화기억과 의미기억은 모두 서술기억에 해당된다. 절차기억은 문제해결 절차나 과정에 관한 기억이다. 흔히 이야기하는 'now how' 는 말에서 'how' 에 해당되는 것으로, 사실과 개념에 관한 서술기억과 구별된다. 절차기억은 단계적으로 구성된 연습과정을 통해서 획득되고, 일단 숙달되면 대부분 자동화되기 때문에 세세한 부분까지는 의식적 통제가 이루어지지 않아도 실행된다. 절차기억의 예로 자전거 타기나 덧셈, 뺄셈과 같은 단순한 계산하기 등을 들 수 있다.

서술기억인 개념, 사실 등은 다음과 같은 그물망 구조로 서로 연결되어 저장된다. 따라서 학습할 때에도 낱낱의 지식들을 따로 저장할 것이 아니라 자신이 이미 알고 있는 것과 연결하여 이해하고 저장하는 것이 효과적이다.

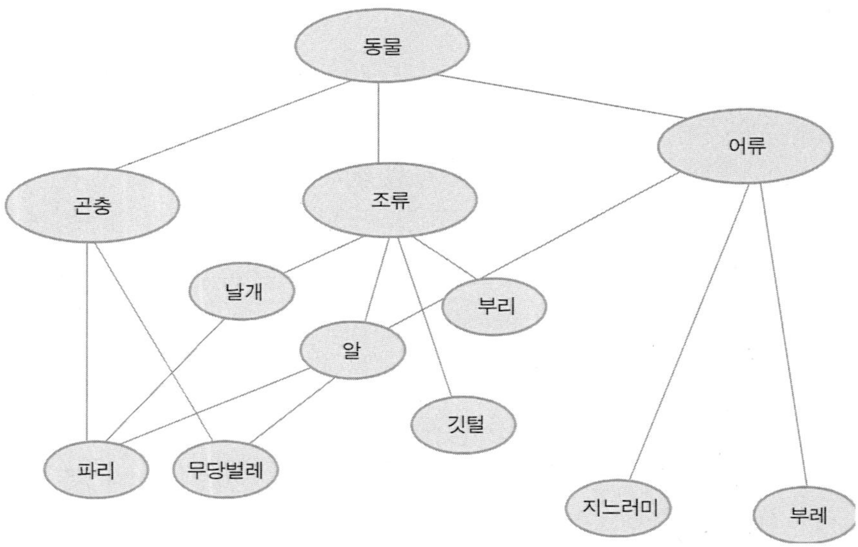


[그림 3-4] 그물망 구조

## 2. 망각

망각이란 기억장치에 저장된 내용이 인출되지 않는 것을 말한다. 즉, 과거의 경험이나 열심히 공부한 내용이 기억나지 않는 것을 말하는데, 망각을 설명하는 데에는 세 가지가 활용된다.

첫째, 소멸(decay)로 설명하는 경우 시간이 경과함에 따라 두뇌에 만들어진 기억 흔적이 희미해진다는 것이다. 이는 오래전에 만년필로 적은 편지를 세월이 지난 후 잉크 자국이 희미해져 다시 읽을 수 없는 것에 비유할 수 있다. 이 설명은 그냥 듣기에는 그럴듯하지만 사실 이 설명과 모순되는 사례들이 많이 있다. 예를 들어, 이 설명에 의하면 오래된 내용일수록 제대로 기억하지 못하게 될 것이다. 그러나 아주 오래된 내용도 중요한 내용은 생생하게 기억하고 있고, 오히려 근래에 경험한 것들을 잊어버린 경우가 허다하다는 것을 보면 망각을 소멸로 설명하는 데에는 무리가 있다.

둘째, 망각을 간섭(interference)으로 설명하는 관점도 있다. 이 설명은 두뇌 속에 저장된 내용이 손실되었거나 손상을 받은 것이 아니라 다른 기억정보와 혼동되어 제대로 인출되지 못하는 것을 말한다. 즉, 공부한 내용이 다른 내용과 뒤섞여 인출할 때 방해를 받는 것이다. 이는 마치 오래된 편지들이 모두 뒤섞여 다시 읽고 싶은 편지를 찾을 수 없는 것과 같다. 이를 도서관에 비유하여 설명하면, 도서관에서 읽고 난 책을 아무데나 꽂아두어 다음에 다시 찾지 못하는 것과 비슷하다고 할 수 있다. 보통 시험공부를 한 후 간섭에 의해 공부한 내용을 기억해 내지 못하는 것을 방지하기 위해서는 시험공부를 마친 후에 다른 일을 하지 말고 잠을 자는 것이 좋다는 실험연구도 있다 — 그것도 낮은 온도에서(Jenkins & Dallenbach, 1924). 그러나 시험공부를 한 후 시험을 볼 때까지 계속 잠을 잘 수는 없는 일이니, 적어도 다음에 공부할 내용이 앞에서 공부한 내용과 혼동되지 않도록 하는 것이 좋다.

망각에 대한 또 하나의 설명은 인출단서의 변화다. 이 설명에 의하면, 공부한 내용을 기억해 내지 못하는 것은 이 내용의 기억흔적이 소멸했거나 다른 내용에 의해 간섭을 받았기 때문이 아니라, 저장된 정보에 접근할 수 있는 단서가 없거나 잘못되었기 때문이다. 이를 앞에서 예를 든 편지에 다시 비유해서 설명하면, 지금까지 모아진 많은 편지들을 받은 날짜를 기준으로 정리해 놓고는 보낸 사람을 기준으로 편지를 찾는다면 찾기 힘든 것과 같다.

앞에서 망각에 대한 세 가지 설명을 제시하였는데, 물론 어느 한 가지로 모든 형태의 망각을 다 설명할 수 있는 것이 아니다. 그렇다면 어떻게 하면 망각을 예방할 수 있을까? 다시 앞에서 든 편지 예로 돌아가 보자.

- 우선 망각을 소멸로 설명하는 경우에 따르면, 편지를 쓸 때 가능하면 증발이 되지 않는 잉크를 사용하는 것이다. 즉, 학습을 할 때 그 내용에 주의를 기울이고 입력하여 확실하게 흔적을 남긴다.
- 두 번째, 간섭을 막기 위해서는 편지를 잘 정리해두는 것이다. 즉, 학습할 내용을 체계적으로 조직화하여 저장한다.
- 세 번째, 인출단서를 확실히 하는 것이다. 편지를 정리하면서 보낸 사람을 중심으로 정리할 것인지 혹은 날짜별로 정리할 것인지 잘 선택하고 그 내용을 기억할 때에도 자신이 사용한 기준을 단서로 회상한다.

이 외에도 기억활동에 영향을 주는 요소로는 기억전략, 자신의 기억능력(기억용량과 기억전략의 활용)에 대해 알고 있는 상위인지 그리고 사전지식이 있다. 이에 대해서는 다음의 기억훈련 부분에서 더 자세하게 살펴보기로 한다.

## 3. 기억훈련

Ericsson과 동료들(1980)은 숫자를 암기하는 기억 실험에서 훈련을 통해 한꺼번에 80개의 숫자를 암기하는 수준으로 기억능력이 향상되는 것을 발견하였다. 피험자의 기억능력 향상은 그가 발견한 기억전략의 결과였다. 그는 각 숫자에 의미를 부여하였다. 예를 들어, 10,01은 100m 달리기의 세계 기록보다 약간 큰 숫자, 89는 매우 많은 나이 등과 같이 그 의미를 생각하면서 암기하였다. 이로써 숫자들에 대해 더 깊게 정보처리가 되어 효율적으로 기억할 수 있었다. 특히 이 피험자가 장거리 달리기 선수였기 때문에 실험에 사용된 숫자들을 달리기 기록과 연결하여 기억한 것으로 확인되었다.

앞에서 단기기억의 용량이 제한되어 있다고 하였는데, 단기기억의 용량은 근육과 달리 단순히 훈련한다고 해서 늘어나는 것이 아니다. 따라서 숫자나 시를 무조건 외운다고 해서 기억능력이 향상되는 것은 아니다. 즉, 단순한 반복 연습이 아니라 기억 전략의 학습이 중요하다. 기억을 훈련할 때에는 기억 기능에 대한 지식을 알고 있는 것이 좋다. 기억훈련은 기억전략을 활용하는 것을 포함한다. 즉, 정보의 입력, 저장, 인출을 돕기 위한 인지적 전략을 훈련하는 것이다(Mähler & Hasselhorn, 2001). 이를 차례대로 소개하면 다음과 같다.

### 1) 음률과 첫 글자의 활용

단기기억은 수명이 짧게 때문에 단기기억에 입력된 정보가 장기기억의 서술기억 혹은 절차기억으로 제대로 저장될 때까지 활성화할 필요가 있다. 예를 들어, 쇼핑 리스트처럼 여러 개의 단어들을 기억해야 할 경우 리허설을 통해 반복해서 단어들을 암송하여 계속 단기기억에서 활성화할 수 있다. 이때 기억할 내용을 운율에 맞추어서 암송하는 것도 좋은 방법이다. 이것은 마치 노래하듯이 구구단을 외우는 것과 같은 방법이다.

혹은 암기할 개념들의 첫 글자를 따서 암기하는 방법도 많이 활용된다. 예를 들어, 반올림표(#)가 붙은 조성의 이름을 외울 때 사장조(#1), 라장조(#2), 가장조(#3), 마장조(#4), 나장조(#5)의 한 글자씩을 조합하여 (사라가마나) 재디있는 말을(예: 만두를 사라가? 아니면 말아?) 만드는 방법이 이에 해당된다.

그러나 단순한 반복으로만 학습효과를 올릴 수는 없다. 암기를 하고 있는 동안에는 모든 것을 기억하고 있는 듯하나, 막상 시험장에 가면 제대로 생각이 나지 않는 것을 경험하였을 것이다. 따라서 학습 후에도 가끔씩 시간 간격을 두고 다시 기억해 보는 것이 좋다. 이는 앞에서 설명한 간섭을 막기 위한 방법이 될 수도 있다. 특히 학습내용이 길거나 복잡할 경우 이를 나누어 좀 더 작은 단위로 학습하고 여러 번에 걸쳐 반복을 하고 그 간격을 점점 넓히는 것(spacing-effect)이 좋다.

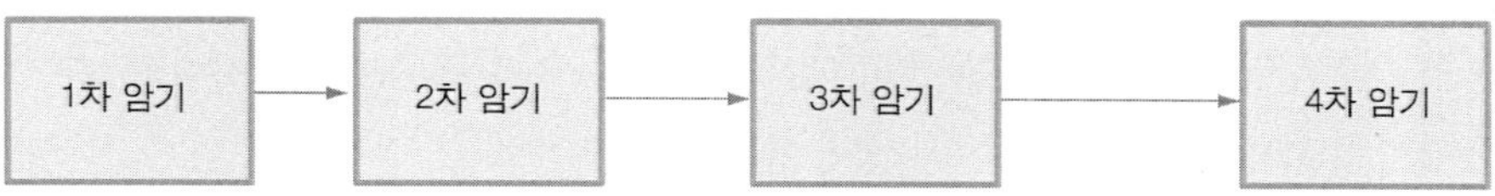


[그림 3-5] 간격을 점점 넓혀 가면서 반복하기

### 2) 유추의 활용

유추란? [그림 3-6]에서 보여 주는 것과 같이 새로운 내용을 학습할 때 이를 자신이 이미 알고 있는 것과 어떤 관계가 있는지 알아보고 이들의 유사점을 연결하여 생각하는 것을 말한다. 앞에서 주의력이 분산되는 것을 파이 모델([그림 3-2] 참조)에 비유하여 설명한 것도 이에 해당된다. 또 다른 예를 들어 보자. Anderson(1983)이라는 심리학자는 인간의 주의력을 한정된 전력 사용에 비유하여 설명하였다. 30여 년 전만 해도 우리나라에서 생산되는 전력량이 충분하지 못하였다. 그래서 저녁시간에 각 가정에 공급되는 전력이 한정되어서 이러저런 전열기를 틀어놓으면 제대로 작동되지 않거나 과부하가 걸려 아예 차단기가 내려가는 일도 있었다. 즉, 책을 읽으면서 이런 저런 일로 주의가 분산되면 책의 내용을 제대로 이해하지 못하고 결국 아무것도 제대로 하지 못하게 된다는 것을 비유로 설명한 것이다. 이렇게 설명하는 것도 유추를 활용한 예다.

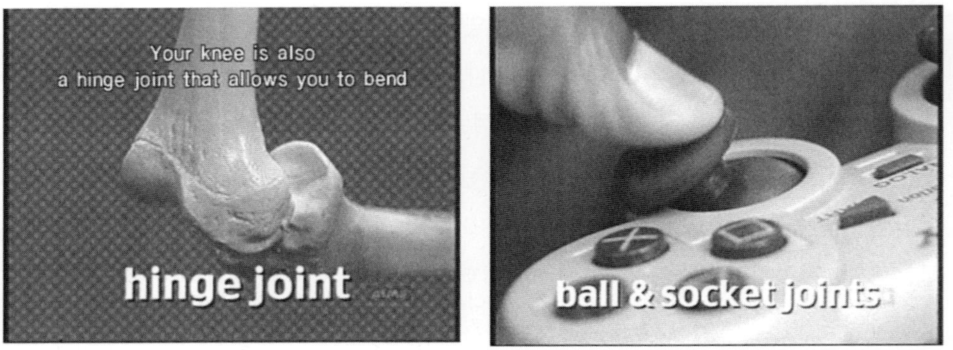


**[그림 3-6] 관절의 기능을 조이스틱에 비유하여 설명한 예**

출처: 김혜온, 2007.

### 3) 심상의 활용

보통 언어자극에 비해 그림을 훨씬 많이 기억할 수 있다고 한다. Standing(1973)의 실험에서 10,000개의 그림을 제시하고 이들을 무작위로 다시 보여 주면서 그 그림을 전에 보았는지를 확인한 결과, 실험에 참가한 사람들이 평균 2,500개의 그림을 다시 알아보았다. 만일 실험에서 그림이 아니라 단어를 제시했을 때도 과연 이와 같은 결과가 나왔을까?

언어와 시각적인 그림(심상)을 사용하여 이중으로 저장하였을 때 이를 기억해 내는 것이 훨씬 수월하다. 이를 이중부호화 효과라고 한다(Paivio, 1986). 예를 들어, 천체의 구조에 대한 설명을 읽으면서 언어적으로만 정리하는 것보다 이를 시각적으로 그려 보아 심상을 만든다면 더 잘 기억할 수 있을 것이다. 심상을 만들어 기억하는 방법의 간단한 예를 들면, '파, 마늘, 고추'를 외워야 하는 경우 파를 나무처럼 상상하고 거기에 마늘과 고추가 마치 크리스마스트리처럼 장식되어 있는 것을 상상해 볼 수 있을 것이다.

다음은 외국어를 배울 때 심상 만들기 기법을 활용한 예다. 불어의 merçi라는 단어는 '감사하다'라는 뜻이다. merçi라는 단어를 '메르치(멸치)'와 같이 이미 알고 있는 모국어 단어 중 발음이 유사한 단어와 연결하여 학습하는 방법으로 멸치를 선물로 받고 감사하다고 말하는 상황을 연상하여 기억한다.

**[그림 3-7] 심상의 활용**

출처: 김혜온, 2007.

혹은 영어의 지도라는 단어 맵(map)을 '맵다'와 연결시켜 지도에 고추산지를 표시하는 그림으로 고추를 많이 그려 넣은 것을 상상해 볼 수도 있을 것이다. 특히 추상적인 개념을 구체적 심상과 연결하였을 때 효과적이다. 또한 두 개의 개념을 연결하는 심상을 형성했을 때 더욱 기억이 잘된다. 예를 들어, 어린이와 새를 기억할 때 하나씩 기억하는 것보다 어린이가 새를 타고 하늘을 나는 모습으로 기억하는 것이 효과적이다. 심상은 스스로 만드는 것이 다른 사람이 만든 것을 그대로 사용하는 것보다 효과적이다. 심상은 가능한 한 생생하게 만들어야 기억하기에 좋다. 앞의 예에서 어린이가 새를 타고 하늘을 날 때 새의 모양이나 색깔을 그리고 새가 어떻게 날개를 움직이는가 혹은 새를 타고 어린이가 날면서 새에게 어떻게 말하면서 날아가는 방향을 조절하는지 등을 생생하게 그려 본다.

### 4) 핵단어법

핵단어법(peg-word method)도 새로 학습할 내용을 자신이 이미 알고 있는 것과 연결하는 전략이다. 핵단어법은 특히 가나다라 혹은 숫자와 같이 이미 순서가 정해져 있는 내용과 새로운 정보를 결합하는 방법이다.

예를 들어, 1은 '일단', 2는 '이젠'과 같이 숫자와 발음이 비슷한 단어를 짝짓는다. 그리고 기억해야 할 내용을 핵단어와 연결하여 기억하는 것이다. 예를 들어, 기억해야 할 내용이 라면 끓이는 방법인 경우 이를 핵단어와 연결하여 기억한다.

다음은 핵단어법을 활용하여 앞에서 설명한 정보의 처리과정에 대해 기억하는 예다.

라면을 끓일 때는 다음과 같은 절차로 해야 맛있게 끓일 수 있다.
1. 양은냄비에 물을 끓인다.
2. 라면을 반으로 쪼개고 끓는 물에 면과 스프를 넣는다.
3. 삼 분 동안 보글보글 끓인다.
4. 취향에 따라 계란과 파를 첨가하여 끓인다.
5. 신문이나 전화번호책을 냄비받침으로 쓴다.
6. 육백 원의 행복, 맛있는 라면, 맛있는 김치와 함께 먹으면,
7. 맛과 감동, 출출할 땐 라면이다.

이를 무조건 암기하는 것보다는 다음과 같이 핵단어법을 사용하는 것이 효과적인데, 우선 숫자 1~7까지 쉽게 기억할 수 있는 핵단어를 발음이 비슷한 단어들로 생각한다.

1 - 일단, 2- 이젠, 3 - 삼 분, 4 - 사람의, 5 - 오늘, 6 - 육백 원, 7 - 일곱 배

이들 핵단어를 앞에서 제시한 라면 끓이는 방법과 연결하여 이야기를 만든다. 이렇게 이야기로 구성했을 때 그 내용이나 순서를 기억하기 쉽다.

라면을 끓일 때는 다음과 같은 절차로 끓여야 맛있게 끓일 수 있다.
1. 일단 양은냄비에 물을 끓인다.
2. 이젠 라면을 반으로 쪼개고 끓는 물에 면과 스프를 넣는다.
3. 삼 분 동안 보글보글 끓인다.
4. 사람의 취향에 따라 계란과 파를 첨가하여 끓인다.
5. 오늘의 신문이나 전화번호책을 냄비받침으로 쓴다.
6. 육백 원의 행복, 맛있는 라면, 맛있는 김치와 함께 먹으면,
7. 일곱 배의 맛과 감동, 출출할 땐 라면이다.

혹은 다음과 같이 0~9까지의 숫자들과 비슷한 모양을 갖고 있는 물건들을 생각해 보고 이것들과 기억해야 될 내용의 순서를 연결지어 보는 것도 효과적이다.

1 = 연필
2 = 오리
3 = 지렁이 모양
4 = 의자를 뒤집어 놓은 모양
5 = 안락의자
6 = 테니스 채

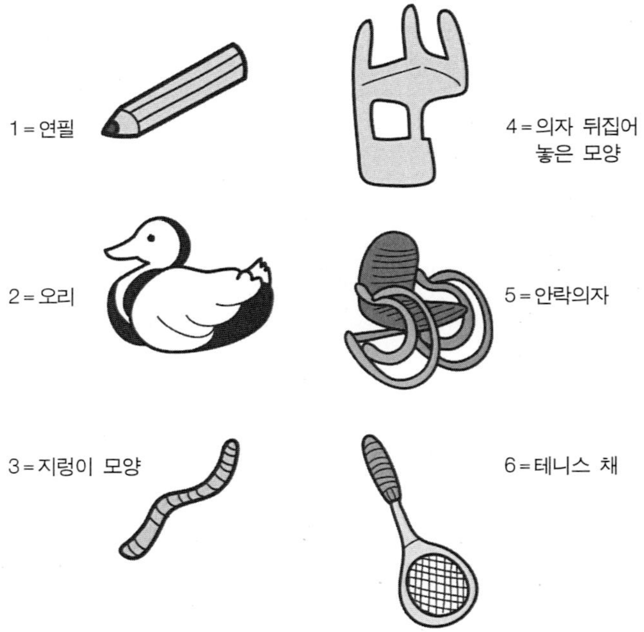


**[그림 3-8] 핵단어로 심상 만들기**

예를 들어, 김 아무개 선생님이 6학년 담임이고 이 아무개 선생님이 1학년 담임일 때 이를 기억하려면 김 아무개 선생님이 테니스를 치고 있는 모습과 이 아무개 선생님이 연필을 들고 있는 모습을 상상해 본다. 물론 이러한 모습을 상상할 때에는 심상을 활용할 때와 같이 가능하면 구체적으로 우스꽝스러운 모습으로 그려 내는 것이 효과적이다.

**[그림 3-9] 핵단어를 활용한 기억전략 (6학년 담임과 1학년 담임)**

연습문제

자신이 일상생활에서 순서대로 해야 하는 일을 핵단어를 활용하여 재구성해 보자.

기억전략을 활용하여 학습할 때 활용할 수 있는 방법을 정리하면 다음과 같다.

- 사전지식의 활성화/유추의 활용: 학습할 내용에 대해서 이미 알고 있는 것을 생각해 보고 학습할 내용과 비슷한 것을 활용한다.
- 추상적인 내용을 학습할 때: 심상, 핵단어를 활용한다.
- 복잡한 내용을 학습할 때: 단순화하고 분리한다.

기억전략을 활용하여 학습할 때에도 효과를 검증하는 것이 좋다. 이른바 '학습–멈춤–검토–다시 학습'의 원칙을 활용하여 학습 중간중간에 어느 정도 학습이 진행되었는지, 사용한 기억전략은 효과적인지 검토한 후 다시 학습을 진행시키도록 하는 방법이다.

이 장에서 중요하다고 생각되는 내용을 정리해 보자.

# 제4장
# 문제해결

수학 시간에 선생님이 아이들에게 "양이 26마리 있고 염소가 10마리 있었어요. 그렇다면 이들 중의 우두머리의 나이는 얼마일까요?" 라는 질문을 하자, 많은 아이들은 이런 저런 계산을 하면서 답을 하려고 시도했다. 즉, 문제가 말이 되는지 생각해 보지도 않고 문제에 제공된 두 숫자를 더하거나 빼거나 곱하는 등의 방법을 사용하면서 계산했다.

앞의 상황은 실제로 Reuss(1988)라는 심리학자가 경험한 이야기다. 암기를 많이 하는 전공분야에서 교수님이 전공과는 아무런 관계도 없는 전화번호책을 갖고 와서 책에 있는 내용을 모두 암기해야 한다고 말하니까 학생들이 언제까지 암기해야 하느냐고 물었다는 이야기가 있다. 물론 그 전공에서 암기 위주로 학습하는 것에 대해 풍자하는 내용이기는 하나, 이런 웃지 못할 일이 학교 현장에서 종종 발생하는 것도 사실이다.

빠르게 변화하는 세상에서 모든 것을 다 학교에서 배울 수는 없다. 특히 단순히 암기해서 획득된 지식은 죽은 지식으로 남아 있을 가능성이 높다. 중요한 것은 공부하는 방법을 배우는 것이다. 무조건적인 암기가 아니라 제대로 이해하여 새로운 상황에서도 지식을 응용할 수 있어야 한다는 것이다. 이러한 맥락에서 문제해결 능력이 점점 강조되고 있다.

**체·크·리·스·트**

다음은 평소의 문제해결 태도에 관한 질문들이다. 다음과 같은 행동을 얼마나 자주 하는지 표시해 보자. 거의 하지 않을 때는 1번에, 가끔 할 때는 2번에, 종종 할 때는 3번에, 자주 할 때는 4번에 표시하면 된다.

| | 1 | 2 | 3 | 4 |
|---|---|---|---|---|
| 1. 어려운 문제가 생기면 어디서부터 손을 대야 할지 잘 모르겠다. | | | | |
| 2. 문제상황에서 그 원인이 무엇인지 곰곰이 생각해 본다. | | | | |
| 3. 문제상황이 때로는 도전의 기회가 된다고 생각한다. | | | | |
| 4. 문제가 잘 해결되지 않으면 내 머리가 나쁘기 때문이라고 생각한다. | | | | |
| 5. 일상에서 불편한 것이 있을 때 이를 해결하기 위해서 노력하는 일이 귀찮아서 그냥 참고 넘어간다. | | | | |
| 6. 문제상황에 직면했을 때 이를 나름대로 해결해 보고 그 결과에 대해 검토하면서 다음에는 어떻게 할지 생각해 본다. | | | | |

위의 체크리스트에서 점수를 모두 합산하여 총점을 계산하는데, 1, 4, 5번 문항은 역산을 한다. 즉, 1번에 표시하면 4점, 2번은 3점, 3번은 2점 그리고 4번에 표시했으면 1점으로 계산한다. 모두 6문항이므로 최고점이 24점, 최하가 6점이 될 것이다. 자신의 점수가 18점보다 낮을 경우에는 문제해결 태도를 개선할 필요가 있다. 이제 문제해결에 대해 자세히 살펴보도록 하자.

자신이 하루에 하는 일을 생각해 보자.

도서관에서 책을 찾고, 컴퓨터 앞에서 리포트를 작성하고, 동아리에서 학우들과 함께 축제 행사를 준비하고, 집에서 부모님을 도와드리고, 동생 숙제를 도와주고… 등등 크고 작은 일들을 처리하면서 많은 문제를 해결한다.

아마도 대부분의 문제들은 자신이 갖고 있는 지식과 경험으로 해결할 수 있을 것이다. 그러나 뜻하지 않은 문제에 봉착할 수도 있다.

다음과 같은 상황을 생각해 보자.

시험은 가까워 오고 작성해야 될 보고서도 많은데, 부모님이 집안 경제사정이 갑자기 나빠져서 다음 학기부터 등록금을 대주시기가 쉽지 않을 것이라고 하신다. 아르바이트 자리도 구해야 되고 시간은 턱없이 부족한데, 여자친구는 이런 사정도 모르는 채 자기에게 너무 소홀하다고 불평한다.

대부분 문제에 직면하면 스트레스를 받기 때문에 피하고 싶어 한다. 그러나 과연 문제를 갖고 있다는 것이 부정적인 측면만 있는가? 문제에 대해 열린 태도를 갖게 되면 문제의 원인과 양상에 대해 좀 더 넓은 각도에서 볼 수 있다. 이로써 경우에 따라서는 문제의 해결에 대한 동기가 높아지고 좀 더 창의적인 해결방법을 찾기가 용이해진다.

또한 많은 사람들은 문제에 대해 부정적인 태도를 갖는다. 이는 문제에 대한 오해에서 비롯될 수 있다. 예를 들어, 문제가 생기면 자신의 일상생활이 방해를 받는다고 생각한다. 그러나 모든 문제는 오히려 변화와 발전의 가능성을 제공할 수 있다. 문제에 대한 또 다른 오해를 예를 들면, 대부분의 문제는 자신이 알고 있는 지식으로 해결된다는 것과, 모든 문제가 발생한 데에는 구체적인 원인이 있고 이 원인은 제거될 수 있다는 것이다. 그러나 문제를 해결하기 위해서는 자신이 갖고 있는 지식이나 기술 외에도 창의적인 해결 방법이 필요할 수 있다. 그리고 문제의 원인은 복잡하게 꼬여 있을 수도 있다. 따라서 문제를 해결하기 위해서는 문제가 무엇인지 정의하는 일부터 필요하다. 이에 대해서는 나중에 설명하기로 하고 우선 문제의 종류에 대해 살펴보기로 한다.

## 1. 문제의 종류

우리가 살아가면서 직면하게 되는 문제들은 잘 구조화되어 있을 수도 있지만 그렇지 않을 수도 있다. 잘 구조화된 문제는 그 원인이 분명하고 대부분 논리적인 방법으로 해결된다. 설사 문제를 해결하기 위한 지식이나 기술을 갖고 있지 않더라도 이를 어떻게 배울 수 있는지가 분명하다. 학교에서 접하는 수학문제들은 잘 구조화된 문제에 해당된다. 혹은 설명서를 보면서 가구를 조립하는 것도 이에 해당된다. 이와 같은 문제들은 정답을 갖고 있기 때문에 문제가 잘 해결되었는지 쉽게 판단할 수 있다.

그러나 학교생활을 하거나 직업을 수행할 때 모두 잘 구조화된 문제만 갖게 되는 것은 아니다. 이른바 잘 구조화되지 않은 문제들에 직면하게 되는데, 이들은 논리나 규칙을 적용하는 것으로만 해결되는 것이 아니고 어떻게 해결해야 정답에 이를 수 있는지에 대한 설명서가 있는 것도 아니다. 즉, 이런 문제들을 해결하기 위해서는 창의성이 요구된다. 예를 들어, '행복하게' 살고 싶은 것은 누구나 갖고 있는 가장 기본적인 소망일 것이다. 그러나 행복한 삶이란 무엇인가? 이것을 열 사람에게 물었을 때 이에 대한 답은 열 가지 종류에 이를 것이다. 또한 행복하게 살기 위해 무엇을 할 것인가라는 질문에 대해서는 더 많은 다양한 답이 나올 수도 있다. 우리가 일상에서 접하는 문제들은 대부분 잘 구조화되지 않은 문제들이다. 방학에 대한 계획을 짤 때, 자기가 원하는 직업을 갖기 위해 준비를 할 때, 대학생활을 알차게 보내기를 희망할 때 등등.

잘 구조화된 문제

- 문제해결의 목표와 이에 도달할 수 있는 수단과 방법이 분명하다.
- 비슷한 문제들이 이미 많이 있었기 때문에 그들을 해결하기 위해 사용되었던 것과 유사한 지식과 기술로 현재의 문제를 해결할 수 있다.
- 문제가 해결되었는지 판단할 수 있는 기준이 분명하다.

잘 구조화되지 않은 문제

- 문제해결의 목표가 분명하지 않기 때문에 대부분 새롭게 정의를 내려야 한다.
- 이미 갖고 있는 지식과 기술만으로는 문제해결이 쉽게 이루어지지 않는다.
- 문제가 해결되었는지 판단할 수 있는 기준이 분명하지 않기 때문에 새로운 기준을 만들어야 한다. 따라서 분석적인 사고와 창의성이 모두 요구된다.

문제해결과 관련지어 흔히 하는 질문이 있다. 지능지수가 낮으면 문제해결을 잘 못할까? 어떤 유명한 심리학자가 강연을 위해 컨설팅회사 건물에 갔다가 다음과 같이 경험한 일에 대해 설명하면서 실제적인 지능의 중요성을 강조하였다.

그는 4층에 가려고 엘리베이터를 탔는데, 4라는 숫자가 적혀진 단추를 눌러도 단추에 불이 켜지지 않고, 문이 닫힌 뒤 엘리베이터가 올라가는 것이 아니라 내려가고 있었다. 그가 도착한 곳은 지하 주차장. 다시 엘리베이터를 타고 4를 눌렀지만 역시 단추에 불이 켜지지 않았다. 할 수 없이 열림 단추를 누르고 다른 엘리베이터를 불렀지만, 이미 엘리베이터 하나가 지하에 내려와 있기 때문에 다른 엘리베이터는 오지 않았다. 이윽고 계단으로 올라가기로 결심하고 4층까지 걸어서 올라갔으나, 문이 잠겨서 계단실 밖으로 나올 수가 없었다. 다시 걸어서 1층으로 내려와 엘리베이터를 부르니 다른 엘리베이터가 도착했다. 이번에도 4번 단추에 불이 들어오지 않고 엘리베이터는 다시 지하로 내려가 버렸다. 그는 엘리베이터가 모두 고장난 것으로 생각하고, 1층으로 다시 올라가 안내데스크에 항의하려고 하였다. 그때 어떤 여성이 다가오더니 컨설팅회사에 가려고 하느냐고 물었다. 그렇다고 하니까 그를 엘리베이터로 안내하였다. 엘리베이터 문이 열리자 그 여자는 번호판에 카드를 대었다. 그랬더니 비로소 4번 단추에 불이 들어오고 엘리베이터는 4층으로 올라갔다. 드디어 그는 목적지에 도착하였다. 그 건물은 보안 관계로 외부인이 엘리베이터의 4번 단추를 누를 수가 없었고, 또 계단실 문이 잠겨 있었던 것을 그는 알아채지 못했기 때문에 4층을 걸어서 오르내리며 헛고생을 한 것이었다.

앞의 예는 실제적인 지능이라는 개념으로 널리 알려진 Sternberg의 경험담이다(Sternberg & Wagner, 1994). 그는 보통의 지능검사로는 실제 생활에서의 지능을 측정할 수 없고 지능지수와 직업에서의 성공과의 상관관계는 매우 낮다고 하였다. 단지 사람들이 자신의 IQ가 높지 않을 때 머리가 좋지 않다고 생각하여 도전적인 자세를 갖지 못해 스스로 성공할 기회를 놓치게 된다고 설명하였다. 어찌보면 지능보다는 문제영역에 관한 지식과 경험을 갖고 있는가가 중요하다. 위대한 물리학자도 자신의 집에 페인트칠을 하지 못해서 쩔쩔 맬 수 있는 것처럼 말이다.

## 2. 문제해결 과정

Bransford와 Stein(1993)은 문제해결 과정의 요소들에 대해 분석하여 이른바 IDEAL 모델을 개발하였다.

I: Identify problems and opportunities(문제와 기회의 인식)
D: Define goals(목표의 정의)
E: Explore possible strategies(가능한 전략의 탐색)
A: Anticipate outcomes and act(결과와 행위에 대한 예측)
L: Look back and learn(성찰과 학습)

### 1) 문제와 기회의 인식

잠재적 문제를 발견하고 이를 해결하는 것을 '창의적인 일을 할 수 있는 기회'로 인식하라는 것이다. 따라서 문제를 발견하는 일은 부정적인 것만을 의미하지는 않는다. 주변에서 흔히 경험하는 불편한 상황을 그대로 지나치는 것이 아니라 이를 문제로 인식해야 이를 해결할 아이디어를 찾게 된다. 예를 들어, 볼펜의 발견은 교정을 보는 사람이 매번 잉크를 채워서 교정된 내용을 적는 것이 불편하다고 느껴서 개발된 것이다. 다음 [그림 4-1]에 일상에서 불편함을 해결하기 위한 노력으로 개발된 몇 가지 제품들을 제시하였다.

**[그림 4-1] 일상에서 불편함을 해결하기 위한 노력으로 개발된 몇 가지 제품들의 예**

이와 같이 문제를 인식하는 것과 창의성은 매우 밀접한 관계가 있다. 불편함을 그대로 참는 것이 아니라 때로는 불평하는 것이 창의성의 시작일 수 있다는 것이다. 이에 대해서는 창의적 문제해결의 장에서 좀 더 자세하게 다루도록 한다.

**연습문제**

일상에서 느끼는 불편함을 그냥 지나치지 말고 무엇이 문제인지 생각해 보자.

어떤 사람이 새로 이사간 집에서 밤중에 여러 번 잘못 걸려온 전화 때문에 잠을 설쳤던 경험을 하였다. 이 이야기는 문제의 원인을 제거하지 않았기 때문에 문제를 바로 해결하지 못했다는 것을 알려 주는 예다. 그 사람은 전화를 받았을 때 "전화를 잘못 거셨군요."라고만 대답함으로써 전화를 건 사람이 자신이 번호를 제대로 알고 있는데 잘못 눌렀다고 생각했고, 그래서 같은 번호로 몇 번을 걸었다. 그 사람이 처음부터 "몇 번에 거셨습니까?" "번호는 맞지만 그런 사람이 없습니다." 혹은 "새로 이사 왔기 때문에 번호가 바뀌었습니다." 등의 대답을 했었더라면 반복해서 잘못 걸려오는 전화 때문에 잠을 설치는 일은 막을 수 있었을 것이다. 문제가 무엇인지 그 원인과 양상, 결과에 대한 분석이 있어야만 해결책을 찾을 수 있다. 예를 들어, 많은 기업에서 대학교육을 비판하면서 실제 현장에서 필요한 지식과 기술을 가르치지 않는다고 지적한다. 이 문제를 해결하기 위해서는 구체적으로 대학졸업자들이 기업에서 어떤 과제를 제대로 수행하지 못하는지에 대한 분석이 있어야 한다.

문제를 정의하는 과정에서 생길 수 있는 또 하나의 오해를 살펴보면 원인과 증상을 혼동한다는 것이다. 예를 들어, 우리나라의 대학입시 문제를 해결하기 위해서 수없이 많은 입시정책이 제시되었다. 그동안 실시되었던 정책들은 예비고사, 학력고사, 본고사, 수능 등 시험의 형태에 변화를 주는 데에 초점이 맞추어져 있었다. 그러나 우리나라의 입시문제는 여전히 해결되지 않고 있다. 즉, 우리나라의 입시문제를 해결하기 위한 여러 가지 정책은 그 증상을 없애려는 시도를 했을 뿐 입시문제 뒤에 숨어 있는 원인에 대한 처방이 아니었을지도 모른다. 예를 들어, 우리나라에서와 같이 학력위주의 사회풍토, 즉 좋은 대학을 나오면 신분보장이 이루어지는 문화에서는 어떤 입시정책을 도입한다고 해도 청소년들이 입시문제 때문에 겪게 되는 고통은 해결되지 않을 것이다. 이와 유사한 예를 또 하나 들어 보자. 폐렴에 걸려 고열에 시달리는 환자에게 열이 많이 나는 것은 증상이지 원인은 아니다. 이때 의사가 해열제를 주었다면, 환자의 열은 곧 떨어지겠지만 원인의 치료가 되지 않았기 때문에 또다시 열이 날 것이다. 즉, 폐렴 치료를 위

한 항생제를 복용하기 전까지는 제대로 된 치료가 이루어지지 않는다는 것이다.

문제를 정의하는 과정은 문제를 발견하고 원인과 결과에 대해 분석하는 것으로 진행될 수 있다. 문제가 발생했다고 생각될 때 아직 판단을 하지 않은 채 문제가 무엇인지에 대해 생각해 본다. 그리고 원인과 결과에 대해 분석한다. 즉, 문제의 기본 원인이 무엇이고 이로 인해 어떤 결과가 초래되었는지 알아본다. 문제를 심도 있게 분석하는 것이 중요한데, 대부분 처음 문제라고 지각된 것이 진짜 문제의 극히 일부분만 보게 된 것일 수 있다. 즉, 빙산의 일각만 보고 이를 문제라고 지각할 수 있다는 것이다.

**[그림 4-2] 빙산에 비유된 문제의 구조**

출처: http://express.howstuffworks.com/wq-iceberg.htm

**연습문제**

자신이 최근에 경험했던 문제의 현상과 원인에 대해 분석해 보자.

때로는 눈에 보이는 현상을 보고 문제의 원인이라고 오해할 수 있다. 따라서 현상만 보고 섣불리 해결책을 모색하는 것보다 원인을 분석하는 데 시간을 쓰는 것이 현명하다. 그러면 어떻게 현상에서 더 깊이 있는 원인 분석에 이를 수 있는가? 각각의 현상을 아우를 수 있는 상위 개념을 찾아본다. 이때 이런 문제는 왜 발생하는가를 계속해서 질문하며 점점 더 깊이 내려간다.

예를 들어, 시험을 잘 보지 못했을 때 다음과 같은 원인을 찾을 수 있다.

- 시험공부를 제대로 하지 못했음
- 실망감, 무기력감
- 부모님의 기대가 너무 큼
- 공부방법이 적절하지 못했음
- 친구와의 갈등이 있었음
- 공부에 목표가 없었음

이는 다음과 같이 원인과 결과를 표시할 수 있는 도표(이시카와 도표)를 활용하여 정리할 수 있다. 문제의 원인이 될 수 있는 영역을 표시하고 각 영역에 해당되는 개별상황을 기록한다.

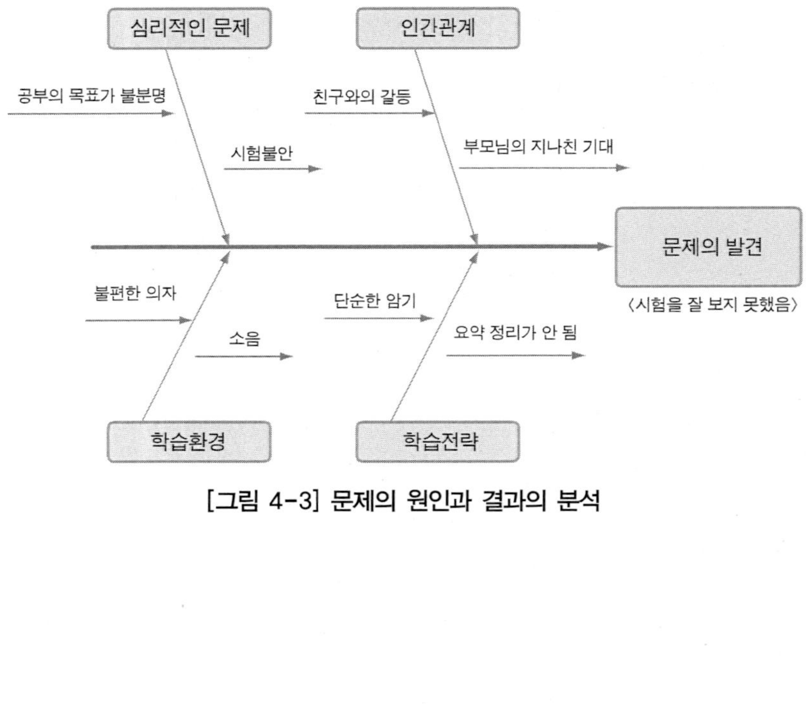


**[그림 4-3] 문제의 원인과 결과의 분석**

[그림 4-3]과 같은 방법으로 문제의 원인에 대한 분석이 심층적으로 그리고 구체적으로 이루어질 때 효과적인 해결방안이 나올 수 있다.

연습문제

앞에서 분석했던 문제의 현상과 원인을 이시카와 도표로 작성해 보자.

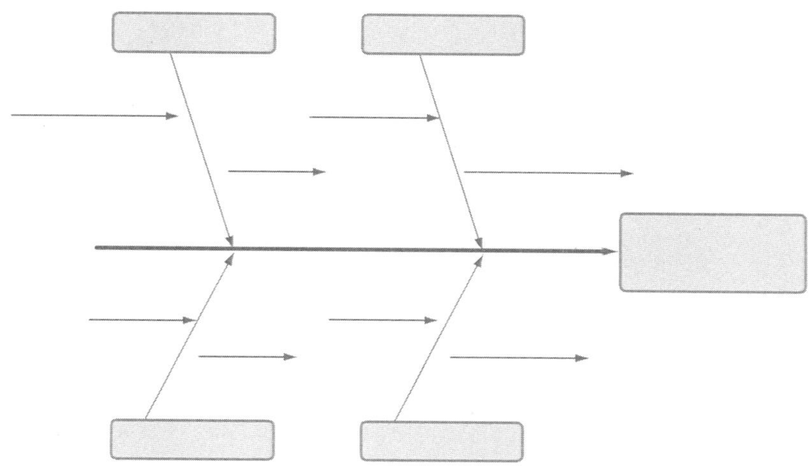

## 2) 목표의 정의

문제를 정의하면 이를 해결하여 어떤 상태에 이르기를 원하는지 그 목표를 설정해야 한다. 같은 문제를 보아도 이를 어떻게 파악하느냐에 따라 문제해결의 목표가 다르게 설정된다. 또한 목표에 따라 문제해결 전략도 달라질 수밖에 없다. 집에 개미가 많을 때 개미를 박멸하는 것을 목표로 한다면 개미 유인제를 구입할 것이고 개미가 더 이상 모이지 않게 하려면 집안을 청결하게 유지하려고 할 것이다. 물론 이 두 가지를 다 하는 것이 좋은 것처럼 여러 개의 목표를 설정하는 것이 좋을 수도 있다.

목표는 구체적으로 설정하는 것이 좋은데, 필요에 따라서는 앞에서 문제의 원인을 분석할 때 제시한 빙산 모델을 중심으로 단계적인 목표를 설정할 수도 있다. 목표를 설정할 때 무엇을 이루고자 하는가를 고려하면서 동시에 무엇은 피하고자 하는가를 생각하는 것도 목표를 구체화할 수 있는 방법이다. 목표에 도달하는 데 방해가 되는 요소가 무엇인지 함께 생각해 보는 것도 바람직하다.

문제를 해결하는 과정에서 한 가지 목표를 설정하고 바로 해결방법을 찾는 것보다는 또 다른 목표는 없는가를 먼저 생각해 보고 해결방법을 찾아보는 것이 좋다. 예를 들어, 롤러블레이드를 타는 사람이 다치지 않도록 보호장구를 개발하는 것뿐 아니라, 사고를 예방하기 위해 롤러블레이드의 구조를 변경하는 것 등 이른바 사고의 전환이 여기에서도 필요하다.

**연습문제**

앞에서 분석했던 문제의 해결을 위한 목표를 설정해 보자.

### 3) 가능한 전략의 탐색

문제해결 전략을 탐색하기 위해서는 문제를 체계적으로 분석하는 것이 요구된다. 물론 문제에 직면했을 때 바로 해결책이 떠오를 수도 있으나 그렇지 않은 문제들도 많다. 이제 일반적으로 문제해결을 위해 사용될 수 있는 전략들을 살펴보자.

#### (1) 부분 목표 설정

복잡한 문제를 몇 개의 작은 문제로 나누어 생각하는 방법이다. 예를 들어, '3일 전이 일요일이었으면 모레의 다음 날은 무슨 요일인가?' 라는 문제를 해결하기 위해서 다음과 같이 작은 문제로 나누어서 생각해 볼 수 있다.

- 3일 전이 일요일이었으면 오늘은?

- 모레는?
- 그 다음 날은?

이렇게 문제를 나누어서 몇 개의 부분적인 문제로 전환함으로써 문제해결이 간단해진다. 글을 읽을 때에도 이와 같은 전략을 사용할 수 있다. 특히 복잡하거나 긴 문장을 읽을 때는 중간중간 떼어서 부분별로 이해하고 이를 다시 연결하여 전체적인 내용을 이해하는 것이 효율적이다. 글을 이해하는 능력이 떨어지는 사람들이 복잡한 내용을 한꺼번에 이해하려는(one－shot thinking) 경향을 보인다는 보고가 있다(Whimbey & Lockhead, 1985).

### (2) 외적 표상 수단의 활용

문제와 관련된 정보는 한꺼번에 기억하기가 쉽지 않다. 문제를 해결할 때 그림이나 도표를 활용하는 것도 좋다. 다음의 문제를 풀어 보자. '크기가 같은 3개의 상자가 있다. 각 상자 속에 2개의 작은 상자가 들어 있고, 이들 작은 상자 안에 각각 4개의 더 작은 상자가 들어 있다. 상자는 모두 몇 개인가?' (Bransford & Stein, 1993) 이때 다음과 같이 그림을 그려서 문제를 풀어 볼 수 있을 것이다.

이제 답을 찾기가 좀 더 수월해졌을 것이다. 답은 3＋(2×3)＋(4×6)=33개다.

그래프나 도식을 활용하는 방법도 좋다. 예를 들어, '절반의 3분의 2는 얼마인가?'라는 질문은 대답하기가 쉽지 않다. 그러나 '3분의 2의 절반은 얼마인가?' 라는 질문에 대해서는 바로 '1/3' 이라는 답을 할 수 있다. 그러나 사실은 이 두 문제가 같은 것을 묻고 있다는 것은 다음의 그림에서 보면 쉽게 알 수 있다.

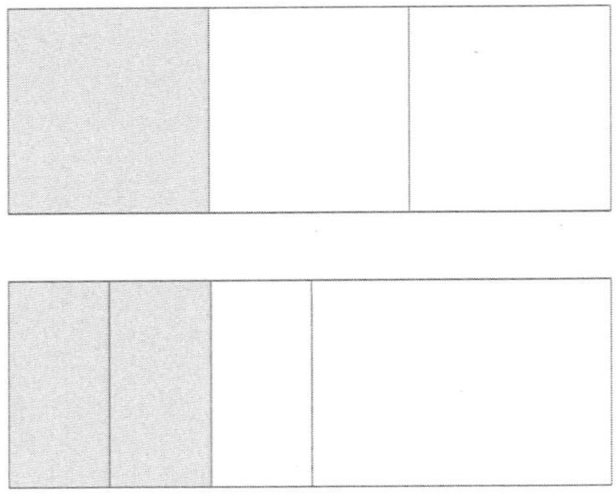

문제해결 시 언어적 표상으로만 문제를 해결하기가 쉽지 않을 때에는 그림, 도표 등 시각적 표상을 활용하는 것이 좋다.

### (3) 역방향으로의 문제해결 찾기

문제를 해결한 후의 도달해야 할 목표를 알 때 활용할 수 있는 전략이다. 예를 들어, 시험날짜가 정해져 있을 때 시험준비를 하면서 활용할 수 있다. 즉, 시험까지 며칠이 남았고 그때까지 공부해야 할 양을 알고 있을 때 하루에 공부할 양을 역으로 환산해서 정할 수 있다. 혹은 약속시간까지 장소에 가기 위해서 몇 시부터 준비를 해야 하는지도 같은 방법으로 역산할 수 있다.

### (4) 단순한 상황으로 전환하기

다음의 문제를 풀어 보자. '103명이 참가하는 배드민턴 토너먼트 게임에서 한 경기당 점수 기록 카드를 만든다면 몇 장의 카드가 필요한가?' 언뜻 보면 수학을 잘해야 하는 복잡한 문제처럼 보인다. 그러나 이 문제를 단순한 상황으로 전환하여 생각하면 의외로 쉽게 해결을 할 수 있다. 두 사람이 참가하면 한 경기이므로 카드는 한 장이 필요하다. 세 사람이 참가하면 처음 두 사람의 경기를 위해서 한 장 그리고 이긴 사람과 나머지 사람과의 경기를 위해서 또 한 장 모두 두 장이 필요하다. 네 사람이 경기를 하면 처음 각 두 사람의 경기를 위해 두 장 그리고 이긴 사람들끼리의 경기를 위해서 한 장, 모두 세 장이 필요하다. 이를 정리해 보면 필요한 카드 수는 경기에 참가한 사람 수보다 하나가 더 적다. 이제 그 답을 알 수 있을 것이다. 이 예에서 보여 주듯이,

복잡해 보이는 문제를 해결해야 할 때 자신이 생각할 수 있는 단순한 상황으로 축소하여 그 해결책을 찾아보고 이를 전체 문제에 적용해 보는 것이 문제해결에 효과적일 수 있다.

앞에서 일반적 문제해결 전략에 대해서 알아보았다. 그러나 대부분의 학습상황에서는 학습내용과 관련된 사전지식이 있어야 문제를 해결할 수 있다. 예를 들어, '월 100만 원을 버는 김 씨는 매월 30만 원을 저축한다. 그리고 월 50만 원을 버는 이 씨는 매월 20만 원을 저축한다. 누가 더 저축을 많이 하는가?' 이와 같이 수입이 다른 두 사람이 저축을 하는데 누가 더 많이 저축하는지에 대한 문제를 해결하려면 비율에 대한 개념적 지식이 필요하다. 그럼에도 일반적 문제해결 전략에 대해서 기본적으로 알고 있고 이를 활용하는 것이 다양한 문제를 해결하는 데 기본이 된다. 즉, 일반적 문제해결 전략에 덧붙여 각 영역별 지식을 갖고 있을 때 문제해결의 가능성이 커진다고 할 수 있다.

연습문제

앞에서 제시된 문제해결 전략을 활용하여 최근에 경험한 문제를 어떻게 해결할 수 있을지 탐색해 보자.

#### 4) 결과에 대한 예측

문제해결을 위해 가능한 전략들을 찾아보고 이 중에서 문제해결 방안을 선택할 때 다음과 같은 방법을 활용할 수 있다.

### (1) PMI 방법

'P'는 plus, 'M'은 minus 그리고 'I'는 interesting을 의미한다. 즉, 앞에서 수집된 해결방안들을 '긍정적, 부정적, 흥미로운'의 세 영역으로 구별한다. 종이 위에 세 영역을 구별하는 표를 만들고 긍정적이라고 표시된 칸에 가장 긍정적인 해결방안 그리고 그 다음으로 긍정적인 해결방안을 기록한다. 같은 방법으로 부정적인 방안과 흥미로운 방안을 순서대로 정리해 본다. 부정적인 해결방안은 문제해결에 도움이 되지 않는 방안을 말하고, 흥미로운 제안이란 현재의 단계에서는 긍정적이지 않지만 차후 다시 검토해 보고 싶은 방안을 말한다.

PMI 방법으로 1차적으로 해결방안을 분류할 수 있는데, 이러한 방법으로 문제해결 방안을 선택할 수 있다.

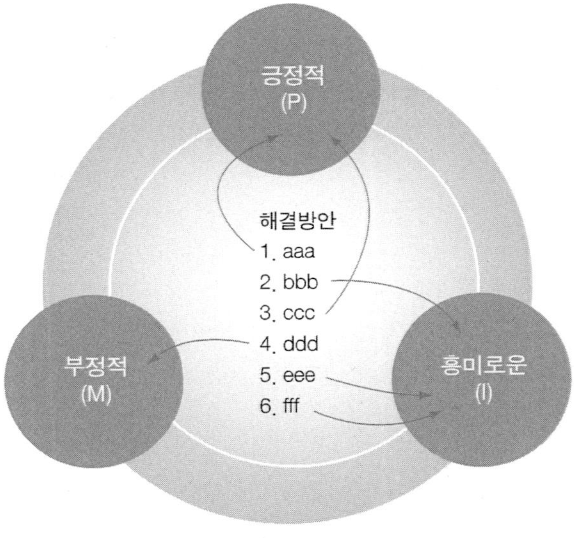


[그림 4-4] PMI 방법에 의한 문제해결 방안 분류

### (2) 해결방안의 조합

PMI 방법으로 필요 없는 제안들을 걸러냈음에도 여전히 많은 생각들이 남아 있을 수 있다. 이럴 때는 긍정적이거나 흥미로운 제안들을 다시 조합해 보는 것도 좋다. 많은 경우 각 제안들이 서로 관련이 있을 때가 많기 때문에 이들을 조합시키는 것도 효

율적이다. 해결방안을 조합할 때는 더 이상 새로운 아이디어를 찾지 않고 각 변수를 이상적으로 조합할 수 있는 방법을 찾는다.

| 문제 요소 | 해결방안 | | | | |
|---|---|---|---|---|---|
| A | a1 | a2 | a3 | a4 | a5 |
| B | | | | | |
| C | | | | | |
| D | | | | | |

이를 활용하는 방법은 다음과 같다.

- 문제를 해결하려고 할 때 고려해야 할 요소들을 왼쪽 첫째 열에 기입한다.
- 각 요소들의 해결방안을 표에 기록한다.
- 첫째 줄부터 차례로 각 해결방안 중 가장 적합한 것을 선택한다.

노트북 구입을 예를 들면 가격, 지불 방법, 옵션 등에 관한 변수를 생각할 수 있을 것이다.

| 노트북 구입 | 해결방안 | | | |
|---|---|---|---|---|
| 가격 | 50~70만 원 | 70~90만 원 | 90~110만 원 | 110~130만 원 |
| 지불 방법 | 현금 일시불 | 신용카드 지불 | 월 분납 | 마이너스 통장 |
| 옵션 | 메모리 1G | 메모리 2G | 메모리 4G | 메모리 4G<br>+DVD-RW |

표에서 보는 바와 같이 문제 요소(예: 옵션)에 따라 하나뿐 아니라 여러 변수를 선택할 수도 있다.

연습문제

같은 방법으로 방학 때 여행가기 위한 방안을 구성해 보자.

| 문제 요소 | 해결방안 | | | | |
|---|---|---|---|---|---|
| A | a1 | a2 | a3 | a4 | a5 |
| B | | | | | |
| C | | | | | |
| D | | | | | |

### (3) 해결방안의 평가기준 설정

문제를 해결한 후 성공적으로 해결했는지 여부를 판단하기 위한 기준을 미리 설정해 놓는 것이 좋다. 일반적인 판단기준의 예를 들면 다음과 같다.

- 긍정적 기준: 실용성, 실천가능성, 영향력 등
- 부정적 기준: 위험부담, 시간, 복잡성, 비용 등

| 평가항목 | | 해결방안 1 | 해결방안 2 | 해결방안 3 | 해결방안 4 |
|---|---|---|---|---|---|
| 긍정적 평가 | 실용성 | | | | |
| | 실천가능성 | | | | |
| | 영향력 | | | | |
| | 점수 합 | | | | |
| 부정적 평가 | 위험부담 | | | | |
| | 시간 | | | | |
| | 복잡성 | | | | |
| | 비용 | | | | |
| | 점수 합 | | | | |

판단기준이 설정되면 각 기준별로 5점 혹은 7점 척도를 구성하여 해결방안들을 각 기준에 근거하여 점수를 매긴다. 각 해결방안들의 점수를 내기 위해 긍정적인 기준의 합을 부정적인 기준의 합에 대한 비율로 계산한다. 최종적으로는 그 비율이 높은 해

결방안이 성공적으로 문제해결을 위한 방안이 될 수 있다.

### (4) 재검토

해결방안을 모색하고 이를 실행에 옮기기 전에 시간을 내서 이를 다시 검토해 보는 것이 좋다. 이때 원래의 목표가 무엇이었고 이를 위한 방안이 무엇이었는지 적어 본다. 해결방안들이 목표를 이루는 데 꼭 필요한가, 해결방안들은 충분이 구체적인가, 다른 방법으로는 문제가 해결되지 않는가 등을 다시 한 번 검토한다. 또한 해결방안을 실행에 옮기는 데 장애가 되는 점은 없는지 그리고 이를 어떻게 극복할지도 검토한다.

### (5) 해결방안의 실천

해결방안을 실천하기 위해 필요하면 6하원칙에 따라 누가, 언제, 어디서, 무엇을, 왜, 어떻게 실행에 옮길 것인지 검토한다.

| 실행할 행위 | 실행 주체 | 방법 | 시간 | 장소 | 실행 이유 |
|---|---|---|---|---|---|
| | | | | | |

## 5) 성찰과 학습

해결방안을 실행한 후에 효과를 평가한다. 효과를 평가하기 위해서는 앞에서 제시한 것과 같은 방법으로 평가기준을 마련한다. 문제해결을 평가할 때에는 무엇보다 해결방안을 실행에 옮기면서 예상하지 못한 애로사항이나 어려웠던 점들과 새롭게 경험한 점들이 무엇이었는가를 살펴본다. 이러한 것들을 므두 기록하는 것이 다음에 문제를 해결하는 데 도움이 된다.

| 평가항목 | | 문제해결 전략 1 | 문제해결 전략 2 |
|---|---|---|---|
| 긍정적 평가 | 실용성 | | |
| | 실천가능성 | | |
| | 영향력 | | |
| | 점수 합 | | |
| 부정적 평가 | 위험부담 | | |
| | 시간 | | |
| | 복잡성 | | |
| | 비용 | | |
| | 점수 합 | | |
| 어려웠던 점 | | | |
| 새롭게 경험한 점 | | | |

이 장에서 중요하다고 생각되는 내용을 정리해 보자.

제5장

# 창의적 문제해결

A마트 외에는 주변에 다른 마트가 없기 때문에 사람들이 A마트에서 쇼핑을 많이 한다. 주말이면 특히 사람들이 많아 쇼핑을 한 후 계산하는 데 너무 시간이 많이 걸린다. 이런 일로 사람들이 많이 불편해하므로 A마트의 경영진은 이를 해결하려고 한다. 만일 이 마트를 컨설팅한다면 어떤 해결책을 제시하겠는가?

Bransford와 Stein(1993)은 다음과 같은 해결책을 제시하였다.

- 계산하는 직원의 훈련
- 계산을 빨리 할 수 있도록 스캐너를 구입하는 것과 같은 기술적인 문제 해결
- 물건을 조금 사고 현금지불을 할 수 있는 계산대를 따로 설치
- 계산대 증설 등등

이들 해결책의 공통점은 무엇인가? 모두 사람들이 계산대를 빨리 통과할 수 있는 방법을 찾았다는 것이다. 한번 생각의 방향을 전환시켜 보자. 또 다른 방법은 사람들이 계산이 오래 걸리는 것을 불쾌하게 생각하지 않도록 하는 것이다. 예를 들어, 계산대 위에 TV를 설치해서 기다리는 시간 동안 지루하지 않게 하는 방법이 있다. 또 다른 방법은 구매자가 마트를 찾는 시간을 분산하는 것이다. 즉, 할인쿠폰의 사용 시간, 어린이와 함께하는 특별한 행사 혹은 장년층 소비자를 위한 특별 서비스를 통해 소비자들이 쇼핑하는 시간대를 분산하는 방법이다.

이와 같이 창의적인 문제해결 과정에서는 바로 문제를 해결하기 위해 시도하는 것이 아니라 또 다른 문제 해결 목표가 없는지 살펴본다.

**연습문제**

다음과 같은 문제들의 해결책을 다양하게 살펴보도록 하자.

- 문을 열 때 삐걱거리는 소리가 난다.
- 열쇠를 어디에 두었는지 잘 잊어버린다.
- 기숙사 룸메이트가 허락도 없이 내 물건을 사용한다.
- 수업 시간에 자주 지각한다.

어떻게 보면 창의적인 문제해결을 위해서는 평범한(익숙한) 생각과 비범한 생각의 균형이 이루어져야 한다고 볼 수 있다. 익숙한 방법으로 문제를 해결할 때의 장점은 역시 속도다. 익숙한 방법으로 문제를 해결하는 것은 제3장에서 살펴본 것과 같이 인간의 제한된 기억용량을 활용하는 것과도 관계가 깊다. 이는 자동차운전을 처음 배울 때 어떠했는가를 생각해 보면 알 수 있다. 처음에 운전이 익숙하지 않을 때 모르는 길

을 가려면 부담스러웠던 기억이 있을 것이다. 운전동작에 신경을 쓰면서 신호등을 살피랴, 백미러로 상황을 점검하랴, 길의 표지판을 보랴, 한꺼번에 해야 할 일이 너무 많아서 어려웠던 경험을 했을 것이다. 그러나 익숙해지면 운전하면서도 대화를 할 수 있지 않은가? 이와 같이 익숙한 행동양식은 생활을 편하게 한다. 그러나 익숙한 방법으로만 문제를 해결하려고 하다 보면 창의적인 문제해결책은 나오기 어렵다. 다음으로 고정관념이 어떻게 창의적 문제해결을 방해하는지 살펴보자.

## 1. 고정관념과 창의적 문제해결

다음 [그림 5-1]에서와 같이 어떤 사람이 천장에 매달린 줄을 잇기 위해 애쓰고 있다. 그는 이리저리 시도해 보다가 포기해 버렸는데, 만일 그가 한쪽 줄에 펜치를 매달고 이를 앞뒤로 흔들어 놓았다면 다른 쪽 줄을 잡고 있다가 그 줄이 가까이 왔을 때 잡고 두 줄을 이을 수 있었을 것이다(Maier, 1931). 문제를 해결하기 위해서는 펜치를 철사를 절단하는 도구가 아니라 줄을 진동시킬 수 있는 무거운 물체로 인식해야 한다. 이때 펜치는 철사를 절단하는 데에만 사용한다는 고정관념을 갖고 있었다면 이런 해결책을 찾지 못했을 것이다.

[그림 5-1] 천장에 매달린 줄 잇기

출처: Anderson, 1989.

또 다른 예를 들어 보자.

용량을 알 수 있는 세 개의 병과 물이 있다. 이 세 개의 병을 활용하여 일정량의 물을 재어 내는 것이 문제다. 예를 들어, A병의 용량이 5cc, B병의 용량이 40cc, C병의 용량이 18cc이고, 필요한 물의 양이 28cc이면 A병으로 두 번 그리고 C병으로 한 번 가득 부어 따르면 28cc가 될 것이다.

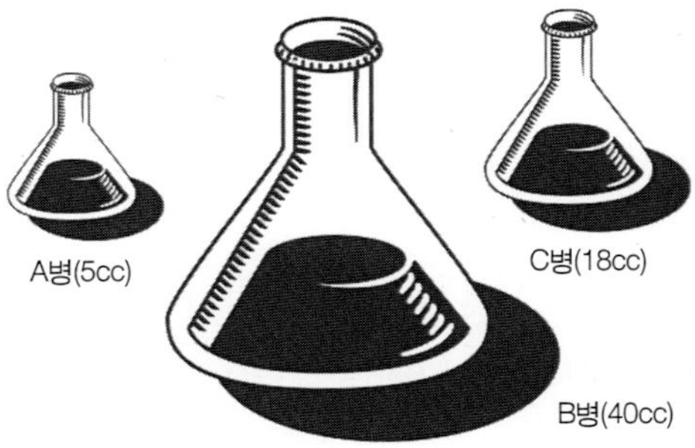


**[그림 5-2] 물의 용량을 재는 실험**

다음의 표에 각각 세 개의 병의 용량과 필요한 물의 양을 제시하였다. 어떤 방법으로 필요한 물의 양을 재어 낼 수 있는지 생각해 보자. 이는 Luchins라는 심리학자가 1938년에 한 실험이다.

| | A 컵 | B 컵 | C 컵 | 필요한 양 |
|---|---|---|---|---|
| 문제 1 | 21cc | 127cc | 3cc | 100cc |
| 문제 2 | 14cc | 163cc | 25cc | 99cc |
| 문제 3 | 18cc | 43cc | 10cc | 5cc |
| 문제 4 | 9cc | 42cc | 6cc | 21cc |
| 문제 5 | 20cc | 59cc | 4cc | 31cc |
| 문제 6 | 23cc | 49cc | 3cc | 20cc |
| 문제 7 | 15cc | 39cc | 3cc | 18cc |
| 문제 8 | 28cc | 76cc | 3cc | 25cc |
| 문제 9 | 18cc | 48cc | 4cc | 22cc |
| 문제 10 | 14cc | 36cc | 8cc | 6cc |

어떤 방법으로 문제들을 풀었는가? 처음에는 힘들었지만 몇 개의 문제를 풀어 본 후에는 바로 B-2C-A라는 공식으로 쉽게 풀 수 있었을 것이다. 그렇다면 문제 7도 같은 방법으로 해결하였는가? 7번 문제는 B-2C-A라는 방법보다 A+C로 했으면 더욱 간단하게 해결됐을 것이다. 이와 같이 익숙한 방법으로 문제를 해결하려는 경향을 'set 효과' 혹은 'Einstellung 효과' 라고 한다. 앞에서 보여 준 것과 같이 set 효과는 오히려 창의적인 문제해결을 방해하기도 한다.

물론 8번 문제도 B-2C-A라는 방법으로는 해결되지 않는다. 그래서 A-C라는 방법을 찾았을 것이다. 아마도 늦어도 8번 문제에서 익숙한 방법으로는 문제해결이 되지 않음을 확인하고 새로운 해결책을 찾게 되었을 것이다. 그래서 9번 문제는 A+C의 방법으로, 10번 문제는 A-C의 방법으로 해결했을 것이다. 만일 9번과 10번에서도 B-2C-A라는 방법을 사용하였다면 set 효과에 사로잡혀 있었던 것이 아닐까? 혹시 자신이 중·고등학교 때 사용하던 학습방법을 대학에 가서도 고수한다면 이것 또한 set 효과의 부작용이라고 해석할 수 있을 것이다.

이제 다시 정리하자면, 창의적 문제해결은 새롭고 평범하지 않지만 실제로 활용할 수 있는 해결방안을 찾아내는 것이다. 즉, 새로운 것을 발견, 발명하거나 기존의 것을 새롭게 활용할 수 있는 방법을 찾는 것이다. 그렇게 하기 위해서는 자신의 아이디어를 다양한 각도에서 검토할 수 있어야 한다.

## 2. 창의적인 사람들의 특성

보통 창의적 문제해결을 위한 조건으로 창의적 성격을 꼽는다. 그렇다면 창의적 성격이란 무엇인가? 문제해결 상황과 관련지어 다음과 같은 세 가지 유형의 사람들로 구별할 수 있다.

- 꿈꾸는 사람: 자신이 구상하는 것을 최대한으로 상상해 보는 타입으로 예를 들어 동화에 나오는 달걀을 들고 가는 소녀 같은 사람이다.
- 현실적인 사람: 자신의 꿈을 실현하기 위해 구체적으로 계획하고 실행에 옮기는 사람이다.
- 비판적인 사람: 자기가 실행한 것에 대해 냉철히 비판하는 사람이다.

문제해결을 위해서는 이 모든 유형의 사람들이 필요하다. 어떻게 보면 정도의 차이는 있어도 누구나 세 가지 특성을 조금씩 갖고 있다고 볼 수 있다. 그러나 이 세 가지 특성이 제때에 발휘되는 것이 중요하다. 예를 들어, 꿈꾸는 단계에서 비판적인 태도가 너무 강하면 이를 실행해 보기도 전에 포기하게 될 것이다.

**[그림 5-3] 창의적 인성의 삼각형**

**연습문제**

자신이 해결해야 될 문제를 다음과 같은 유형의 사람들의 입장에서 해결책을 찾아보자.

- **꿈꾸는 사람**: 사업을 구상한다고 생각하고 마음껏 꿈을 꾸어 보자. 가능하면 구체적으로 머릿속에서 그림을 그린다. 자신이 어떤 모습으로 변신해 있고 어떤 기분이 드는지 등에 대해서도 상상해 본다.
- **현실적인 사람**: 자신의 꿈을 실행하기 위해 시간적, 경제적인 측면 등에서 계획을 짠다. 각 단계에서 무엇을 어떻게 실행할지에 대해 구체적으로 생각해 본다. 만일 어려움을 겪게 되면 이를 어떻게 극복할 것인지에 대해서도 생각해 본다.
- **비판적인 사람**: 자신의 목표에 대해 객관적으로 평가해 본다. 자신의 목표가 이루어졌을 때의 장·단점에 대해 생각해 본다. 목표를 실현하는 과정에서의 비용, 효과의 측면도 고려한다. 또한 문제점 혹은 단점을 보완하기 위해 어떻게 하는 것이 좋을지에 대해 생각한다.

| | |
|---|---|
| 꿈꾸는 사람  | |
| 현실적인 사람  | |
| 비판적인 사람  | |

창의적인 사람들에게는 일반적으로 다음과 같은 특성이 있다.

- **문제의식**: 문제를 알아보는 능력이 뛰어나다. 즉, 부족한 점, 장애, 모순점 그리고 원인이 무엇인지 알아보는 능력이 있다. 문제가 있다는 것을 의식해야 이를 해결하려는 시도를 할 수 있다.
- **융통성과 유창성**: 문제를 해결하기 위해 다양한 생각들을 해 보고 이들을 연관시켜 보는 시도를 하는 것이다. 새로운 상황에 빨리 적응하고 자신의 생각을 실현하기 위해 다양한 방도를 찾아보는 것도 창의적인 태도라 할 수 있다.
- **독창성**: 상황을 다양한 각도에서 검토해 보고, 익숙한 것에 머무르지 않고 새로운 활로를 찾아보는 것이다. 어떻게 보면 앞에서 제시한 꿈꾸는 사람의 모습에서 독창성을 많이 볼 수 있다.
- **분석적 사고**: 많은 정보 중에서 문제해결에 중요한 정보를 가려내고 이들의 관계를 비교, 분석하는 능력이다. 현실적인 사람들이 이러한 능력을 더 많이 갖고 있다고 볼 수 있다.
- **종합적 사고**: 이미 알고 있는 정보를 다시 종합해 보거나, 이들의 상호작용을 이해하여 자신의 계획에 대한 전체적인 관계를 조망하여 검토하는 능력이다.
- **비판적 사고**: 자신의 아이디어를 종합적으로 검토하여 장단점 등을 객관적으

로 볼 수 있는 능력이다. 자신의 계획을 실행에 옮기기 전에 어디에 문제점이 있는지를 발견하고 이를 미리 제거하기 위해 어떤 것을 해야 되는지 생각해 본다.

## 3. 창의적 문제해결과정

과거에는 위에서 언급된 특성을 지닌 창의적 개인이 어떤 창의적 산출물을 생산해 낸다고 여겼다. 하지만 오늘날은 보통 사람들도 적절한 사고과정을 통해 문제해결을 시도한다면 충분히 창의적 산출물을 만들어 낼 수 있다고 본다. 창의적 산출물을 만들어 낼 수 있는 사고과정을 설명하는 모델은 여러 가지가 있으나 그중 이 장의 목적과 가장 일치하는 창의적 문제해결과정 모델을 설명하고자 한다. 이 모델은 Osborn에 의해 만들어지고, Isaksen과 Treffinger에 의해 수정됐으며 문제해결과정을 다음과 같이 여섯 단계의 사고과정으로 설명한다(Schack, 2004).

- 1. **혼란 찾기**: 불편함을 느끼게 하는 문제가 있다는 것을 인식하는 단계다. 예를 들면, 출장을 다녀와서 집에 들어가려고 하는데 열쇠로 문을 열 수가 없다. 이때 집안으로 들어가기 위해서는 무슨 조치를 취해야 한다는 것을 생각하는 것과 같이 문제를 해결하거나 개선해야 할 필요성을 느끼게 되는 단계다.
- 2. **자료 찾기**: 문제해결을 위한 정보를 모으는 단계다. 정확히 어떤 점을 해결해야 하는지 문제를 구체적이고 명확하게 규정하기 위해서 필요한 정보를 수집한다. 열쇠로 문을 열고 들어갈 수 없다는 것을 알았을 때 왜 그런지를 명확하게 밝히기 위해 내가 정확한 열쇠를 사용하고 있는지, 열쇠가 열쇠구멍에 들어가기는 하는지, 혹시 자물쇠가 바뀐 것은 아닌지 등 이리저리 살펴봄으로써 여러 가지 가능성을 탐색해 보는 것이다.
- 3. **문제 찾기**: 해결 또는 개선해야 하는 문제가 무엇인지 명료화하는 단계다. 앞 단계에서 획득한 정보를 바탕으로 문제를 구체화하여 정의한다. 열쇠로 집에 들어갈 수 없는 경우 여러 가능성을 정보탐색을 통해 살펴봄으로써 자물쇠가 바뀌지 않았고 정확한 열쇠를 사용하고 있는데도 불구하고 문이 열리지

않는다는 것을 알게 된다. 더 자세히 자물쇠를 살펴보니 안쪽 용수철에 문제가 생겼다는 것을 발견하여 이를 해결해야 한다는 것을 깨닫게 된다.

- 4. **아이디어 찾기**: 정확히 무엇이 해결돼야 할 문제라는 것을 알게 되었으니 해결책을 생각해 보는 단계다. 이때는 가능한 한 머릿속에 떠오르는 모든 아이디어들을 나열하여 기록한다. 자물쇠의 용수철에 문제가 생긴 경우 자물쇠를 직접 해체하여 용수철을 교환할 수도 있고, 용수철 자체만을 약간 손볼 수도 있으며, 자물쇠를 교환한다거나 또는 전문가에게 맡길 수도 있다. 이와 같이 다양한 아이디어들을 되도록 많이 생각한다.
- 5. **해결책 찾기**: 앞 단계에서 고안했던 많은 아이디어들의 긍정적인 면, 부정적인 면, 그 외의 여러 측면 등을 평가해 보고 가장 적절하다고 생각되는 아이디어를 문제의 해결책으로 선택하는 단계다. 위의 예데서 각 아이디어들을 평가해 보니 자물쇠가 어차피 낡아서 용수철을 손보거나 교환한다고 하더라도 곧 다른 문제가 발생할 가능성이 높다는 것을 깨닫게 된다. 그래서 이번 기회에 조금 비싸지만 아예 지문인식 시스템이 장착된 자물쇠로 교환하기로 결정한다.
- 6. **수용 찾기**: 선택한 해결책에 대해 다른 사람들은 어떻게 생각하는지 의견을 구하는 단계다. 자물쇠를 교환하기로 결정했을 때 열쇠전문가에게 조언을 구하거나 같이 사는 룸메이트 또는 친구들의 동의를 그할 수 있다. 이때 그 사람들이 동조하는 경우 이 해결책을 선택하게 되고, 그렇지 않은 경우 다른 대안을 모색하거나 다른 사람들을 설득하는 등 여러 조치를 취할 수 있다.

굳이 특별히 뛰어난 확산적 사고능력이나 융통성 있는 사고능력을 지니고 있지 않더라도 위에 제시된 것과 같이 각 단계에 따라 체계적으로 사고하는 경우 창의적이고 효과적인 문제해결책을 찾아낼 수 있다. 위에 제시하고 있는 모형 외에도 다양한 모형이 존재하는데, 가장 일반적인 창의적 사고모형은 다음 '4. 창의적인 문제해결을 위한 아이디어 찾기' 중 '5) 잠복기의 활용'에서 간략하게 제시할 것이다.

## 4. 창의적인 문제해결을 위한 아이디어 찾기

### 1) 사고 패턴을 바꾸기

de Bono(1970)가 제안한 방법으로 상황을 다양한 각도에서 보는 것이다. 이렇게 하기 위해서는 의도적으로 자신의 지각과 사고의 방향을 변화시키는 것을 연습해야 한다.

예를 들어, 벽돌을 사용할 수 있는 방법에 대한 아이디어를 찾는다고 하자. 이를 위해 우선 벽돌의 특징을 열거하는 방법이 있다.

- 색
- 무게
- 모양
- 강도
- 크기 등

이러한 특징들을 고려하여 문받침으로도 사용할 수 있고 선반을 활용하여 책꽂이를 제작할 수도 있을 것이다.

**연습문제**

비슷한 방법으로 다음의 물건들을 어디에 사용할 수 있을지 이들의 다양한 기능에 대해서 생각해 보고 다른 사람들의 생각과 비교해 보자.

| | |
|---|---|
| 빨래집게 | |
| 못 | |
| 코르크 마개 | |
| 클립 | |

### 2) 브레인스토밍

1957년에 Alexander Osborn이 집단에서 창의적이고 효과적으로 아이디어를 창출하기 위해 계발한 방법이다. 오래된 방법이지만 지금까지도 값이 활용되고 있다. 브레인스토밍을 활용하면 일방적이고 성급하게 해결방안을 모색하는 것을 막고 확산적 사고를 촉진할 수 있다. 특히 다양한 문제해결 방안을 모색하려고 할 때 활용될 수 있다.

확산적 사고란 다양한 해결방안을 찾는 사고방법이다. 이에 반해 각 해결방안을 분석하여 선택하는 것은 수렴적 사고라 한다. 의사가 환자를 진찰하는 과정에서 다양하게 원인을 찾고 가설을 세워 보는 것은 확산적 사고에 해당되고, 이를 하나씩 검토하면서 가장 좋은 치료 방법을 찾는 것은 수렴적 사고에 해당된다.

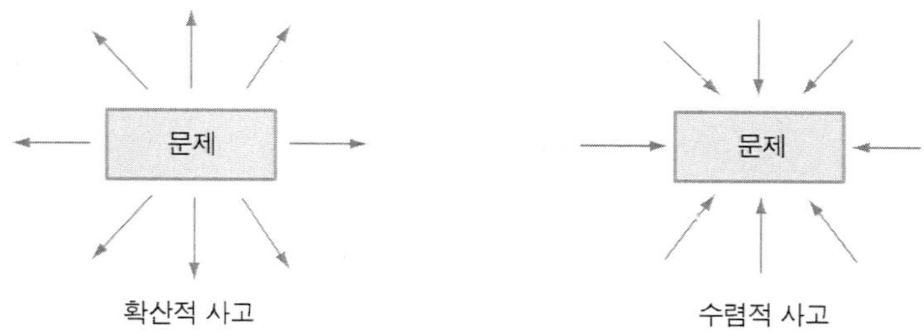


브레인스토밍이 제대로 이루어지기 위해서는 집단원의 개방성이 중요한데, 이를 위해 다음과 같은 점을 유의하여야 한다.

- 비판 금지: 모든 생각들에 대해 비판하지 말아야 한다. 특히 집단에서 문제해결 방안을 모을 때 다른 사람들이 어떻게 생각할지 몰라 자신의 생각을 말하지 못하는 경우가 종종 있기 때문에 이 원칙은 확산적 사고를 유도하는 데 특히 중요하다. 또한 집단에서 브레인스토밍 방법이 효과적이기 위해서는 집단의 분위기가 자유로워야 한다. 권위적인 분위기에서는 자유로운 사고의 흐름이 방해받을 수 있기 때문이다.
- 모든 생각의 수용: 어떤 생각이 실용적이지 못하다고 해도 다음 생각의 단서

로 작용할 수 있다. 따라서 모든 생각은 일단 그대로 수용되어야 많은 생각들이 후속적으로 나올 수 있다.

- **다다익선**: 브레인스토밍 방법에서는 질보다 양이 우선한다. 따라서 가능하면 많은 생각들이 제안될 수 있도록 한다.
- **아이디어를 주제별로 정리하기**: 수집된 생각들을 정리하기 위한 주제들을 찾아낸다. 이때 주제들 간에는 어떤 관계가 있는지 살펴본다.

물론 이와 같은 원칙은 혼자서 브레인스토밍의 방법을 활용하여 문제해결책을 찾을 때에도 지키는 것이 좋다.

브레인스토밍이 시작되면 약 5~10분간에 많은 아이디어들이 제시된 후 어느 정도 소강상태에 이른다. 이때가 모종의 창의적인 발상을 위한 잠복기가 필요할 때다. 약 5~10분간의 휴식시간 후에 다시 브레인스토밍을 하면 다시 많은 아이디어들이 생각날 수 있다. 대개 30분 정도의 시간이 주어지면 충분히 브레인스토밍이 이루어진 것으로 볼 수 있다.

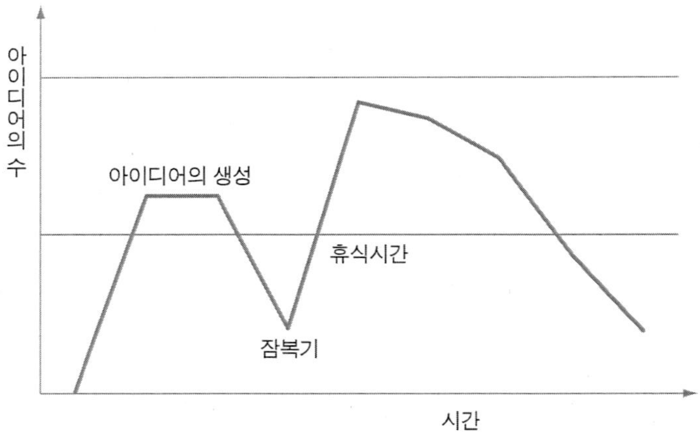


**[그림 5-4] 브레인스토밍의 효과**

여러 사람이 브레인스토밍 방법을 활용할 때 자신의 생각을 종이에 적고 이것을 모아서 발표한다. 다른 사람들이 이를 변형하거나 새로운 제안을 하는 방법으로도 활용할 수 있다.

연습문제

아르바이트 자리를 구하는 방안에 대한 브레인스토밍을 해 보자.

### 3) 마인드맵

영국인 Tony Buzan에 의해 1970년대 개발된 방법으로, 마인드맵은 어떻게 보면 브레인스토밍을 시각화한 방법이라 할 수 있다. 마인드맵의 장점은 다음과 같다.

- 전체적인 윤곽을 파악하기가 쉽다.
- 기억의 부담을 줄인다.
- 융통성이 있다.
- 창의적 사고를 촉진한다.

마인드맵은 집단에서 새로운 아이디어를 찾을 때, 그리고 브레인스토밍을 통해 나온 아이디어들을 영역별로 분류할 때에도 활용될 수 있다. 마인드맵을 제작할 때에는 중앙에 원을 그리고 그 안에 해결해야 할 문제 혹은 중심에 되는 주제를 적는다. 중앙으로부터 굵은 선으로 줄기를 그리고, 그 위에 각 영역별 주제를 적고, 다시 줄기로부터 가는 선으로 가지를 쳐서 각 주제별로 생각나는 아이디어를 적는다. 생각의 깊이가 더해질수록 가지를 점점 더 많이 쳐 나가게 된다. 줄기나 가지의 색깔을 다르게 하여 시각적으로 구별하는 것도 생각을 영역별로 정리하는 데 도움이 된다.

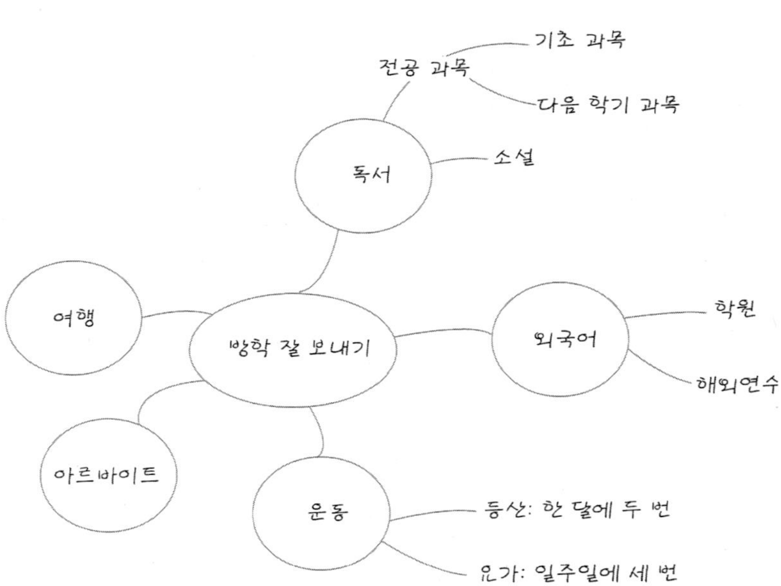


**[그림 5-5] 마인드맵의 예**

### 4) 유추의 활용

유사한 문제가 이미 해결되었을 때 이를 활용하는 것도 문제해결에 크게 도움이 된다. 역사적으로 동물과 식물의 활동에서 아이디어를 얻어 많은 발명품들이 개발되었다. 또한『손자병법』에서 마케팅 전략에 관한 아이디어를 찾았다면 이 또한 유추를 활용한 예라고 할 수 있다. Gutenberg의 활자인쇄기는 와인을 만들 때 포도즙을 짜는 기계나 주화제조기를 보고 유추했다고 한다. 다음은 Wilhelm Kekule이 어떻게 유추를 활용하여 벤젠 분자의 구조를 발견하였는지를 보여 주는 그의 경험담이다. "나는 벽난로를 향해 앉아서 살짝 졸고 있었다. …다시 분자들이 내 눈 앞에서 이리저리 왔다갔다 하며 어른거리고 있었다. 이번에는 작은 것들이 약간 뒤로 물러나 있었다. 이런 모양들을 자꾸 보았기 때문에 내 마음의 눈이 더 예리해져서 제법 큰 구조들을 식별할 수 있었다. 그때 길게 늘어진 것들이 더 가깝게 붙어 꼬아져서 뱀같이 움직이는 것 같았다. 아니, 그런데 저것 좀 봐! 뱀 한 마리가 자기 꼬리를 물고 내 앞에서 희롱하듯이 빙빙 돌고 있는 것이 아닌가?" (Bransford & Stein, 1993, 재인용) 이렇게 그는 뱀이 똬리를 틀고 있는 모습에서 유추된 환상구조로 벤젠 분자의 구조를 설명하였다. 유추를 활용하면 익숙한 것을 새로운 눈으로 볼 수 있게 된다.

이제 다음의 문제를 해결해 보자.

한 환자가 수술이 불가능한 위암을 앓고 있다. 이 환자의 경우 수술을 하는 것은 불가능하고, 암세포를 그대로 놔두면 죽게 된다. 방사선 치료를 통해 암세포를 죽일 수는 있으나 너무 강도가 세면 암세포뿐 아니라 주변의 건강한 조직까지도(예: 위벽이나 내장근육 등) 파괴될 수 있다. 물론 강도가 약하면 정상 세포에는 아무 문제가 없으나 암세포를 죽일 수 없다. 어떻게 방사선 치료를 하면 건강한 조직을 손상시키지 않고 종양세포를 파괴할 수 있겠는가?(Duncker, 1945)

이 문제를 해결하는 것이 쉽지는 않았을 것이다. 이를 다음과 같은 상황을 상상하면서 유추를 활용하여 해결해 볼 수 있을까?

옛날 아주 심하게 독재를 하는 영주가 있었다. 그 영주는 성에 살았는데, 성 주위에는 밭과 마을이 있었다. 마을로부터 성으로 가는 길은 방사형으로 여러 개가 있었다. 영주의 독재는 날로 심해지고 이를 견디다 못해 많은 사람들이 저항세력으로 결집하였다. 그들은 성을 공격하기로 하였다. 그들이 힘을 모아 공격하면 영주를 물리칠 수 있는 가능성은 충분했다. 그러나 그들은 영주가 공격에 대비해서 지뢰를 묻어놨다는 이야기를 들었다. 만일 이들이 한꺼번에 공격을 시도하다가 운이 없어서 그 길에서 지뢰가 터지는 날에는 모두 몰살을 당하게 되고 마을 사람들도 많이 다치게 된다. 실망하고 있던 저항세력은 또 다른 정보를 입수하게 되었다. 성에 드나드는 사람들을 위해서 적은 수의 사람들은 지나다닐 수 있게 지뢰가 묻혀 있다는 것이다. 이리저리 궁리를 하다가 그들은 한꺼번에 공격할 것이 아니라 작은 규모로 흩어져서 성으로 올라가 그곳에 도착하여 동시에 영주를 공격하는 계획을 세웠다.

앞의 이야기를 기초로 유추를 활용한 해결방안은 다음 [그림 5-6]과 같다.

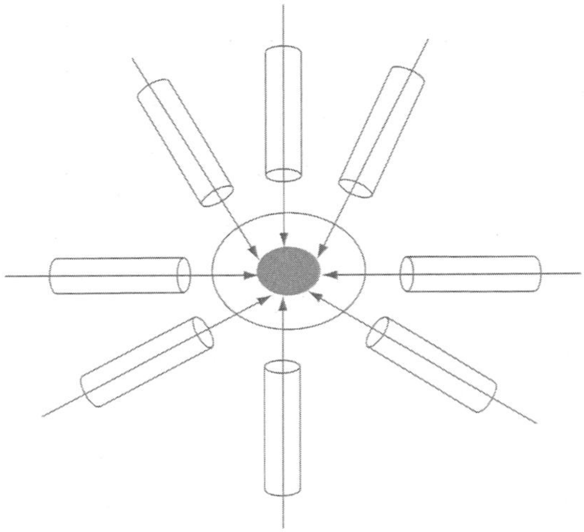

[그림 5-6] 방사선 치료 전략

즉, 약한 방사선을 여러 각도에서 쪼이게 하여 종양 부위에서 교차하게 만든다. 개별적인 방사선의 강도는 강하지 않으면서도 그 부위에서 모든 효과가 집적되어 방사선의 강도를 강하게 할 수 있다.

다음은 한 어린이가 신호등을 코끼리에 비유하여 신호등의 다양한 기능을 유추한 예다.

- 코끼리는 코가 길다: 신호등에 높이를 조절할 수 있는 막대를 달아놓고 필요에 따라 차단기로 활용한다.
- 코끼리는 코로 물을 뿌린다: 신호등에다 도로에 물을 뿌릴 수 있는 장치를 한다.
- 코끼리는 눈과 귀가 크다: 신호등에 비디오카메라를 장착해서 도로 사정을 녹화한다.

이렇게 유추를 활용하면 다양한 창의적인 아이디어를 개발할 수 있다. 물론 이런 아이디어들이 모두 실용적인 것은 아니다. 그러나 앞의 창의적 인성 부분에서 설명하였듯이 아이디어를 개발하는 단계에서는 현실적인 면이나 비판적인 면은 잠시 접어 두는 것이 좋다.

### 5) 잠복기의 활용

한 가지 문제에 집중해서 풀려고 시도하는 동안 사고가 한 방향으로 경직될 수 있다. 잠복기란 문제를 해결하기 위해 했던 생각을 멈추는 것을 말한다. 하루 종일 어떤 문제를 해결하려고 노력하다가 잠자리에 들면서, 다음날 아침에 일어나면 그 문제에 대한 해결책을 발견할 수 있기를 희망하는 경우가 있다. 실제로 많은 사람들이 골똘하게 생각했던 문제를 접어두고 잠을 자거나 산책을 했을 때 섬광처럼 아이디어가 스쳐지나가는 경험을 했다고 보고하고 있다.

창조적 사고가 어떻게 이루어지는가에 대한 시사점은 많은 예술가와 과학자의 편지나 전기에서 찾아볼 수 있다. 이들 대부분은 예기치 않은 시간과 장소에서 순간적인 착상이 마치 외부에서 유입된 것처럼 보고하였다. 이를 Goethe는 '낯선 손님' 같다고 하였다.

일반적으로 문제해결과정의 초기에 문제에 몰입하여 집중적으로 생각하면서 가능한 모든 해결책으로 문제에 접근해 본다. 그러나 좋은 해결책은 떠오르지 않고 이러한 집중적인 공략이 실패로 돌아간 다음에는 보통 유보기간을 갖게 되는데, 이 시간 동안에 문제를 잠시 덮어두게 된다. 그런데 이러한 잠복기 동안 다른 활동을 하다가 갑자기 해결책이 나타날 수 있다. 유명한 사례로 아르키메데스가 부력의 원리를 깨달은 것을 들 수 있다.

그리스의 과학자 아르키메데스가 왕관이 순금으로 만들어졌는지 아니면 은과 혼합된 것인지를 판단하고자 노력하였다. 아르키메데스는 금과 은의 비중을 알고 있었지만 왕관과 같이 복잡하게 생긴 물건의 부피를 측정하는 방법은 알지 못하였다. 어느 날 그는 목욕 중에 몸을 물속에 담그니까 목욕통 물의 수위가 올라가는 것을 확인하였다. 이를 통해 그는 왕관의 부피를 물의 수위변화로 측정할 수 있음을 깨달았다. 그는 목욕탕에서 뛰어나와 벌거벗은 채 거리로 나와 달려가면서 "유레카! 유레카! - 나는 알아냈다." 라고 외쳐댔다.

출처: http://www.lix.polytechnique.fr

물론 이러한 통찰에 이르기까지 그 주제에 대해 골똘히 생각하는 것이 전제된다. 잠복기를 활용해서 창의적인 문제해결을 하는 데에는 다음과 같은 과정을 거치게 된다.

- 준비과정으로 한 문제를 해결하기 위해 혹은 어려운 내용을 이해하기 위해 골똘히 생각함
- 생각하는 것을 멈춘 잠복기
- 섬광처럼 아이디어가 스쳐지나감
- 아이디어를 정교화하는 과정

그렇다면 잠복기에 무슨 일이 일어나는가? 문제해결과정에서 골똘히 생각하면서 사고가 경직되면 한 방향으로만 해결책을 찾게 된다. 그런데 오히려 사고를 멈춤으로써 이 경직성에서 벗어나고 더 유연하게 다른 방향으로도 해결책을 모색하게 되고 새로운 정보를 처리할 수 있게 되는 것이다. 이는 마치 앞에서 설명한 set 효과에서 벗어남으로써 다른 해결방법을 찾게 된 것과 유사하다. 그러나 한 가지 중요한 것은 생각하는 것을 멈추고 다른 일을 할 때에도 그 문제가 완전히 잊혀진 것이 아니라 머릿속 어딘가에 머물러 있었다는 것이다. 그래야만 다른 일을 하면서 그 문제를 해결할 수 있는 번득이는 아이디어를 발견하게 된다.

### 6) 편견을 배제하기

앞에서 기능의 고정화나 set 효과로 창의적인 문제해결에 방해가 되는 예들을 제시하였다. 일상에서 고정관념을 갖고 있어도 상황을 판단하고 의사결정을 할 때 편협한 결론을 내릴 수 있다.

예를 들어, '두 사람이 테니스 5경기를 하고 이들 모두 3경기를 이겼다.' 라는 이야기를 들었다고 하자. 이야기를 들으면서 말이 안 된다고 느꼈을 것이다. 왜냐하면 두 사람이 함께 경기했을 것이라는 전제를 했기 때문이다. 즉, 두 사람이 각각 다른 사람과 5경기를 하고 3경기를 이긴 것이라고 생각했다면 이 문장은 전혀 모순이 없다. 이와

비슷한 수수께끼를 풀었던 기억이 있는 사람들이 많을 것이다. '참새 5마리가 전깃줄에 앉아 있는데, 포수가 참새 한 마리를 쏘았다. 몇 마리가 남았을까?' 혹은 '어떤 사람이 한 어린아이에게 같이 가고 있는 사람이 자기 엄마냐고 물으니까 그렇다고 했다. 다시 그 애와 같이 가고 있는 사람에게 그 아이가 자신의 아들이냐고 물었더니 그렇지 않다고 했다. 왜 그럴까?' 등등.

창의적 사고란 자신의 가정이 문제해결에 방해가 되는지를 살펴보는 데서 출발한다. 방 안에 파리 한 마리가 들어와서 윙윙거리며 신경을 거슬릴 때, 파리를 잡으려고 애쓰면서 파리채로 그 옆의 물건을 파손하는 것보다는, 파리가 방에서 벗어날 수 있도록 창문을 열어 두는 것이 더 나을 수도 있다. 즉, 파리를 잡겠다는 목표에서 파리를 내보내겠다는 목표로 전환하는 것이 문제를 해결하는 데 더 효과적일 수 있다는 것이다.

잘못된 전제를 갖고 있을 때 문제해결이 되지 않을 경우가 많다. 이럴 때는 전제를 고치는 것이 도움이 된다. 코페르니쿠스도 그때까지 정설로 되어 있던 천동설을 부정함으로써 천문학의 모순된 이론들을 바로잡을 수 있었다. 단일 코페르니쿠스가 자신이 모은 데이터들이 기존의 이론과 부합되지 않는다는 것을 꼼꼼히 살펴보지 못했다면 지동설을 주장하지 못하였을 것이다.

이 외에도 William J. J. Gordon이 몇백 명의 학자들에게 그들의 창의성의 원천에 대해 인터뷰를 실시하여 개발한 방법이 있다. 이는 서로 모순되거나 상반되는 내용을 연결하는 방법으로 다음과 같은 절차로 진행된다(Bransford & Stein, 1993 재인용).

- 문제 제기: 문제가 무엇인지 깊이 생각하여 그 본질을 파악한다.
- 즉흥적인 반응: 문제의 해결책을 찾기 위해 즉흥적으로 드는 생각들을 브레인스토밍 기법으로 모은다.
- 문제를 새롭게 정의: 브레인스토밍을 한 뒤 문제의 본질적인 원인이 무엇인지 다시 생각해 본다.
- 유추의 활용: 유사한 상황을 상상해 보고 해결책을 찾아본다.
- 문제에 적용: 해결방안들을 원래의 문제에 적용해 본다.

deBono(1967)는 이른바 수직적 사고(vertical thinking)와 수평적 사고(lateral thinking)

를 구별하였는데, 수직적 사고는 하나의 개념이나 아이디어에서 출발하여 체계적으로 사고를 진행하는 것을 말하고 수평적 사고는 하나의 문제를 다양한 방법으로 정의하고 해석하는 사고를 의미한다. 그는, 논리는 구멍 하나를 깊고 크게 파는 수단이라고 하였다. 그러나 구멍의 위치가 틀리다면 이러한 일들이 헛수고가 될 것이다. 그는 수직적 사고는 하나의 구멍을 크고 깊게 파는 것을 말하고, 수평적 사고는 구멍을 여러 장소에서 뚫는 것을 의미한다고 하였다. 학교에서는 대부분 정답이 하나 있는 문제 유형을 주로 연습하나, 실제 상황에서는 정답이 없거나 답이 여러 가지인 경우가 더 많다. 경우에 따라서는 문제가 무엇인지 이를 찾아내는 작업부터 해야 될 때가 많다. 따라서 수평적 사고도 함께 훈련하는 것이 중요하다.

기존의 수업은 주로 지식의 전달 위주이고, 또한 이 지식이 어디에 응용될 수 있는지 알 수 없는 탈맥락적인 지식을 전달하였다. 학습과정은 주로 학습내용을 암기하는 과정으로 이루어졌고, 학습한 후 문제를 해결할 때에는 바로 전에 배운 것을 회상해서 적용하는 데 그쳤다. 학교에서 많은 개념, 법칙, 사실들을 배웠으면서도 실제로 응용하지 못하는 경우가 너무 많다. 이른바 죽은 지식을 학습하는 것이다. 이에 대해서는 제2장 학습전략 부분에서 설명하였다. 이와 같이 학교에서 배운 것이 이른바 죽은 지식으로 남지 않게 하기 위해 새로운 지식을 획득할 때부터 이를 어떻게 응용할 것인지를 생각해 보는 것이 중요하다. 전문가는 새로운 지식을 획득하면 이를 어떤 상황에서 어떻게 응용할 것인가에 대해 고민하는 사람이다. 이러한 태도가 창의적인 문제해결의 시작이라고 할 수 있다.

## 5. 방해 요소의 극복

정도의 차이가 있지만 모든 사람들에게는 창의적으로 문제해결을 할 수 있는 능력이 있다. 그렇다면 이를 방해하는 요소는 무엇일까? 이에 대해 살펴보자.

경험과 지식이 문제를 해결하는 데 필요하지만 경우에 따라서는 복잡한 문제를 해결하는 데 오히려 방해가 될 수 있다. 즉, 자신의 지식과 경험이 문제를 파악하는 데 오히려 좁은 안목을 갖게 할 수 있다는 것이다.

지식과 경험의 일부를 확대 해석하면 문제를 해결하는 데 오히려 방해가 될 수 있다.

문제에 접했을 때는 가능하면 선입견을 배제한 채 전체적으로 보려는 노력이 필요하다. 문제가 복합적일수록 문제가 무엇인지 파악하는 데에 값은 시간을 투자해야 한다. 복잡한 문제는 다른 일을 하는 중간에 짬을 내서 해결할 수 있는 것이 아니다.

**연습문제**

자신의 창의성의 걸림돌은 어디에 있는지 생각해 보자. 혹시 다음과 같은 걸림돌을 경험해 보지는 않았는가?

- 지나치게 논리적으로 생각하는 습관
- 문제의 원인을 너무 쉽게 판단하는 경향
- 실수하는 것을 두려워하는 마음
- 시간의 부족

이 장에서 중요하다고 생각되는 내용을 정리해 보자.

제6장

# 비판적 사고

어느 일간지에 “본 제품의 효능을 검증하기 위해 타사 제품과 효과를 비교한 연구에 의하면 본 제품보다 더 효과가 있는 제품은 없었다.” 라는 광고 문구가 있었다. 이 광고 문구를 어떻게 해석하겠는가? 보통은 ‘이 제품의 효능이 가장 높다.’ 라고 해석할 것이다. 과연 이 해석이 옳을까? 물론 그렇게 해석할 수도 있을 것이다. 그러나 엄밀히 따지면 이 제품과 다른 제품들의 효과에 차이가 없었다는 의미도 될 수 있다.

또 다른 예로 우리가 잘 아는 격언을 살펴보자. "아는 것이 힘이다."와 "모르는 것이 약이다."라는 격언을 누구나 알 것이다. 도대체 아는 것이 좋다는 말인가 아니면 모르는 것이 더 낫다는 말인가? 또 다른 모순되는 속담 둘을 살펴보자. "백지장도 맞들면 낫다."와 "사공이 많으면 배가 산으로 간다."는 말이 있다. 물론 이런 격언과 속담들은 그 격언이 나타내려고 하는 맥락 속에서 이해해야 한다.

이와 같이 일상생활에서 흔히 모순되는 이야기들을 듣게 되는데, 일상생활에서 비판적인 사고가 필요한 것 이상으로 학습상황에서도 비판적인 사고가 필수적이다. 암기를 잘하고 사지선다형이나 단답형 질문에 강하며 자기가 알고 있는 사실을 나열하는 데에는 자신감이 있지만, 다른 사람의 견해에 대해 비판적인 입장을 갖거나 다양한 견해의 장단점을 평가하는 것을 잘 못하는 사람들이 있다. 암기위주의 획일적인 교육으로 학생들이 판에 박힌 사고를 한다고 흔히 한국의 교육 현실을 비판한다. 비판적 사고는 창의성을 키우는 데에도 기초적인 역할을 하기 때문에 이에 대한 훈련이 매우 중요하다.

**체 • 크 • 리 • 스 • 트**

다음은 학습상황에서 얼마나 비판적 사고를 하는지 알아보는 질문들이다. 공부할 때 다음과 같은 행동을 얼마나 자주 하는지 표시해 보자. 거의 하지 않을 때는 1번에, 가끔 할 때는 2번에, 종종 할 때는 3번에, 자주 할 때는 4번에 표시하면 된다.

| | 1 | 2 | 3 | 4 |
|---|---|---|---|---|
| 1. 책을 읽을 때 저자가 주장하는 내용이 과연 옳은지 생각해 본다. | | | | |
| 2. 저명한 학자들의 이론은 대부분 검증된 주장이므로 별 의심 없이 받아들인다. | | | | |
| 3. 수업 중에 한 이론에 대한 설명을 들으면서 그 이론이 적용되지 않는 부분은 없는지 생각해 본다. | | | | |
| 4. 다른 사람들의 주장을 들으면서 그 주장을 뒷받침할 수 있는 증거가 충분한지 생각해 본다. | | | | |
| 5. 수업시간에 들은 것을 기초로 나만의 생각이나 논쟁점을 갖도록 노력한다. | | | | |
| 6. 아직은 학생이니까 다른 사람들이 연구해 놓은 것을 열심히 배우고 수용하는 것이 무엇보다 중요하다. | | | | |

위의 체크리스트에서 점수를 모두 합산하여 총점을 계산하는데, 2, 6번 문항은 역산을 한다. 즉, 1번에 표시하면 4점, 2번은 3점, 3번은 2점 그리고 4번에 표시했으면 1점으로 계산한다. 모두 6문항이므로 최고점이 24점, 최하가 6점이 될 것이다. 자신의 점수가 18점보다 낮을 경우에는 비판적인 자세가 부족하다고 볼 수 있다. 이제 비판적 사고에 대해 자세히 살펴보도록 하자.

## 1. 비판적 사고의 특징

VanderStoep와 Pintrich(2003)는 다음과 같이 4가지 측면에서 비판적 사고를 설명하였다.

- 문제나 논쟁점에 대한 이해
- 증거자료에 대한 평가
- 각 논쟁점의 다양한 측면에 대한 고려
- 증거자료에 근거하여 자신의 입장을 정리

이를 근거로 비판적 사고를 하는 사람의 특징을 다음과 같이 정리할 수 있다.

- 문제나 논쟁점을 이해할 때 다양한 해석으로 접근한다.
- 상황이나 다른 사람들의 주장을 판단할 때 판단의 근거로 사용되는 증거자료에 대해 객관적으로 평가한다.
- 많은 문제들을 해결하기 위해서는 복합적인 사고를 해야 한다는 것을 알고, 따라서 논쟁점들의 다양한 측면에 대해 고려한다.
- 모든 사람이 같은 생각을 할 수는 없다는 것을 인정한다. 다른 사람의 생각을, 특히 전문가라는 사람들의 생각을 무조건 따르지 않고 판단의 근거가 되는 증거자료에 입각하여 자신의 생각을 정리한다.

한편 de Bono(1985)는 비판적 사고를 하는 사람들의 특징을 다음과 같이 정리하였다.

- 생각하는 데에 익숙하다.
- 자신이 제대로 생각하고 있는지를 파악하고 자신의 생각을 조절할 수 있다.
- 사고의 목적, 즉 자신이 원하는 바가 무엇인지 분명히 안다.
- 여러 가지 아이디어를 생각해 내는 것을 좋아하고 문제해결이 반드시 성공적이지 않더라도 문제해결을 해야 하는 도전을 기꺼이 수용한다.
- 생각하는 것도 훈련을 통해 향상될 수 있는 기술로 본다.
- 모든 문제가 단순하게 해결되는 것은 아니라는 것을 인정하고 결론을 성급하게 내리지 않는다.

물론 비판적인 사고를 하기 위해서는 자신의 사고능력에 대한 믿음과 다른 사람들의 '압력' 까지도 견딜 수 있는 용기가 있어야 한다. 이런 의미에서 비판적인 사고를 위해서는 성격적인 측면도 매우 중요하나, 이 책에서는 주로 인지적인 측면만 다루려고 한다.

비판적인 사고는 다양한 관점을 고려하는 것에서부터 출발한다(Paul & Elder, 1995). 비판적인 사고는 특히 해결하려고 하는 문제의 정답이 분명하지 않는 경우, 바로 답을 찾기가 쉽지 않은 경우, 다양한 관점에 대해 심사숙고한 후에 어떤 견해가 더 적합한지 결정해야 하는 경우에 요구된다. 다음의 예를 살펴보자.

얼마 전 호주에서 장애인 아들을 살해한 혐의로 노부부가 5년 징역형을 선고받았다. 이에 대한 사람들의 견해를 알아본 결과 찬성하는 사람들은 생명의 존엄성을 강조하고 누구도 다른 사람을 살해하는 것을 옳지 않다고 하였다. 반면 반대하는 사람들은 노부부가 사망한 후 혼자 살아가야 할 장애인 아들의 고통을 고려한다면 노부부의 행동을 충분히 이해할 수 있다고 하였다. 이 문제에 대해 본인은 어떻게 생각하는가? 아마도 결론을 내리기가 쉽지 않다고 생각할 것이다.

이와 같은 복합적인 문제에 대한 사고를 위해 de Bone(1985)는 PMI(Plus Minus Interesting aspects) 전략을 제안하였다. 이 전략은 어떤 제안에 대한 긍정적, 부정적 그리고 흥미로운(검토해 보아야 할) 측면에 대해 생각하게 하는 방법이다. 다음은 2007년도 대선 당시 논란이 많았던 한반도 대운하 프로젝트에 대해 PMI 방법으로 분석한 것이다.

| Plus | Minus | Interesting aspects |
|---|---|---|
| • 물류비용 절감<br>• 국토 균형 발전<br>• 수자원 보존<br>• 수자원의 효율적 이용<br>• 관광산업 발달 | • 공사비용<br>• 관리비용<br>• 공사기간<br>• 하천 생태계 파괴<br>• 수질오염 | • 운하물동량이 확충될지 의문이다.<br>• 인공수로가 자연하천보다 더 친환경적일 수 있다. |

**연습문제**

이제 다음의 주제들에 대해 PMI 방법으로 분석해 보자.

〈사형제 폐지〉

| Plus | Minus | Interesting aspects |
|---|---|---|
| | | |

〈양심적 병역 거부〉

| Plus | Minus | Interesting aspects |
|---|---|---|
| | | |

〈낙태〉

| Plus | Minus | Interesting aspects |
|---|---|---|
| | | |

〈성형수술〉

| Plus | Minus | Interesting aspects |
|---|---|---|
| | | |

## 2. 비판적 사고과정

### 1) 비판적 사고 모델

Lipman(2003)이나 Ennis(1989)와 같은 학자에 의하면, 비판적 사고는 반성적 사고 없이 판단을 내리지 않도록 도와주는 방어적 역할을 한다고 한다. 즉, 일상의 삶에서는 부딪치는 부조리하고 불합리한 주장에 대해 비판적으로 바라볼 수 있도록 하고 이에 대해 옳은 판단을 내릴 수 있도록 도와준다는 것이다. 따라서 비판적 사고과정은 문제해결과정이기도 하면서 의사결정과정이라 할 수 있다. 여기서 의사결정과정을 설명하는 효과적인 모델 중 하나이며 가치판단행위의 정당성 판단을 구체적이고 체계적으로 제시하고 있는 Metcalf(1971)의 가치분석모형에 기초하여 비판적 사고과정을 설명하고자 한다.

가치분석모형은 가치판단의 단계를 가치문제를 확인하고 명료화하기, 알려진 사실 수집하기, 사실들의 진위 평가하기, 사실들의 관련성 명료화하기, 잠정적으로 결론 내리기, 결론을 검증하기 그리고 최종 결정 내리기와 같이 7단계로 제시하고 있다. 이와 같이 가치분석모형 역시 과학적 문제해결과정을 기본 틀로 하는 논리적 구조로 이루어졌다고 할 수 있다.

- 문제나 대상을 확인하고 명료화하기: 판단을 내리기 위해 판단하고자 하는 대상이나 문제가 무엇인지를 명확하게 하는 것이다. 예를 들어, 몇 년 전 사회

적으로 논란이 되었던 복제문제에 대해 판단을 내리려고 할 때 어느 선까지 판단해야 할지를 명확하게 규정해야 한다. 즉, 하나의 온전한 인간을 복제하는 문제에 대해 판단해야 하는지, 장기복제까지를 판단의 대상으로 할지 결정해야 한다.

- 정보수집하기: 판단을 내릴 문제를 결정했으면 이에 대해 기존에 존재하고 있는 다양한 정보와 각 주장의 근거를 가능한 한 많이 수집하여 다양한 각도에서 살펴본다. 즉, 장기복제 문제까지를 판단의 대상으로 한다고 할 때 자료의 수집을 통해서 배아복제를 통해 줄기세포를 추출하여 장기를 복제하는 방법이 있고, 또 성체세포에서 줄기세포를 찾아 이를 배양함으로써 장기를 복제하는 방법이 있다. 이 각각의 방법은 무엇을 의미하는지 명확한 정보를 수집한다.
- 정보 또는 사실의 진위여부 평가하기: 자신이 수집한 정보들이 정확하며 모두 맞는 내용인지 확인한다. 물론 이와 더불어 각각의 입장을 지지하는 근거가 맞는지 또는 자신이 지지할 수 있는 것들인지를 확인한다.
- 정보와 사실의 관련성 명료화하기: 수집한 정보들이 판단의 결론을 지지하는 데 관련이 있는 정보인지 아닌지 여부를 확인한다. 인간복제와 장기복제 또 장기복제 중 배아복제에 의한 방법과 성체세포를 이용하는 방법에 대해 수집한 정보가 복제에 대한 태도를 결정하는 데 관련이 있는 정보인지 그렇지 않은지를 명확히 판단하여 관련 있는 정보만을 선택한다.
- 잠정적 결론 내리기: 수집된 정보 중 판단과 관련성을 지닌 정보를 바탕으로 이에 대한 근거의 참 또는 거짓여부를 판단하고 나면 이를 바탕으로 정리하고 잠정적으로 어떤 입장을 취하게 될지 결정할 수 있다. 예를 들면, 완전한 인간복제와 장기복제 중 배아복제를 통한 장기복제를 반대하기로 잠정적으로 결정할 수 있다.
- 결론 검증하기: 일단 잠정적으로 내린 결론에 대해 다시 한 번 자료를 수집하고 분석한다. 또한 이 결정이 가져오게 될 결과에 대해 생각해 보고, 반대로 이 결정이 아닌 다른 결정은 어떤 것이 있으며, 그 결과는 어떠한가를 따져보며 자신의 잠정적 결정을 평가한다. 즉, 성체세포에서 추출한 줄기세포 배양을 통해 장기복제를 하는 것만을 허용하는 경우 좋은 점은 무엇이고 또 부작용이나 단점은 무엇인가? 배아복제로 줄기세포를 추출하고 이것으로 장기

복제를 하는 경우 문제점은 무엇이며 장점은 무엇인가? 등을 고려한다. 또한 각각의 결정이 가져오게 될 결과는 무엇일지 비교하고 추측해 본다.

- 최종 결정 내리기: 마지막으로 위의 검증과정을 통해서 자신의 입장을 결정한다. 이때 자신의 잠정적 결론을 최종결론으로 선택할 수도 있고 변경할 수도 있다.

위에 제시하고 있는 바와 같이 비판적인 사고과정을 통해서 어떤 자료나 주장에 대해 체계적이고 논리적으로 판단하거나 가치판단을 내릴 수 있다. 김재식(2003)에 의하면, 이 과정은 사실탐구와 원리탐구과정을 포함하는데, 정보를 수집하고 이의 진위 여부를 판단하거나 정보와 사실의 관련성을 명료화하는 것은 사실탐구에 해당하며, 결론을 검증하는 단계는 원리탐구에 해당한다.

### 2) 비판적 사고과정에 영향을 미치는 요소

앞에서 비판적 사고과정을 가치분석과정을 통한 판단과정으로 설명하였다. 그런데 이러한 사고과정에는 몇 가지 요소들이 영향을 미치게 된다. 비판적 사고과정, 즉 판단의 과정에 영향을 미치는 중요한 요소는 사고기술, 사고성향, 지식 등이 있다(김명숙, 2002).

비판적 사고과정에 영향을 미치는 첫 번째 요소는 사고기술이다. 이에는 판단의 상황에서 그 상황을 뒷받침하고 있는 논점을 분석할 수 있는 사고기술, 논의의 핵심이 되는 사항을 규정하고 정보를 수집할 때 정보의 출처가 믿을 만한지 출처의 신뢰도를 확인할 수 있는 사고기술, 문제를 명확하게 규정하고 질문하는 사고기술, 정보에서 정확한 추론을 이끌어 내는 기술 등이 포함된다(Ennis, 1989; Furedy & Furedy, 1985).

비판적 사고과정에 영향을 미치는 두 번째 요소는 사고성향이다. 일반적으로 판단을 내리기 전에 전체 상황을 모두 살피려는 경향성, 증거나 이유가 불충분할 때 판단을 유보하려는 경향성, 대안을 찾기 위해 정보를 찾으려는 태도, 언제나 이유를 찾으려는 태도, 타인의 시각을 열린 마음으로 볼 수 있는 개방성 등이 이에 해당한다(Kennedy, Fisher, & Ennis, 1991). 즉, 쉽게 결론을 내리지 않고 명확하고 정확한 판단에 도달할 때까지 이에 대해 탐구하려는 자세가 비판적 사고에 중요한 영향을 미친다고 할 수 있다.

마지막으로 비판적 사고에 중요한 영향을 미치는 요소는 지식이다. 김명숙(2002)에 의하면, 비판적 사고 기능을 제대로 수행하기 위해서는 사고의 대상이 되는 주장이나 표현에 대하여 이해하고 분석할 수 있는 능력이 있어야 하는데, 이를 위해서는 판단을 내릴 영역에 대한 지식, 즉 내용과 구조를 이해하는 데 필요한 지식을 갖고 있어야 한다는 것이다. 이런 지식은 정보의 내용을 해석하거나 평가하는 데 이용되므로 판단의 질과 방향 등에 중요한 역할을 하게 된다. 연구자들에 따라 비판적 사고능력을 일반적인 능력(Siegel, 1992)으로 보기도 하고 또 영역 특수적인 능력으로 보기도 한다(McPeck, 1990). 비판적 사고를 영역 특수적인 것으로 보는 견해를 가질 경우 지식은 더 강조된다. 즉, 역사에 대한 비판적 사고를 기르기 위해서는 역사에 관한 지식이 필요하다는 것이다. 따라서 비판적으로 사고하기 위해서 학과공부와 더불어 평소에 늘 독서나 인터넷, TV, 영화 등 여러 경로를 통해 지식을 쌓는 것이 중요하다.

위의 세 가지 요소는 비판적으로 사고하는 데 모두 중요한 영향을 미치므로 이 중 어느 하나만 집중해서 연습한다고 해서 논리적이고 비판적이 사고능력이 형성되는 것은 아니다.

## 3. 비판적 사고의 전략

Bransford와 Stein(1993)은 비판적인 사고를 문제해결과정에 비유하여 설명하였다. 즉, 다른 사람들의 생각에 문제점이 있다고 생각할 때 무엇을 비판적으로 살펴보아야 할 것인지 목표를 설정하고, 다른 사람의 생각을 뒷받침하는 자료가 정확한가를 검증해야 한다고 하였다. 그들은 비판적 사고를 하는 전략을 다음과 같이 정리하였다.

- 자료의 검증: 논증을 하기 위해 사용된 자료가 정확한지 확인한다.
- 논리성의 평가: 논리적 허점과 일관성의 문제가 있는지 확인한다.
- 가정의 평가: 논증에서 사용된 가정이 옳은지 평가한다.

### 1) 자료의 검증

다음의 예를 살펴보자.

> 어떤 사람이 경연대회에서 10,000달러의 상금을 받았다. 그는 이 돈을 어떻게 투자할 것인가를 고민하고 있었는데, 한 골동품 상인이 옛날 주화를 보여 주면서 이를 구입할 것을 적극 권유하였다. 그 주화에는 B.C. 42년이라고 찍혀 있었는데, 이를 근거로 골동품 상인이 그 주화가 얼마나 오래된 것이고 값진 것인가를 역설하였다. 그 주화의 원 소유자가 지금 돈이 급히 필요해서 팔려고 하는 것이라며 어느 정도 시간이 지나면 이 주화를 팔아서 큰돈을 벌 수 있을 것이라고 주장하였다. 과연 이 주화를 사는 것이 좋을까? 그렇다면 그 이유는 무엇인가?

물론 B.C. 42년경에 만들어진 주화가 지금까지 전해져 내려올 수도 있다. 문제는 이러한 주장의 근거가 되는 자료의 신빙성이다. 이러한 주장을 과학적으로 검증하기 위해서는 예를 들어, 주화의 재료에 대한 방사성 동위원소 검증 등의 방법을 사용할 수 있을 것이다. 그러나 앞에서 든 예에서 근거로 제시된 주화에 새겨진 연도는 믿기가 어렵다. 즉, B.C. 42년에 주화를 제조한 사람은 예수가 언제 태어날 것이라는 것을 미리 알았어야 그 당시 연도를 거꾸로 세어 B.C. 42년이라고 기록하였을 것이다. B.C.라는 개념이 사실 예수 탄생 이후에 생겨난 개념이기 때문이다.

이른바 '과학적 사실'에 대한 비판적 태도는 매우 중요하다. 이 장의 처음 부분에 예를 든 광고 문구 "본 제품의 효능을 검증하기 위해 타사 제품과 효과를 비교한 연구에 의하면 본 제품보다 더 효과가 있는 제품은 없었다."에서 '이 제품의 효능이 가장 높다'라고 해석한다면 오류가 있다. 왜냐하면 이 문구는 엄밀히 따지면 이 제품과 다른 제품들의 효과가 차이가 없었다는 의미도 되기 때문이다. 흔히 광고 문구에 '연구결과에 의하면' '~라는 사실이 검증되었는데' 혹은 '실험한 결과' 등의 표현을 많이 쓰는데, 일부러 거짓을 말하는 것이 아니더라도 사람들이 이러한 표현에 쉽게 현혹되어 증거자료에 대해 면밀하게 생각하지 않고 판단하도록 유드하는 경우가 많이 있다. 따라서 글을 읽을 때는 학술적 표현을 사용하였거나, 통계나 실험 등 과학적 연구방법에 대한 보고를 하고 있거나, 유명한 학자나 전문가의 말을 인용하고 있다고 하더라도 그 내용을 반드시 비판적으로 살펴보는 태도를 가져야 한다. 다음에 기술되는 내용들도 이러한 정보를 접하고 해석할 때 오류를 범하기 쉬운 예들이다.

다음의 [그림 6-1]을 살펴보자. 앞에서 예를 든 광고에서와 같은 문제점을 보여 주는 예다(Bransford & Stein, 1993).

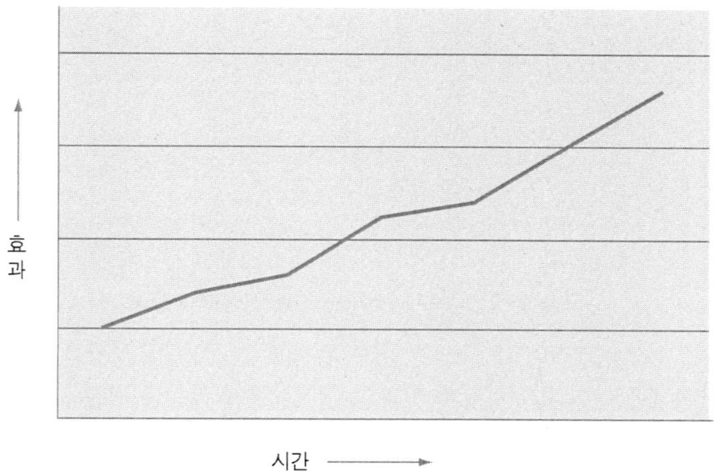


**[그림 6-1] 판단의 오류를 일으키는 부정확한 정보제시의 예**

이 도표를 보면 시간이 지남에 따라 효과가 증가하는 것으로 나타나 있다. 만일 이 도표가 한 제품의 효과를 나타내는 것이라고 할 때 소비자들은 도표를 보고 이 제품을 구입할 가능성이 높다. 그러나 이 도표를 비판적으로 살펴보면 가로축과 세로축의 척도가 표시되지 않아 과연 시간이 어느 정도 지났을 때 효과가 나타났는지 분명하지 않다. 일주일 혹은 한 달만에 이런 효과를 볼 수 있다면 매우 긍정적이지만, 만일 이런 효과를 보기 위해 10년을 기다려야 한다면 아마도 소비자들은 이 제품을 외면할 것이다. 따라서 도표를 읽을 때에는 가로축과 세로축의 척도를 정확하게 살펴보는 것이 필요하다.

이제 다음의 세 도표를 비교하자. 사실은 모두 같은 도표이지만 (b)도표는 (a)도표를 가로축으로 길게 그리고, (c)도표는 (a)도표를 세로축을 길게 확장한 것이다. 그 결과 (b)도표에서는 변화가 완만한 것처럼 그리고 (c)도표에서는 변화가 급격한 것처럼 보이게 하였다. 이와 같이 도표를 정확하게 읽지 않고 직관적인 느낌으로만 판단하면 사실을 제대로 파악하기가 어렵다. 특히 상업적 혹은 정치적 광고를 판단할 때 이런 오류가 발생하기 쉽다.

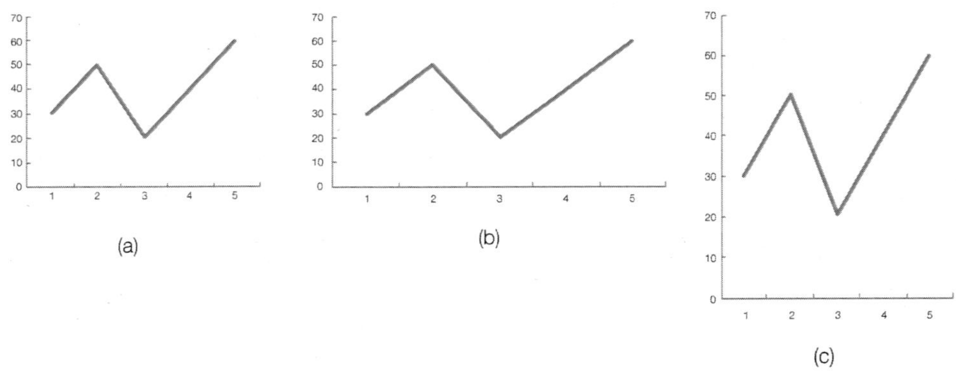


**[그림 6-2] 다르게 보이는 동일한 정보의 도표**

이제 상관관계를 나타내는 자료가 인과관계로 잘못 해석되는 예를 살펴보자. '폭력적인 내용의 TV를 시청한 아동들이 그렇지 않은 아동들에 비해 더 공격적이라는 연구결과가 나왔다.' 는 내용을 어떻게 해석할 것인가? 보통은 폭력적인 내용의 TV를 시청하였기 때문에 아동들이 더 공격적이 된 것으로 원인과 결과를 분석할 것이다. 그러나 이러한 분석이 반드시 맞는 것은 아니다. 왜냐하면 공격적인 아동들이 폭력적인 내용의 TV를 보는 것을 더 좋아할 수도 있기 때문이다. 따라서 이를 원인과 결과로 해석할 것이 아니라 단순히 상관관계가 높은 것으로 이해해야 할 것이다. 실제로 상관관계를 인과관계로 해석하는 오류가 많이 발생한다.

위의 내용을 인과관계로 해석하기 위해서는 실험연구를 했어야 한다. 즉, 두 집단의 아동들이 있을 때 한 집단에게는 폭력물을 시청하게 하고 다른 아동들에게는 폭력적이지 않은 내용을 시청하게 한 후, 이들이 공격적인 행동에 있어 차이를 보이는지 알아보았어야 했다. 물론 이 두 집단은 무선표집에 의해 구성되어야 한다는 조건을 만족해야 한다. 무선표집에서는 두 집단 중 어느 집단에 배정될 것인지 확률이 같기 때문에 실험 전에 두 집단의 폭력적인 정도는 통계적으로 의미 있는 차이를 보이지 않게 된다. 물론 이 외에도 모든 폭력적인 내용의 TV 프로그램이 공격성을 높이는가, 공격성이라면 신체적 공격성, 언어폭력 등 다양한데 무엇을 의미하는가 등을 세심하게 따져 봐야 할 것이다.

또 다른 예를 들어 보자. '교수들에게 조사해 본 결과 깔끔하게 작성된 보고서에 대한 평점이 높았다. 그러므로 보고서는 깔끔하게 작성해야 한다.' 이 주장의 타당성을 검토해 보자. 물론 깔끔하게 작성된 보고서가 교수들에게 좋은 인상을 주어서 높은 평점을 받았을 수 있지만 이를 다르게 해석할 수도 있을 것이다. 즉, 보고서를 깔끔하게 작성한 학생은 보고서를 작성할 때 진지한 마음으로 자료도 더 찾고 문장도 논리적으로 작성하는 등 보고서의 내용이 더 우수했을 수도 있다. 그리고 교수는 우수한 내용 때문에 좋은 평점을 주었을 수도 있다는 것이다.

앞에 제시되는 예들처럼 그냥 별 생각 없이 보기에는 모두 맞는 내용을 전달하는 것처럼 보이지만, 사실은 정보를 왜곡시키거나 근거 없는 비약을 포함하고 있다는 것을 알 수 있다. 따라서 글을 읽을 때나 어떤 자료를 근거로 판단을 내릴 때 반드시 글이나 의견에서 내린 결론을 지지할 만한 충분한 근거를 제시하고 있는지 여부를 확인해야 한다.

### 2) 논리성의 평가

글을 읽을 때나 타인의 생각을 평가할 때 그 주장과 내용전개가 논리적인지 여부를 항상 따져 보아야 한다. 논리성 여부를 따지지 않고 무비판적으로 글을 읽거나 타인의 의견을 듣는 경우, 많은 맹점을 지니고 있는 진술이라도 맹목적으로 수긍하거나 찬성하는 오류를 범할 수 있다. 다음에 제시되는 진술은 논리적 추론의 예다.

송명자(1995)는 논리적 추론 중 조건부 타당성의 평가를 다루는 명제적 사고의 예를 다음과 같이 들고 있다. 다음의 명제들의 옳고 그름을 판단해 보자.

① 만일 비가 오면 보도가 젖을 것이다. (만일 A이면 B이다.)
② 만일 보도가 젖어 있으면 비가 오고 있는 것이다. (만일 B이면 A이다.)
③ 만일 비가 오지 않으면 보도가 젖지 않을 것이다. (만일 A가 아니면 B도 아니다.)
④ 만일 보도가 젖어 있지 않으면 비가 오고 있지 않는 것이다. (만일 B가 아니면 A도 아니다.)

위의 예에서 ①과 ④는 논리적으로 맞다. ②와 ③은 비가 오지 않았더라도 누군가가 길에 물을 부었다면 보도가 젖을 수 있기 때문에 항상 옳은 것은 아니다. 예를 들어, '투자를 잘하면 부자가 된다.'는 주장에서 '어떤 사람이 부자이면 그는 투자를 잘했기 때문이다.'라는 추론을 했다면 이는 논리적으로 옳은 추론일까? 이 주장은 '만일 B이면 A이다.'라는 주장(②)에 해당되는 것으로 항상 옳은 것은 아니다. 즉, 어떤 사람이 부자일 때 꼭 그가 투자를 잘했기 때문은 아니라는 것이다. 예를 들어, 절약을 하면서 살았기 때문에 부자가 되었을 수도 있다.

논리적 추론을 할 때는 판단의 근거가 될 수 있는 가능한 한 많은 자료들을 체계적으로 검토하여 결론을 내려야 한다. 예를 들어, 어떤 영화를 보고 그 영화가 마음에 들었는지 질문을 받는다면 그 질문에 답하기 위해 어떤 과정을 거치겠는가? 한 가지 방법으로 자신의 마음에 들었던 점들과 그렇지 않았던 점들을 모두 적어 놓고 어느 부분의 목록이 더 긴가를 판단하여 결정을 내릴 수 있을 것이다. 그러나 대부분의 사람들은 이렇게 체계적인 방법을 사용하지 않고 '직관적'인 판단에 의해 답을 한다. 이를 Tversky와 Kahneman(1982)은 '판단을 위한 발견적 전략'이라고 설명하였다. 즉, 대부분의 사람들은 모든 자료를 체계적으로 검토하여 판단하는 것이 아니라 비교적 빠르게 결론을 내리기 위해 나름대로의 전략을 사용한다는 것이다. 문제는 이 전략이 잘못되었을 때 판단의 오류가 생길 수 있다는 것이다.

Tversky와 Kahneman은 다음과 같은 실험에서 판단의 오류를 발견할 수 있었다.

그들은 사람들이 상황판단을 할 때 자신이 더 자주 접하거나 구체적으로 진술된 대상을 그렇지 않은 대상에 비해 더 중요한 것으로 인식하는 경향이 있다는 것을 발견하였다. 한 신문사에서 독자들에게 인도네시아, 스웨덴, 이스라엘 그리고 나이지리아의 인구가 어느 정도 되는지 추정해 보도록 하였다. 실험결과, 그 해 신문에 각 나라가 보도된 정도와 그 나라들의 추정된 인구수가 비례하는 것을 확인하였다. 즉, 많이 보도된 나라는 더 중요한 나라로 인식되었고 그의 인구수도 실제보다 더 많다고 추정되었다.

주어진 정보를 활용하여 판단하는 또 다른 예를 들어 보자. 이 예는 한 실험에서 "미숙은 31세이고, 독신이며, 활달하고, 똑똑한 처녀다. 대학에서는 철학을 전공했고, 학창시절에는 사회정의와 여권을 세우기 위한 학생운동에 깊이 관여했고, 반핵반전 시위에도 참여했다. 그녀의 현재의 모습을 더 잘 묘사하는 것은 어느 것인가?" 라는 질문을 하였다.

A: 미숙은 신문기자다.

B: 미숙은 신문기자이자 여권운동에 적극 나서고 있다(한규석, 2002 재인용).

Tversky와 Kahneman는 이 문제를 86명에게 제시하였는데, 조사 결과 90%가 B라는 대답을 하였다. 과연 B가 옳을 가능성이 더 큰가? B가 옳을 가능성은 사실 A가 옳을 가능성보다 더 낮다. 그러나 대부분의 사람들은 한 가지 사실에 다른 부차적인 정보가 추가되면 더욱 구체적이고 이것이 사실일 가능성이 더 높아진다고 판단한다는 것이다.

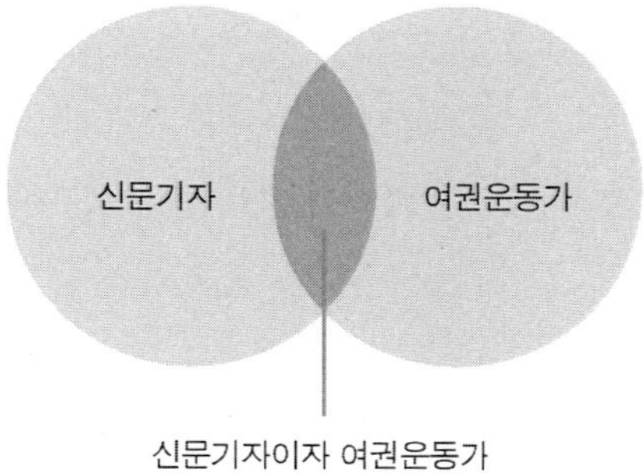

다음 소개되는 예와 같이 판단의 근거가 되는 기준가에 따라서 사람들의 판단이 달라지기도 한다. 한 실험에서 사람들에게 핵전쟁이 일어날 확률이 1%보다 더 큰지 혹은 작은지를 물어본 경우와 90%를 기준으로 물어본 경우에서 90%를 기준으로 추측하게 한 추정치가 훨씬 더 높게 나왔다. 이 실험에서 이른바 '기준가 효과' 가 발생한 것이다.

다시 한 번 간단한 실험을 해 보자. 친구들에게 1 × 2 × 3 × 4 × 5 × 6 × 7 × 8은 얼마인지 추측해 보도록 하자. 그리고 또 다른 친구들에게는 8 × 7 × 6 × 5 × 4 × 3 × 2 × 1의 값을 추측하게 해 보자. 그리고 각 집단의 평균값을 비교해 보자. Tversky와 Kahneman(1973)도 같은 실험을 한 결과 첫 번째 답의 평균은 512였고 두 번째 문제에 대한 답의 평균은 2,250이었다. 사실 같은 질문에 대한 답의 차이는 매우 컸다. 이는 사람들이 첫 번째 문제를 풀면서 대개 2 × 3 × 4까지 해서 24를 기준으로 하였고, 두 번째 문제에서는 8 × 7은 56을 기준으로 전체 곱셈의 값을 추정하였기 때문이다. 즉, 기준가를 어떻게 설정하였는가에 따라 추정치가 달라진다는 것이다.

앞에서 살펴본 것과 같이 사람들이 상황을 판단할 때 주어진 정보의 수, 정보를 제공하는 순서 그리고 판단의 근거가 되는 기준가 등에 따라 많은 오류를 범하게 된다. Tversky와 Kahneman은 이를 '정보 전략' '기준가 전략' 이라고 설명하며 대부분의 사람들이 상황을 판단할 때 비교적 빠르게 판단을 하기 위해서 이러한 전략들을 사용한다고 하였다. 따라서 비판적 사고를 하기 위해서는 사람들이 흔히 사용하는 이러한 전략들에 대해 의식하고, 필요에 따라서는 이런 전략을 사용하지 않도록 의도적으로 주의를 기울일 필요가 있다.

### 3) 가정의 평가

대부분의 주장들은 일정한 가정을 전제로 논리를 전개한다. 따라서 논리의 전개가 완벽하더라도 기초가 되는 가정이 옳지 않을 때에는 그 주장도 옳다고 볼 수 없다. 예를 들어, '사람들에게 필요한 기계를 발명하면 부자가 될 것이다.' 라는 문장에서 형식적 논리만을 적용한다면 옳은 내용을 주장하고 있다. 그러나 사람들이 필요한 물건을 개발하면 부자가 될 가능성이 있지만 항상 그렇다고는 볼 수 없다. 즉, 개발한 기계를 잘 판매했을 때만이 부자가 될 수 있는 것이다. 앞에서 예로 든 주장이 옳다고 판단하기 위해서는 기계의 발명뿐 아니라 판매를 잘하는 것이 가정되어야 한다. 비판적 사고를 하기 위해서는 논리적 허점을 살펴보는 것 외에도 가정에 대한 비판적 사고가 요구된다.

다음의 예를 살펴보자(Bransford & Stein, 1993). 두 정치인이 논쟁을 벌이는 과정에서 한 사람은 자신의 정당이 집권을 하는 기간에 노동자들의 임금이 30% 상승했다고 주장하는 반면에 다른 사람은 5%밖에 성장하지 않았다고 주장하였다. 사실 두 사람 모두 거짓말한 것은 아니었다. 그렇다면 어떻게 두 사람은 서로 다른 주장을 할 수 있었는가? 이는 한 사람은 물가인상률을 포함시켰고 다른 사람은 그렇지 않았기 때문이다. 이와 같이 비율을 제시하며 논쟁을 벌일 때 어떤 근거로 비율을 계산하였는지를 자세히 살펴보아야 한다.

예를 들어, 영수는 자신이 주식에 투자에 크게 돈을 벌었으니 철수에게도 주식에 투자하라고 권하였다. 그러나 영수의 경우 금리가 낮고 부동산 가격이 안정되었던 조건이 함께 작용한 것이었다면, 철수도 주식에 투자를 하기 전에 적어도 이러한 조건이 전제되었는지 살펴보아야 할 것이다.

다음의 문장이 맞는 내용이기 위해서는 무엇이 가정되어야 할까?

- 바닥을 걸레질을 했더니 더 더러워졌다.
- 숙자가 다림질을 해서 옷이 구겨졌다.

이 두 문장을 처음 읽을 때에는 말이 안 된다고 생각하기 쉽다. 그러나 처음 문장에서 걸레가 이미 더러웠었다면 그리고 두 번째 문장에서는 숙자가 다림질을 잘 못하는 사람이라면 이 두 문장 모두 맞는 내용이 될 수 있다. 따라서 어떤 주장이 옳은가를 판단하기 위해서는 그 주장의 토대가 되는 가정이 옳은지 확인하는 것이 필요하다.

Oskamp는 심리학자, 심리학 대학원생 그리고 심리학 대학생에게 심리적 문제를 갖고 있는 사람의 사례를 제시하면서 단계별로 시차를 두고 정보를 제공하였다. 1단계에서는 신상정보를, 2단계에서는 어린 시절, 3단계에서는 중·고등학교와 대학시절의 경험 그리고 4단계에서는 대학 졸업 후의 생활에 관한 정보를 주었다. 각 단계마다 정보를 제공하고 그 사람의 행동양식을 예측하게 하고 자신의 예측에 어느 정도 확신을 갖고 있는가를 보고하도록 하였다.

실험결과, 흥미롭게도 추가정보가 제공됨으로써 자신의 예측이 옳을 것이라는 자신감은 증가하였으나 실제 행동예측의 정확성은 증가하지 않았다. 즉, 정보가 추가됨으로써 자신이 그 사람에 대해 더 많이 알고 있고 따라서 자신의 판단이 정확할 것이라는 착각하게 된다는 것이다. 이와 같은 현상에 대해 Einhorn과 Hogarth(1978)는 사람들은 판단을 하기 위해 나름대로의 가설을 갖게 되는데 대부분 자신의 가설을 부정하는 정보는 대수롭지 않게 여기는 반면에, 자신의 생각을 뒷받침하는 정보는 더 비중 있게 수용하게 되고, 이러한 것이 누적되면 자신의 판단이 정확할 것이라는 확신을 갖게 된다는 것이다. 즉, 객관적인 증거에 의해 판단한다고 해도 많은 오류를 범할 수 있다는 것이다(한규석, 2002 재인용).

**연습문제**

'마네와 같은 인상파 화가들은 처음에는 인정받지 못하고 다른 사람들로부터 조롱받았다. 영수의 예술세계가 지금은 인정받지 못하지만 언젠가 빛을 발할 것이다.' 이 문장은 논리적인가? 이 문장이 맞는 문장이 되기 위해서는 어떤 가정이 전제되어야 하는가?

King과 Kitchener(1994)는 지식의 획득과 사고의 발달에 비판적 사고가 중요하다는 것을 강조하였다. 그들은 '전문가의 생각은 옳으니까 학생들은 이를 이해하고 수용해야 한다.' 는 자세를 갖지 않도록 유의해야 한다고 하였다. 즉, 수업 중 열심히 듣고 암기하는 것만으로 지식을 얻는 것이 아니라는 것을 인식할 필요가 있다. 특히 학생들은 자신의 판단이 옳은가에 대해 성찰하며, 어떤 한 주장이 아무리 그 논리의 전개가 완벽하더라도 가정이 성립되지 않으면 정당하지 않다는 것을 인식해야 한다. '지식의

혼란'을 경험하는 것을 두려워하지 말고 비판적 사고를 하는 자세가 요구된다. 경우에 따라서는 학생들이 스스로 생각하고 자신의 견해를 갖기를 원할 때 교수자가 오히려 이러한 혼란을 유도할 수도 있다.

인간사회는 복잡하기 때문에, 특히 인문사회 영역에서의 지식은 복합적이고 답이 분명하지 않거나 정답이 없는 경우가 많다. 따라서 학습자는 다른 사람들의 주장에 대해서 비판적일 뿐 아니라 자신의 견해가 옳다는 것을 증명할 수 있는 근거를 찾고 자신의 생각에 대해서도 항상 비판적 자세를 갖는 것이 중요하다. 또한 다양한 사회문화적 배경을 갖고 있는 사람들의 생각이 다를 수 있다는 이른바 문화상대주의적 입장을 이해하는 것도 필요하다. 최근 특히 인터넷을 통해 많은 사람들이 정보의 홍수를 경험하게 되었다. 물론 인터넷을 통해 정보의 민주화는 이루어졌지만 사실과 다른 정보가 만연하고 있으므로 사용자는 이러한 정보를 사용할 때 더욱 주의해야 한다.

VanderStoep와 Pintrich(2003)는 비판적 사고를 연습하기 위해 다음과 같은 제안을 하였다.

- 수업 시간에 수동적으로만 앉아 있지 않는다. 강의를 들으면서 자신에게 많은 질문을 던지고 교수자에게도 질문한다.
- 토론에 참가함으로써 다른 사람들의 견해를 알게 될 뿐 아니라 자신의 생각을 논리적으로 표현하고 또 자신의 생각을 입증할 수 있는 증거를 제시하는 방법을 연습할 수 있다. 이때 다른 사람들이 이야기하는 것을 경청하는 태도를 갖는 것은 매우 중요하다.

- 비판적으로 사고하려는 의지를 갖는다. 비판적 사고를 하도록 스스로 격려하고, 얼른 결론에 이르려고 하는 유혹을 물리치며 끈질기게 생각하는 훈련이 필요하다.
- 자신의 사고에 대해서도 비판적인 태도를 유지한다. 다른 사람들의 견해에 대해서만 비판적인 태도를 갖는 것이 아니라 자신의 견해의 약점에 대해서도 잘 알고 있는 것이 중요하다. 자신이 문제에 대해 잘 알고 있는지, 객관적인 자세를 갖고 있는지 스스로 질문하는 것이 바람직하다.
- 비판을 위한 비판을 자제한다. 상대방 견해의 긍정적 측면이나 잠재적 역량을 무시하는 태도는 바람직하지 못하다. 다른 사람의 견해를 무시하고 비판함으로써 자신이 지적으로 보일 것이라는 생각은 오해다. 따라서 다른 사람의 견해에 대한 문제만 지적할 것이 아니라 어떻게 하면 더 좋은 아이디어가 될 수 있는지에 대한 건설적인 비판을 하는 것이 바람직하다.

이 장에서 중요하다고 생각되는 내용을 정리해 보자.

제 7 장

# 지식관리

영호는 최근에 신문에서 지식경영이라는 말을 자주 본다. "현대는 지식사회이므로 인적 자원을 활용하는 것이 경제의 사활을 결정한다."는 내용의 글에서 지식경영의 중요성이 자주 강조되는 것을 보았다. 사실 자신이 4년 동안 대학을 다니면서 쌓게 될 지식이 어마어마하게 많을 것이고 이를 잘 관리하는 것도 매우 중요하리라는 생각이 들었다. 전에 보고서를 쓰면서 어디에선가 읽었던 내용을 인용하려고 했었는데, 그 자료를 찾지 못하여 애를 먹었던 기억이 있다. 요즘 인터넷을 활용하면서 '정보의 바다'라는 말을 실감한다. 자신이 보고 들은 내용들을 잘 정리해놓아야 이를 활용할 수 있겠다고 생각하였다.

**체·크·리·스·트**

다음은 평소에 어떻게 지식관리를 하는지 알아보는 질문들이다. 다음과 같은 행동을 얼마나 자주 하는지 표시해 보자. 거의 하지 않을 때는 1번에, 가끔 할 때는 2번에, 종종 할 때는 3번에, 자주 할 때는 4번에 표시하면 된다.

| | 1 | 2 | 3 | 4 |
|---|---|---|---|---|
| 1. 책이나 인터넷에서 읽은 내용 중 흥미로운 내용을 메모해둔다. | | | | |
| 2. 중요한 정보를 어디에서 알게 되었는지 다음에 필요할 때 잘 찾을 수 있도록 그 출처도 함께 메모해둔다. | | | | |
| 3. 수첩이나 메모지를 갖고 다니면서 중요한 정보를 메모한다. | | | | |
| 4. 나는 기억력이 좋기 때문에 일일이 메모를 하는 것이 필요하지 않다고 생각한다. | | | | |
| 5. 흥미롭게 읽었는데도 한참 뒤에 어디에서 읽었는지 알 수 없는 경우가 있다. | | | | |
| 6. 내가 이미 알고 있는 것을 잘 정리해두는 것이 새로운 지식을 수용하는 것만큼 중요하다고 생각한다. | | | | |

위의 체크리스트에서 점수를 모두 합산하여 총점을 계산하는데, 4, 5번 문항은 역산을 한다. 즉, 1번에 표시하면 4점, 2번은 3점, 3번은 2점 그리고 4번에 표시했으면 1점으로 계산한다. 모두 6문항이므로 최고점이 24점, 최하가 6점이 될 것이다. 18점보다 낮을 경우에는 지식관리 태도를 개선할 필요가 있다.

## 1. 지식관리란?

지식사회에서 지식의 가치를 더 이상 강조할 필요는 없을 것이다. 특히 경제분야에서는 이미 그 중요성이 널리 인식되어 있다. 개인에게 있어서도 지식을 효율적으로 획득하여 전략적으로 관리하고 책임감 있게 활용하는 것은 매우 중요하다. 이는 공부를 마치고 사회에 진출해서도 경쟁력을 갖고 직업수행을 성공적으로 하기 위해 필수적이다. 평생교육 차원에서도 지식관리는 중요한 주제다. 따라서 학교에 다니면서 지식관리를 익히고 습관화하는 것은 매우 유익하다.

지식관리와 관련된 질문들은 다음과 같다.

- 자신에게 필요한 지식이 무엇인가?
- 그리고 그것을 어디서, 어떻게 획득할 것인가?
- 자신이 갖고 있는 지식을 어떻게 효율적으로 관리할 것인가?

다시 말해 지식관리는 자신에게 필요한 지식을 획득하고 이를 잘 정리하여 저장하고 필요할 때 인출할 수 있는가와 관련된 질문이다. 지식은 혼자 자료를 보고 분석하여 획득할 수도 있으나, 다른 사람들과의 대화를 통해서도 획득되는 경우가 많다. 지식관리와 관련된 또 하나의 주제는 어떻게 다른 사람들과의 상호작용을 통해 지식을 공유하고 더 나아가 시너지 효과를 가져올 수 있는가에 관한 것이다. 어찌 보면 누구나 이미 지식관리를 하고 있다. 그러나 이 장에서는 좀 더 의식적으로 혹은 체계적으로 지식관리를 하도록 유도하는 데 초점을 두었다.

지식과 유사한 의미로 많이 쓰는 개념이 데이터와 정보다. Rehäuser와 Kracmar(1996)는 지식과 데이터 그리고 정보의 차이를 다음과 같이 설명하였다.

- 데이터: 데이터는 보통 숫자나 글자로 이루어진 자료로 아직 이것이 어떻게 응용될 수 있는지 알 수 없는 상태이기 때문에 그 자체로는 어떠한 의미도 갖지 못한다. 이것이 특정한 목적으로(예를 들어, 문제해결을 위해) 사용될 수 있게 되면 정보로서의 가치를 갖게 된다.
- 정보: 정보는 지식을 창출하기 위한 재료라고 할 수 있다. 정보가 활용되는 맥락에서 조합될 때 지식이 생성된다.
- 지식: 정보가 의미 있는지 평가된 후에 지식으로 전환된다. 정보가 지식으로 전환될 때 선택, 비교, 평가, 교환, 조합의 과정을 거친다. 정보가 아무리 많이 주어져도 이를 이해하지 못하고 일련의 과정을 통과하지 못하면 지식으로 전환되지 않는다.

## 2. 지식의 종류

### 1) 서술적 지식과 절차적 지식

서술적 지식은 사실, 개념에 관한 지식으로 보통 'know what' 이라고 할 때 what에 해당되는 것이다. 절차적 지식은 절차나 과정에 관한 지식으로 보통 'know how' 라고 할 때 how에 해당되는 내용이다. 절차적 지식은 단계적으로 구성된 연습과정을 통해 획득되고, 일단 숙달되면 자동화되기 때문에 세세한 부분까지는 의식적 통제가 이루어지지 않는다. 서술적 지식을 갖고 있다고 해서 자동적으로 절차적 지식으로 연결되는 것은 아니다.

예를 들어, 자동차를 운전하는 방법을 줄줄 외우고 있다고 해서 실제적으로 자동차를 운전할 수 있는 것은 아니다. 이때 자동차를 운전하는 방법을 종이에 써서 외었다면 이는 단지 서술적 지식으로서만 알고 있는 것에 불과하다. 즉, 자동차 운전은 실제로 운전석에 앉아서 필요한 작동을 하고, 실제 거리에서 상황을 판단하며 대처하는 것을 연습해야만 가능하다. 자동차 운전에 익숙해지면 많은 기본 동작을 자동적으로 수행할 수 있게 된다. 비슷한 예로 영어문법에 관한 지식을 들 수 있다. 영어문법에 대해서 많이 알고 있다고 해서 이를 자유롭게 사용할 수 있는 것을 의미하지 않는다. 문법에 관한 지식은 서술적 지식이고 이를 활용하여 말을 하거나 글을 쓰는 것은 절차적 지식이다. 따라서 문법에 관한 서술적 지식만 가르치는 것은 반쪽자리 영어교육이라고 할 수 있다.

### 2) 개인적 지식과 조직의 지식

조직의 지식이란 개개인이 알고 있는 것을 넘어서 한 조직원들이 공유하고 있는 지식을 의미한다. 조직의 지식은 개인적 지식의 합을 의미하지 않는다. 한 개인이 열심히 연구하거나 시행착오를 거쳐 알게 된 지식을 다른 조직원과 공유하지 않으면 다른 조직원 역시 개인적으로 연구하거나 시행착오를 거쳐야만 알 수 있다. 따라서 이는 전체 조직의 차원에서 낭비라고 할 수 있는데, 한 조직의 문화가 지나치게 경쟁적이라면 개인적 지식이 조직의 지식으로 전환되기 힘들다. 이럴 때 이 조직은 비효율적으로 운영될 수밖에 없다. 따라서 조직 내의 지식을 투명하게 모으고 나누는 문화를 형성하는 것이 한 조직의 지식경영에 매우 중요한 과제라 할 수 있다. 조직에서의 지식경영은 자원이 되는 조직원의 지식을 의식적으로, 체계적으로 관리하고 이를 목적에 맞게 활용하는 것을 의미한다. 즉, 조직 내의 학습문화를 형성하여 조직원 개개인의 능력과 지식을 함양하는 것 외에도 이를 서로 공유하여 효율적으로 관리하는 것이 중요하다.

이 책에서는 주로 지식관리의 개인적 차원에 대해서 다루려고 한다. 특히 지식표상에 해당되는 내용으로 지식을 다양한 모드로 부호화하여 저장하고 이를 필요할 때 인출할 수 있도록 효율적으로 관리하는 방법에 대해서 소개하려고 한다.

자신의 지식을 어디서 찾을 수 있을지 아는 것을 지식기반에 대한 메타지식이라고 할 수 있다. 즉, 메타지식을 갖고 있는 사람들이 효율적으로 지식관리를 할 수 있다고 볼 수 있다. 물론 자신이 갖고 있는 지식의 범위가 한정되어 있을 때에는 굳이 이를 관리할 필요가 없을 것이다. 그러나 예를 들어 논문을 작성하는 것과 같이 자료의 양이 많을 때 이를 잘 관리하지 않으면 나중에 어디에서 다시 그 자료를 찾아야 할지 난감할 수 있다. 보고서를 작성하거나 논문을 쓰는 것과 같이 많은 정보를 기초로 지식을 구성하는 경우 자신이 수집한 정보를 잘 정리하여 이를 필요할 때 꺼내 활용하는 것이 매우 중요하다. 이때 각 정보가 어떤 의미를 갖는가, 어떤 맥락에서 활용할 것인가를 표시해두면 효과적일 것이다.

또한 매일매일의 생활 속에서 책이나 다른 매체를 통해 많은 지식을 획득하게 되는데, 설사 이를 메모해 놓는다고 해도 나중에 이를 찾지 못하거나 혹은 메모지를 다 모아 놓는다고 해도 이들이 체계적으로 정리되지 않았을 때에는 모아둔 메모지를 모두 뒤져보아야 하는 번거로운 작업을 해야 한다. 따라서 평소에 자신이 획득한 지식을 체계적으로 정리하는 습관을 들이는 것이 중요하다.

## 3. 자료관리

지식사회에서는 지식의 가치가 상승하고 이에 따라 학습에 필요한 자료들이 날로 증가하고 있다. 요즘은 know how 외에도 know where가 중요하다고 하듯이, 자신에게 필요한 자료를 어디에서 찾을 수 있는지 알고 있는 것도 상당히 중요하다. 즉, 자신이 이미 수집한 자료를 잘 정리해서 자료에 대한 전체적인 윤곽을 갖고 있는 것이 좋다. 그렇지 않은 경우 언젠가 들어 본 일이 있고, 그에 대한 자료를 어딘가에 갖고 있다는 것을 알고 있는데, 이를 바로 찾지 못하거나 많은 시간을 들여서야 찾아내는 경우가 발생할 수 있다.

중·고등학생들은 과목별로 메모하고 노트정리하면서 다양한 색깔을 활용하여 내용을 일목요연하게 정리하는 것으로 충분할 것이다. 그러나 자료의 양이 많아지면 이를 조직화하는 것이 필요하다. 조직화할 때는 자료의 비중과 양을 고려해야 한다. 컴퓨터로 자료를 정리할 때 위계화된 폴더를 활용하여 정리를 하는 것과 같이, 서면 자료도 위계화하여 정리한다. 이때 견출지 등을 활용하여 내용을 구분한다. 필요에 따라 정리된 자료 앞에 간단한 요약을 첨부한다. 이와는 별도로 자료들의 조직도를 만들어 놓는 것도 좋을 것이다.

### 1) 조직도의 활용

조직도를 만들 때에는 자료의 핵심어를 중심으로 만드는 것이 좋다. 또한 주기적으로 자신이 어떤 자료를 갖고 있는지 다시 한 번 살펴보고 재분류하든지 필요 없는 것은 자료 모음에서 빼는 것도 자료에 대한 전체적인 윤곽을 파악하는 데 도움이 된다.

### 2) 자료카드의 활용

카드에 중요한 정보를 입력하고 이를 체계적으로 관리한다. 자료카드를 활용할 때의 장점은 전체적인 윤곽을 파악할 수 있고 관리가 쉽다는 것이다. 자료카드를 정리할 때 가나다 순으로도 할 수 있고 자료의 영역에 따라 구별할 수도 있다.

자료카드의 예로 참고문헌 카드를 들 수 있다. 참고문헌 카드는 보고서나 논문과 같이 비교적 오랜 시간에 걸쳐 작업해야 할 때 참고문헌을 정리하는 데 활용하면 좋다. 참고문헌마다 저자의 이름, 책제목, 출판 연도와 출판사, 자료를 빌린 장소(예: 도서관)와 색인번호를 기록한다. 참고문헌의 내용을 주제별로 정리하면 다음에 다른 작업을 할 때 주제별로 다시 재정리를 할 수 있어서 좋다. 주제별로 정리하면서 자신의 수행하고 있는 과제물이나 보고서의 목차와 연결하여 카드에 별도로 작게 기입해두는 방법도 있다. 이렇게 하면 자신이 작성하려고 하는 보고서 내용의 어느 영역에 어느 정도 자료가 수집되었는지도 체크할 수 있다. 주제별 카드는 다음과 같이 주제, 참고문헌, 자료내용의 요약, 자신의 메모로 구성하여 작성할 수 있다.

주제: 원격교육

참고문헌

저자: 김혜온

서명: e-러닝의 심리학적 기초

출판사: 학지사(2007)

내용 요약

제1장: e-러닝의 역사, 특성, e-러닝 프로그램의 종류

제2장: e-러닝을 위한 교수설계

제3장: e-러닝 환경에서의 학습자 특성

제4장: e-러닝 환경 구성의 심리학적 원리

제5장: e-러닝 콘텐츠 개발

제6장: e-러닝 환경의 평가

나의 메모

e-러닝 환경 구성을 위한 기본 원리와 e-러닝 콘텐츠(텍스트, 음향, 그림, 도표, 비디오, 애니메이션 등)를 개발할 때 유의사항, e-러닝 환경에서 수업할 때 학습자를 이해하는 데 도움이 됨. 보고서 목차 제3장과 관련됨

자료의 내용 중 특히 인용하려는 부분이 있을 때는 이를 적어 놓고 그 내용이 들어 있는 쪽수도 함께 기록해둔다. 자료카드는 한쪽 면만 사용하여 작성한다.

## 4. 지식의 시각화

지식을 관리하는 데 흔히 사용하는 방법이 지식을 시각화하는 것이다. 이들 방법의 장점은 자신이 필요한 지식을 쉽게 찾고 지식의 출처도 함께 기록하여 자신이 필요한 내용을 어디서 찾을 수 있는지 알 수 있다는 것이다. 물론 계속해서 새로 획득한 지식을 입력하여 업데이트시키는 것이 중요하다.

최근에 e-러닝이 확대됨에 따라 인터넷을 통해 정보를 얻는 일이 자주 있다. 학습에 유용한 정보를 찾아서 이를 기초로 자신이 필요한 지식기반을 구성하는 것은 성공적인 학습을 위해 매우 중요한 능력이 되었다(Zimmer, 2004). 특히 현대와 같은 정보화 사회에서는 자신에게 필요한 정보를 찾아서 수집하고 구조화하며 이를 잘 관리하여 필요할 때 활용하는 것이 요구된다. 물론 이때 필요한 정보가 무엇인지 알아야 정보의 바다에서 유용한 정보를 선택할 수 있다.

정보를 정리하는 방법에는 예를 들어 책을 읽으면서 중요한 내용을 요약하는 방법이 있다. 혹은 브레인스토밍 등의 방법을 활용하여 생각나는 아이디어들을 기록하기도 한다. 기록한 목록이 너무 길 경우 주제별로 모아서 정리하면 한눈에 그 내용을 파악할 수 있다. 그러나 장시간에 걸쳐서 자료를 모으면 나중에 그 자료를 어디에서 찾을 수 있는지 모르거나 현재의 과제를 수행하는 데 어떤 자료가 얼마나 중요한지 기억하지 못할 수도 있다. 따라서 필요할 때 어떤 자료를 활용하는 것이 좋은지 기억해 내고 자료들 속에 들어 있는 정보를 현재의 필요에 맞추어 재구성하는 능력이 필요하다.

### 1) 마인드맵과 개념도

지식구조의 시각화를 위해 마인드맵과 개념도(concept map)를 활용할 수 있다. 마인드맵과 같은 도구를 활용했을 때의 장점은 다음과 같다.

- 정보의 조직화: 정보들의 관계를 탐색할 수 있다.
- 정보의 축소: 중요한 정보를 추려서 요약한다.
- 정교화: 새로 입력한 정보와 자신의 사전지식을 연결할 수 있다.
- 심층적인 정보처리: 정보의 이해를 더 깊게 할 수 있다.

텍스트의 내용을 마인드맵을 활용하여 시각적으로 구성함으로써 다양한 모드로 정보를 저장할 수 있고, 그 내용을 기억하는 데 더 유리하게 된다. [그림 7-1]은 책의 한 장의 내용을 마인드맵으로 정리한 예다.

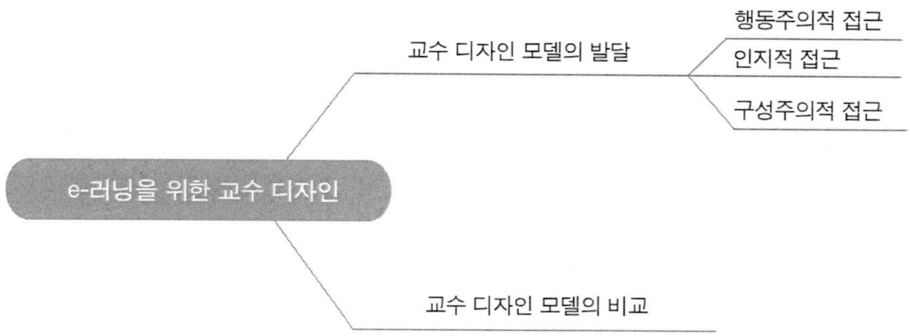


**[그림 7-1] 마인드맵의 예**

마인드맵은 중앙에 중심 개념이 있고 이곳으로부터 가지를 쳐서 관계되는 개념들을 배치하고 또 다시 이 개념들로부터 가지를 쳐 나갈 수 있다. 마인드맵은 사고의 연상작용과 유사하다(Buzan & Buzan, 2002). 예를 들어, 브레인스토밍과 같은 방법으로 생각을 계속 발전시킨다면 마인드맵을 활용하는 것이 좋다. 마인드맵의 제작법에 대해서는 제2장에서 자세하게 다루었다.

개념도에서는 인간의 지식구조가 위계적인 구조를 갖고 있다는 생각에서 만들어진 도구로 상위개념과 하위개념으로 구성되고 이들 간의 관계를(예: '~의 예다' '~의 결과다') 표시한다. 개념도는 체계적이고 분석적인 내용을 정리할 때 유리하다. 개념도를 활용하면 중요한 내용만 정리하여 기억하기에 좋고 또 각 개념들의 논리적 관계를 표시해야 하기 때문에 그 내용을 더 깊이 있게 이해할 수 있다.

개념도를 의과대학 공부에 적용한 예도 있다. 모두 4개 영역으로 나누어 첫 번째 영역에는 진찰, 검사결과를 정리하고 두 번째 영역에는 진단가설을 기록한다. 세 번째 영역에는 진단가설을 뒷받침하는 진찰, 검사결과를 그리고 네 번째 영역에는 진단가설과 모순되는 내용을 정리한다. 이렇게 정리했을 때 학습내용에 대한 윤곽을 더 잘 파악하고 필요할 때 정보를 보다 효율적으로 활용하는 것이 관찰되었다(Fischer et al., 1996).

### 2) 컴퓨터를 활용한 지식관리

마인드맵과 개념도는 연필과 종이 혹은 컴퓨터를 활용하여 제작할 수 있다. 컴퓨터를 활용하는 것은 프로그램을 배워야 하고 컴퓨터를 켜야 하는 등 번거로운 점도 있으나, 수정을 자주 해야 하거나 e-mail 등으로 보내는 경우 그리고 인쇄하는 경우에는 더 유리하다. 이러한 맵핑(mapping) 기술은 이른바 자원관리 차원에서 활용될 수 있다(Burkhard, 2005). 정보화 시대에서는 자신이 필요한 정보를 어디에서 구할 수 있는가를 아는 것이 매우 중요하다. 이러한 정보는 필요한 자료가 저장되어 있는 컴퓨터 폴더, 필요한 웹사이트 주소, 책이름 등 다양한 내용을 포함할 수 있다. 다음은 Tergan(2005)의 모델을 기초로 자원관리 모델을 구성한 것이다.

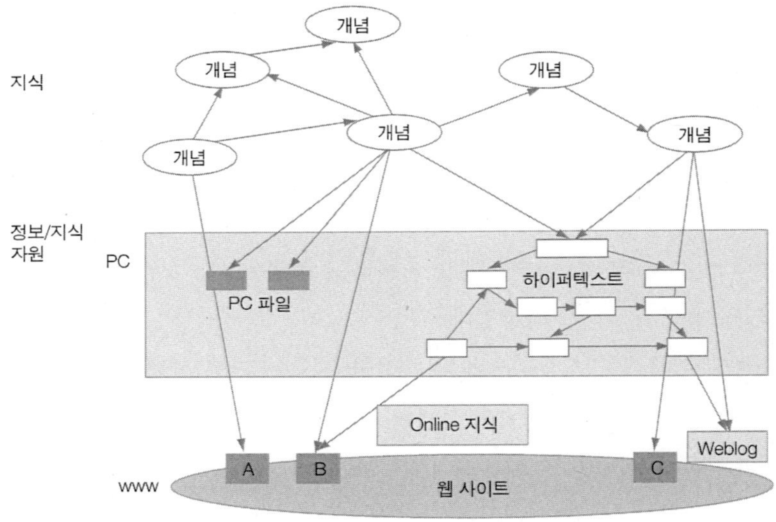


**[그림 7-2] 맵핑 기술을 활용한 정보/지식 자원관리**

맵핑 작업은 컴퓨터를 활용한 프로그램에서도 할 수 있다. 예를 들면, CampTools라는 소프트웨어는 개념도를 만드는 프로그램이다(Cañas et al., 2005). CampTools는 인간과 기계인지연구소(Institut for Human and Machine Cognition)에서 개발되었으며, 교육적인 목적으로 인터넷을 통해 다운로드 받아서 사용할 수 있다(http://camp.ihm.us).

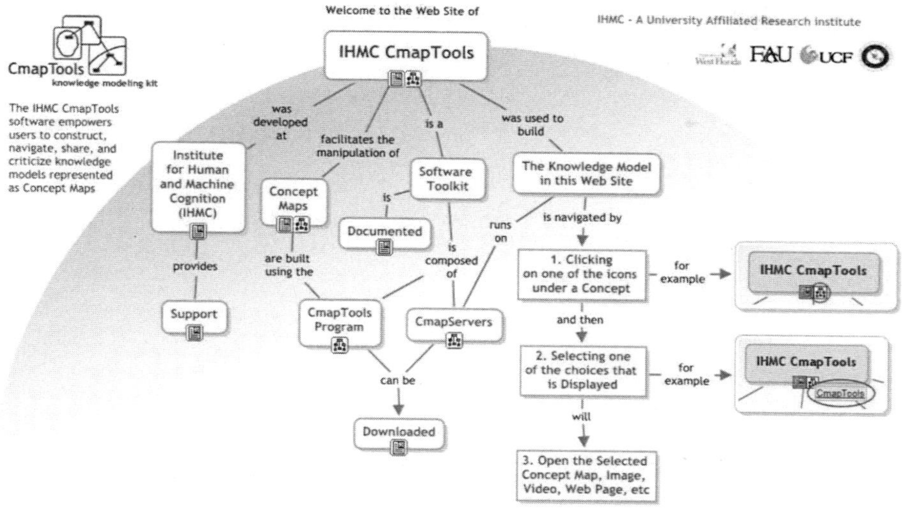


[그림 7-3] CampTools를 개발한 인간과 기계인지연구소 홈페이지

CampTools를 활용하면 자신의 지식과 이와 관련된 정보를 시각화할 수 있으며, 이를 통해 지식과 정보를 효율적으로 관리할 수 있다. 개념도를 통해 방대한 지식과 정보를 표상하며 개념도의 요소들 사이를 자유롭게 이동하면서 필요한 정보를 입력 혹은 인출할 수 있다. 또한 이 프로그램을 이용하여 인터넷을 통해 여러 사람이 함께 개념도를 공동 제작할 수도 있다.

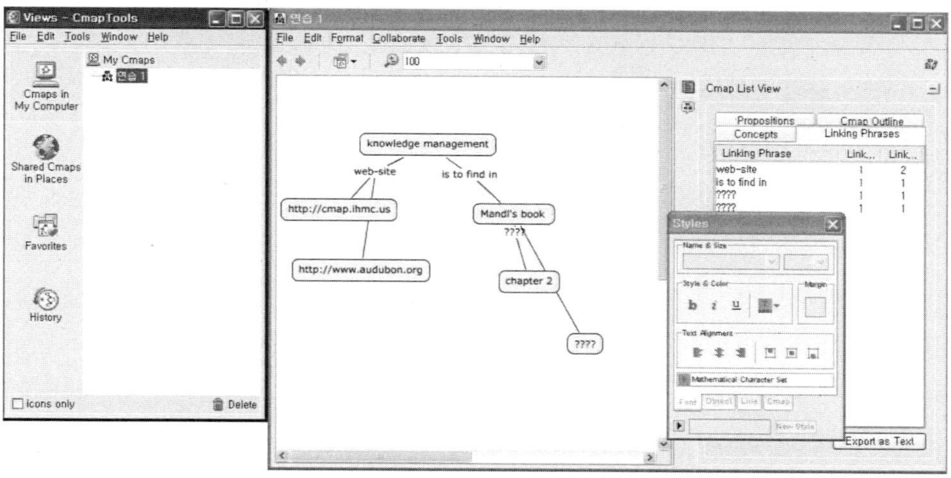


[그림 7-4] CampTools를 활용한 개념도 제작과정

연습문제

CampTools를 활용하여 이번 학기 보고서 제출을 위한 자료들의 개념도를 작성해 보자.

흥미로운 것은 개념도 안에 멀티미디어 자료도 하위개념도로 연결시킬 수 있고 해당 개념을 클릭하여 하위 개념도를 활성화시킬 수 있다는 점이다. 또한 이 프로그램에서는 각 개념과 관련된 정보를 다양한 형태(텍스트, 파워포인트 자료, 그림파일 등)로 내장할 수 있다.

CampTools을 활용한 다른 예를 살펴보면 미국의 NASA의 'CMEX 지식 모델' 이 있다. 이는 NASA에서 화성에 관한 지식을 개념도로 표상해 놓은 것이다. Cañas 등(2005)에 의하면, 100개 이상의 개념에 600MB 이상의 자료가 저장되어 있다. 이 자료들은 텍스트 자료뿐 아니라 사진 등의 멀티미디어 자료들을 포함하며, 그림에 표시된 바와 같이 어떤 개념에는 다시 하위 개념도가 포함되어 있기도 한다. 이러한 개념도를 사용하면 자료를 첨가하는 것도 자유롭고 또 개념도를 제작하지 않은 사람들도 쉽게 자료들을 찾아볼 수 있어서 집단에서도 지식을 공유하고 관리하는 것이 용이하다.

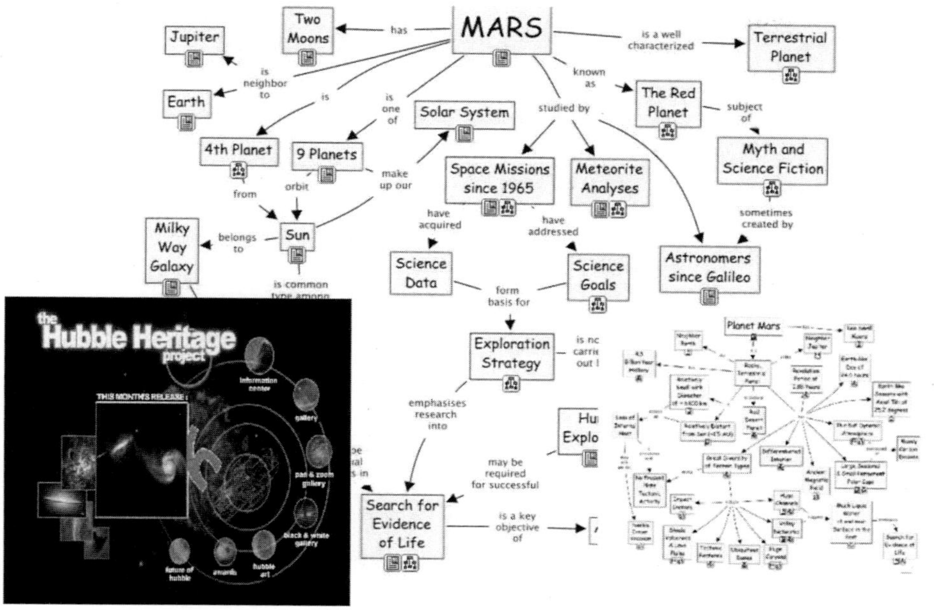


[그림 7-5] CampTools를 활용하여 제작된 화성에 관한 지식 개념도의 일부

출처: http://electra.ihmc.us/servlet/SBReadResourceServlet?rid=1025200982541_1362229057_2086&partName=htmltext

물론 개념도를 활용하여 지식과 자료를 관리하기 위해서는 자료를 수집하고 선택하며 평가하여 정리하는 것이 요구된다. 개념도 제작법은 http://cmap.ihmc.us/Support/Help/를 참고하면 된다.

이 장에서 중요하다고 생각되는 내용을 정리해 보자.

제8장

# 글읽기

영이는 독서를 취미라고 말할 정도로 책 읽는 것을 좋아한다. 만화책에서 소설책에 이르기까지 한번 손에 쥐면 끝까지 읽는 습관이 있다. 고등학교 때에는 입시 때문에 읽고 싶었던 책을 제대로 읽을 수가 없었다. 이제 대학생이 되었으니 책을 많이 읽어야겠다고 다짐했다. 그러나 첫 교양 수업에 사회과학에 관한 보고서를 작성하기 위해 책을 읽으면서 많은 어려움을 겪었다. 물론 내용이 좀 난해하다고 소문난 책이기는 하나, 읽을 때는 뭔가를 알 것 같았는데도 막상 책을 덮고 나면 무엇을 읽었는지 생각나지 않고 다른 사람들에게도 그 내용에 대해 이야기해 줄 수가 없었다. 더욱이 보고서 내용을 어떻게 구성해야 할지 막막했다.

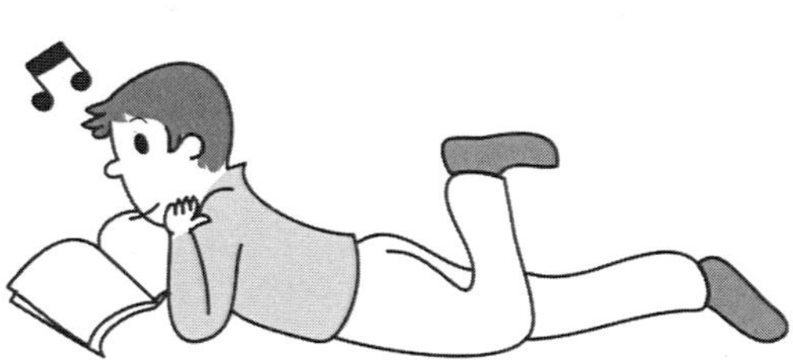

글을 읽는다는 것은 철자를 인식하고 단어의 뜻을 살핀 다음 문장의 구조를 파악하여 그 내용을 이해하는 과정을 포함한다. 그러나 글을 읽고 이해하는 것은 단순히 단어나 문장의 뜻을 파악하는 것 이상이다. 즉, 글을 읽고 중요한 내용, 원리, 이론 등을 중심으로 전체적인 내용을 이해할 수 있어야 한다.

글을 읽고 내용을 이해하기 위해서는 글의 중요한 내용에 주의를 기울일 뿐 아니라 글 속에 포함된 새로운 정보를 파악하기 위해 사전지식을 활용하는 것과 같은 복잡한 인지적 과정이 요구된다. 이 장에서는 글을 읽고 그 내용을 파악하기 위해 사용할 수 있는 효과적인 읽기전략에 대해 알아보려고 한다.

우선 자신이 평소에 글을 읽을 때 어떤 습관이 있는지 검토해 보자.

**체・크・리・스・트**

다음은 평소에 어떻게 책을 읽는지 알아보는 질문들이다. 책을 읽을 때 다음과 같은 행동을 얼마나 자주 하는지 표시해 보자. 거의 하지 않을 때는 1번에, 가끔 할 때는 2번에, 종종 할 때는 3번에, 자주 할 때는 4번에 표시하면 된다.

| | 1 | 2 | 3 | 4 |
|---|---|---|---|---|
| 1. 책을 읽기 전에 어떻게 하면 효과적으로 읽을 수 있을지 생각해 본다. | | | | |
| 2. 어려운 내용의 책을 읽을 때는 이에 맞추어 천천히 혹은 더욱 집중하여 읽는다. | | | | |
| 3. 책을 읽을 때 이해되지 않는 부분은 표시해 두었다가 다시 한 번 천천히 읽어 본다. | | | | |
| 4. 책의 내용을 이해했는지 확인하기 위해 스스로 질문해 본다. | | | | |
| 5. 책의 내용을 다른 책이나 강의 중에 들은 내용과 연결하여 생각한다. | | | | |
| 6. 책의 내용에 대한 구체적인 예를 찾아본다. | | | | |
| 7. 책의 내용을 내 말로 다시 설명해 본다. | | | | |
| 8. 책의 내용을 잘 기억하기 위해 중요한 부분은 요점정리를 해둔다. | | | | |
| 9. 책을 읽으면서 중요한 내용을 별도로 다시 정리한다. | | | | |
| 10. 글의 내용을 다시 한 번 비판적으로 생각해 본다. | | | | |

질문들에 대해 모두 답하였으면 이제 점수를 내 보자. 모두 10문항으로 최고점수는

40점이다. 30점 이상이면 양호한 편이나 책 읽는 방법을 개선하면 좀 더 효과적인 글 읽기를 할 수 있다. 중간 점수인 20점 이하의 점수를 받았다면 심각하게 자신의 글 읽기 전략을 검토해야 할 것이다.

## 1. 책을 읽기 전에 활용하는 전략

### 1) 목표 설정

읽기의 목표는 물론 내용의 이해에 있다. 따라서 마치 책을 읽는 기계처럼 책의 양을 기준으로 목표를 결정할 수 있는 것은 아니다. 그리고 또 하나 생각해야 될 점은 '왜 그 책을 읽으려고 하는가?' 라는 점이다. 막연히 '뭔가를 알기 위해서 책을 읽는다.' 고 말하는 것은 좋은 목표가 될 수 없다. 따라서 자신이 왜 그 책을 읽으려고 하는지에 대한 구체적인 목표를 생각해 봐야 한다.

아마도 학생들은 다음과 같은 목표로 책을 읽을 것이다.

- 시험(취업) 준비
- 보고서 작성
- 책의 내용에 대한 흥미
- 자투리 시간 채우기

저녁 때 이완된 마음으로 소설책을 읽는 것과 시험을 준비하거나 보고서를 작성하기 위해 책을 읽는 것은 다르다. 대개 학습상황에서는 새로운 지식을 획득하고 그 내용을 다양한 관점에서 이해하려고 한다. 따라서 이때에는 효율적으로 정보를 처리하면서 책을 읽어야 한다. 이와 같이 책을 읽는 목표와 글의 종류에 따라 읽기방법과 책을 읽는 전략이 달라진다.

학습 상황에서는 학습내용을 이해하기 위해 전체적으로 집중해서 읽는 것과는 달리, 사전은 필요한 정보를 얻기 위해 해당부분만을 상세하게 읽는다. 신문을 읽을 때에도 선택적으로 읽게 되지만 그래도 일단 무엇을 읽을 것인지 결정하기 위해 전체적으로 훑어본다. 반면 소설과 같이 줄거리를 따라가면서 읽을 때에는 선형적 읽기, 즉 문장 하나하나를 차례대로 그냥 읽어 나가게 된다.

제목만으로는 책의 내용을 알기 힘들 때가 종종 있다. 이때에는 우선 목차나 요약문을 읽어 보고 전체적인 윤곽을 살펴본다. 서문을 읽으면 이 책이 어떤 부분에 중점을 두었는가 그리고 어떤 방법으로 책 읽는 것을 권하고 있는가를 알 수 있다. 다음에 참고문헌을 훑어 보아 어떤 자료들에 기초하여 책의 내용이 구성되었는가를 살펴볼 수 있다. 또는 책 중간중간을 읽어 보고 저자의 문체를 살펴보는 것도 좋다. 이렇게 하면 저자가 이해하기 쉽게 글을 썼는지를 판단할 수 있다.

저자에 대한 정보도 중요하다. 그가 그 분야의 전문가인가 혹은 그의 다른 저서는 어떤 것들이 있는가를 알아본다. 출판사와 출판 연도에 관한 정보도 참고하는 것이 좋다. 특히 새로운 연구가 계속 발표되는 영역에서는 개정판인지 아닌지를 살펴보아야 할 것이다. 번역물인 경우에는 번역판뿐 아니라 원판의 출판 연도를 확인해야 한다. 물론 역사적인 의미를 지닌 출판물인 경우에는 이런 것들이 중요하지 않을 것이다. 이와 같은 작업들을 통해 자신이 선택한 책이 학습목표에 적합한지 판단할 수 있다.

### 2) 사전지식의 활용

이제 한 가지 실험을 하자. 다음의 글을 옆에 있는 사람에게 읽어 주면서 이 글의 주인공은 죄수라고 말해 주고 이야기 내용을 회상해 보라고 한다.

> 토니는 지금 탈출할 생각을 하고 있다. 그는 상황이 좋지 않다고 생각하면서 잠시 망설였다. 자기가 붙잡혀 있다는 사실이 참 괴로웠다. 지금 어려운 상황이기 때문에 때를 잘 잡아야 한다고 생각하였다. 자신이 실수를 했기 때문에 지금 이 상황에 처해 있는 것이라고 생각하니 너무 화가 났다. 상황은 점점 악화되어 절망적이지만 지금 움직여야 할 때라고 생각했고, 앞으로 몇 분 사이에 일어날 일들에 성패가 달렸다는 것을 감지했다.

이제는 다른 사람에게 같은 글을 읽어 주면서 이 글이 레슬링 경기 장면의 이야기라고 말하고 나서 이야기 내용을 회상해 보도록 한다. 그들이 기억해 낸 이야기를 비교해 보면 상당히 흥미로운 사실을 발견할 것이다. 대부분 회상된 이야기의 내용이 상당히 차이가 있을 것이다. 경우에 따라서는 글에 포함되지 않은 내용도 첨가되어 있을 수도 있다. 이야기를 들으면서 죄수 혹은 레슬링 선수의 이야기라고 말해 준 것이 이야기를 듣고 이해하는 데 상당히 영향을 미쳤음을 알 수 있다. 이와 같이 짧은 글을 읽는 데에도 사전지식이 글을 이해하는 데 영향을 미치는 것을 보면 긴 글을 읽을 때에는 어떠할지 짐작이 갈 것이다.

Andre(1987)와 Bransford(1984)와 같은 심리학자는 글을 읽는 데 사전지식이 미치는 영향을 다음과 같이 정리하였다.

- 사전지식은 글의 어느 부분에 더 주의를 기울여서 읽어야 하는지를 결정하는 데 영향을 미친다.
- 글에 제시되지 않은 내용에 대해 추론할 때 사전지식이 사용된다.
- 사전지식은 내용을 재구성하는 데 영향을 미친다.
- 사전지식은 글의 내용을 요약하고 정리하여 기억하는 데 영향을 준다.

대부분의 사람들이 글을 읽을 때 글에 포함된 글자 혹은 단어를 그대로 기억해 내지는 않는다. 즉, 글을 읽으면서 자신이 중요하다고 생각하는 부분에 더 주의를 기울이고 글의 내용을 자신이 이해한 대로 재구성하게 되는데, 이 과정에서 학습자가 갖고 있는 사전지식이 활용된다. 경우에 따라서는 글에 포함되지 않은 내용도 사전지식에 근거하여 추론하기도 한다.

### (1) 사전지식의 활용 방법

그렇다면 어떻게 하면 사전지식을 효과적으로 활용할 것인가?

#### ① 선행조직자의 활용

선행조직자(advanced organizer)란 학습을 시작하기 전에 제시되는 학습내용의 전체적인 개관을 말하는데, 이러한 틀을 활용하여 새로 학습하는 내용을 효과적으로 수용할 수 있다. 이러한 효과를 글을 읽을 때에도 적용할 수 있다. 즉, 책을 읽을 때 바로 처음부터 정독을 시작하는 것이 아니라 우선 각 장의 제목, 도입글, 핵심개념 등으로 내용의 전체적인 윤곽을 파악하는 것이 좋다. 새로 입력한 정보를 이러한 틀, 즉 선행조직자에 배치하여 다른 정보들과 관련지어 저장하는 것이 낱낱으로 저장하는 것보다 기억하는 데에 훨씬 도움이 된다. 또한 선행조직자를 형성함으로써 책을 읽고 공부하려는 동기를 형성하는 데에도 도움이 된다. 경우에 따라서는 각 장의 마지막에 제시된 요약문을 미리 읽어 보고 본문을 읽는 것도 도움이 될 수 있다. 또한 자신이 지금 읽으려고 하는 내용에 대해 무엇을 알고 있는지 사전지식을 점검해 보는 것도 유익하다.

대부분의 교재에서는 학습을 시작하기 전에 학습에 대한 전체적인 윤곽이 제시된다. 학습내용을 포괄하는 내용이 추상적인 개념이나 목차 혹은 그림으로 제시될 수 있는데, 앞으로 학습할 내용을 동화하고 조직화하는 데 유용하다(Ausubel, 1968). 실험을 통한 연구에서 학습하기 전에 선행조직자로 학습내용을 소개하였을 때 학습효과가 더 컸다는 보고가 있었다(Dinnel & Glover, 1985). 따라서 본문을 읽기 전에 차례, 주요개념 등과 같이 미리 제시된 선행조직자를 활발하게 이용하는 것이 바람직하다.

② 질문하기

효과적으로 글을 읽기 위해 사전지식을 활용하는 방법으로 주제에 관해 자신이 아는 바를 적어 보는 방법이 있다. 또한 그 주제에 대해 자신이 더 알고 싶은 것을 정리해 보는 것도 능동적으로 책을 읽는 데 도움이 된다.

책을 읽기 전에 책을 통해서 무엇을 알고 싶은지 생각해 보고 이를 질문의 형태로 서술해 본다. 이로써 스스로에게 호기심을 자극하여 책을 읽고자 하는 동기를 증진할 수 있다. 또한 자신이 구성한 질문과 관련된 내용은 더 잘 기억한다는 연구결과들이 있다. 물론 책을 읽으면서도 질문을 첨가할 수 있다. 이러한 질문들이 앞에서 설명한 선행조직자로 기능할 수도 있다. 이는 마치 처음 여행 간 도시에서 지도를 보면서 어느 곳에 가 볼 것인지를 결정하는 것에도 비유될 수 있다. 이렇게 지도를 살펴본 후 그 도시의 전체적인 윤곽을 갖고 관광을 시작하는 것이 무작정 가서 계획 없이 눈에 뜨이는 대로 관광을 하는 것보다 더 체계적이고 흥미로울 수 있으며 나중에도 더 잘 기억할 수 있는 것과 같다.

연습문제

이번 학기 교재 한 권을 택하여 그 책을 통해서 알고 싶은 내용을 질문의 형태로 서술해 보자.

### 3) 글의 구조 검토

전공서적은 소설과 같은 문학작품과 글의 구조가 다르다. 또한 전공영역에 따라서도 책의 구성이 다르다. 책의 구성을 알기 위해서는 차례와 저자 서문을 읽어 보는 것도 한 방법이다. 예를 들어, 심리학개론 서적은 심리학의 각 영역별로 분류되어 정리되는 경우가 대부분이고, 음악사 서적은 시대별로 분류되어 각 시대의 특징이 서술되어 있는 경우가 많다.

내용 구성을 보기 위해서는 각 장, 절의 제목을 살펴보는 것이 중요하다. 이때 제목에 근거하여 각 장, 절이 어떤 내용을 포함할 것인지를 생각해 보는 것이 유익하다. 또한 각 장에서 주제가 바뀔 때 그 단락의 제목이 제시되어 있는 경우가 많은데, 이것은 저자가 각 단락을 내용 면에서 구별하고자 하는 의도가 있었기 때문이다. 따라서 각 장, 절, 단락의 제목을 통해 책의 내용을 위계적으로 파악하는 것이 책의 구조를 이해하는 데 도움이 된다.

이 외에도 저자의 서문을 읽어 보면 저자가 어떤 관점에서 책을 저술하였는가를 알 수 있다. 예를 들어, 미술사에 관한 책에서도 저자가 각 시대 화풍의 특징을 서술하는 데에 초점을 맞추었는지 혹은 각 시대의 정치사회적 배경과 화풍의 변화를 연결하여 설명하려고 했는지를 알 수 있다. 대부분 사회과학 서적은 저자의 관점에 대해 미리 이해하고 있을 때 그 책의 내용을 더 잘 이해할 수 있다.

많은 책들이 각 장이 시작되기 전에 그 장의 내용에 대한 요약을 제공하기도 하는데, 이를 꼼꼼히 읽음으로써 전체적인 윤곽을 잡고 있으면 그 장을 읽으면서 새롭게 수용하게 되는 정보를 더 잘 구조화할 수 있다. 각 장의 끝에 요약문이 제시되어 있는 경우 그 장을 읽기 전에 이를 먼저 읽는 것도 전체적인 윤곽을 파악하는 데 도움이 된다.

많은 전공서적들이 지식을 전달하기 위해 다음과 같은 설명 구조를 갖는다(Wood, Woloshyn, & Willoughby, 1995).

〈표 8-1〉 지식전달 설명의 구조

| 설명 구조 | 내용 | 예 |
|---|---|---|
| 분류 | 한 분야가 여러 영역으로 나누어져 있을 때 각 영역에 속하는 것들이 무엇인지 가려내는 과정과 이들 영역 간의 관계를 밝히는 작업 | 생물학에서 동물과 식물로 분류 혹은 정신과 서적에서 정신과적 증세를 구별 |
| 예시 | 예나 사례를 중심으로 일반적인 내용을 설명할 때 사용 | 경영학 서적에서 한 기업을 예로 들어 노사관계를 설명 |
| 비교/대조 | 두 개 이상의 개념, 원리 등의 유사점과 차이점을 설명 | 미술사책에서 인상파와 입체파의 유사점과 차이점을 설명 |
| 인과 | 한 현상과 다른 현상이 서로 원인-결과의 관계를 갖고 있음을 설명 | 역사학에서 한 전쟁의 원인과 결과를 그 시대의 정치, 경제, 사회, 문화적인 측면에서 설명 |
| 문제해결 | 문제가 제시되고 이의 해결책에 대해 논의, 필요에 따라 잠재적인 해결 방법에 대해서도 설명 | 환경문제를 제시하고 이의 해결책에 대해 논의 |
| 절차 | 무엇인가를 제작하거나 문제를 해결하는 과정을 차례대로 설명 | 수학문제를 해결하는 과정이나 자전거를 타는 방법에 대해서 하나하나 설명 |

### 4) 정리

이제 다음과 같은 질문을 통해 책을 읽을 준비가 되었는지 확인해 보자.

- 요약문이나 목차를 읽고 글에 무슨 내용이 포함되었는지 살펴본다.
- 알고 있는 내용을 요약하고 그 책을 통해서 알고 싶은 내용에 대한 질문들을

정리한다.

- 책을 읽는 목표를 고려해서 글을 읽는 데 얼마나 시간이 필요하고 어느 정도 나누어서 읽을 수 있을지 계획을 짜 본다.

## 2. 책을 읽으면서 활용하는 전략

글을 읽는 것은 문제해결과정과 유사하다(Dansereau et al., 1979). 책을 읽기 전에 왜 이 책을 읽으려고 하는지 생각하고 알고자 하는 내용이 무엇인지 정리한다. 책을 여러 번에 걸쳐 읽을 때는 처음에는 전체적인 윤곽을 파악한다고 생각하며 읽고, 다음에 읽을 때는 처음 읽을 때 나타난 문제(어려운 개념, 이해가 안 된 문장)를 해결하도록 시도한다. 이렇게 해서 해결되지 않을 때는 글에 이에 대한 설명(동의어, 예 등)이 포함되어 있는지 다시 살펴보고, 자신이 알고자 했던 부분에 대한 답을 찾을 수 있었는지 검토한다. 이와 같이 글을 읽는 것은 수동적인 과정이 아니라 능동적인 문제해결과정으로 이해할 수 있다.

책을 읽는 과정은 일반적으로 다음과 같이 다섯 가지 단계로 설명할 수 있다.

- 목차를 읽고 자신이 알고자 하는 내용이 들어 있는지 전체적인 윤곽을 파악한다.
- 책을 통해서 알고자 하는 내용이 무엇인지 정리한다. 이를 통해 학습목표를 구체적으로 설정하게 된다.
- 학습목표를 염두에 두고 책을 정독한다. 내용에 대한 선택(예: 중요한 내용 밑줄 긋기)과 요약이 이루어진다.
- 자신이 알고자 하는 부분에 대한 답을 정리한다.
- 책을 다시 읽어 보면서 자신의 답이 잘 정리되었는지 검토한다.

이제 책을 읽기 전에 설정한 목표를 달성하기 위해 활용할 수 있는 전략들에 대해 살펴보자.

### 1) 책의 내용에 대해 질문하고 예측해 보기

책을 읽으면서 다음에 어떤 내용이 나올지 예측하고 이에 대해 질문해 보면 더욱 집중해서 읽게 된다. 예를 들어, 단락의 제목을 읽고 그 단락에 어떤 내용이 쓰여 있을지 질문해 본다. 이 질문에 답하기 위해서라도 글을 더 능동적으로 읽게 된다. 각 단락을 읽고 나서 자신이 궁금해했던 것들의 답을 찾을 수 있었는지를 검토하면서 그 단락의 내용을 이해하고 있는지도 확인할 수 있다. 흔히 책을 읽으면서 눈으로는 글을 읽었음에도 지금 무슨 내용을 읽었는지 생각나지 않는 경우가 있는데, 이는 집중하지 않고 다른 생각을 하면서 읽었기 때문이다. 각 단락의 내용에 대해 질문을 만들고 이에 대한 답을 찾기 위해 노력한다면 이런 문제를 피할 수 있다.

Pressley와 Woloshyn(1995)은 질문하는 요령을 다음과 같이 제시하였다.

- ____________________를 기술하라.
- ____________________은 무엇을 의미하는가?
- 왜 ____________________가 중요한가?
- 왜 ____________________인지 설명하라.
- 어떻게 ____________________한지 설명하라
- ________________와 ________________의 유사점은 무엇인가?
- ________________와 ________________의 차이점은 무엇인가?
- 어떻게 ________________이 ________________에 영향을 미쳤는가?
- ____________________의 강점과 약점은 무엇인가?

### 2) 정교화 전략

책의 내용을 건성으로 읽는 것보다는 정독했을 때 더 깊이 있게 이해하고 그 내용도 더 잘 기억될 것이다. 정교화는 책의 내용을 얼마나 심층적으로 이해하는가와 관련된 읽기전략이다.

정교화 전략을 활용하여 책의 내용에 사전지식, 느낌, 견해 등을 더 첨가한다. 예를 들어, 제목과 관련된 생각을 정리해 본다든지, 책의 내용에 대한 이미지를 만들어 볼 수 있을 것이다. 또는 책의 내용을 어떻게 응용할 것인지 생각해 보거나 책의 내용을

비판적으로 생각해 보는 것도 좋다. 정교화를 통해 책의 내용에 첨부된 정보가 더 많아졌다고 해서 책의 내용을 기억하는 것을 더 어렵게 만드는 것이 아니다. 오히려 책의 내용을 더 깊이 있게 이해함으로써 제3장에서 설명한 기억전략을 사용할 수 있고, 책의 내용을 기억하는 데 더 도움이 된다.

책을 읽을 때 다음과 같은 정교화 전략을 활용할 수 있다.

- 책의 내용에 대해 질문하기(예: 시험에 어떤 문제가 나올까?)
- 구두시험에 대비해서 교수와 학생으로서의 역할놀이하기
- 학습내용이 일상생활에서도 관찰되는지 생각해 보기
- 이전에 학습한 내용과 어떤 관계가 있는지 살펴보기
- 다른 사람에게 알려 주기 위해 학습내용에 대해 요약해 보기
- 학습한 내용을 알려 주기 위한 시청각자료를 어떻게 만들 수 있는지 생각하기
- 집단활동을 통해 내용을 평가하고 토론하기
- 중요한 부분에 밑줄 긋기
- 문단의 제목 생각해 보기
- 반대의 주장 생각해 보기

책을 읽을 때 다른 생각이 들어 방해받는 일이 종종 발생한다. 제1장에서 제시된 기억 모델에 의하면, 주의를 기울이는 것은 학습효과를 증진시키는 데에 매우 중요하다. 따라서 책을 읽으면서 공부하는 중 자신이 다른 생각을 하고 있다는 것을(예: '이번 시험을 잘 못 보면 어떻게 하지? … 그러면 장학금을 타지 못하게 되는데…') 알게 되었을 때 위에서 제시한 정교화 전략을 적용해 보는 것도 좋을 것이다. 예를 들어, 책 내용의 중요한 부분과 중요하지 않은 부분을 판단하면서 새로 알게 된 사실을 이미 알고 있는 것과 연결하여 정교화시킬 때 효과적으로 책을 읽을 수 있다(Einstein et al., 1985).

책을 읽을 때 '가장 중요한 것은' '정리를 하자면' 등의 표현에 주의를 기울이면 그 부분이 중요한 설명을 포함하고 있다든지, 요약하는 내용이 이어질 것이라는 것을 알 수 있다. 여러 차례 읽었음에도 그 내용을 파악할 수 없는 부분은 표시해두고 계속해서 읽는다. 대부분 그 장의 끝까지 읽고 나서 표시해두었던 부분을 다시 읽으면 이해하기가 수월해진다. 필요에 따라서는 책을 읽는 중간중간에 잠시 멈추어서 자신이 읽

은 내용을 제대로 이해하고 있는지 검토해 보는 것도 좋다. 이때 책에서 눈을 떼고 읽었던 내용을 다시 기억해 보고 그 내용이 자신이 이미 알고 있는 것과 어떻게 연결될 수 있는가 생각해 본다. 또한 그 내용에 모순되는 점은 없는지 또는 보충설명이 필요한 부분은 없는지 등을 살펴보는 것도 유익하다. 또한 책을 읽기 전에 자신이 구성한 질문에 대한 답을 찾을 수 있는지에 대해서도 생각해 볼 수 있다.

**연습문제**

제8장의 내용을 읽으면서 그 내용이 자신이 이미 알고 있는 것과 어떻게 연결될 수 있는지 생각해 보자.

책의 내용에 대한 요약문은 스스로 만드는 것이 좋다. 왜냐하면 자기가 중요하다고 생각하는 부분을 정리한 것이기 때문에 다른 사람이 요약한 것보다 더 잘 기억할 수 있다. 사실 시험을 준비하면서 다른 사람이 요약해 놓은 것을 읽고 시험을 잘 본 것에 대해 기뻐할 일이 아니다. 왜냐하면 이렇게 공부한 내용은 금방 잊어버리기 때문이다. 수업 중 노트정리를 할 때에도 그대로 베껴 쓰는 것이 아니라 중요한 내용을 정리함으로써 더 심층적인 정보처리가 이루어진다. 노트정리 방법에 대해서는 제8장에서 더욱 자세하게 다루려고 한다. 책을 읽으면서 요점을 정리하면 적극적인 읽기가 가능하고 정말 그 내용을 이해했는지 확인할 수 있다. 책을 읽을 때 정리한 내용에 수업에서나 토론 중에 들은 내용을 통합하여 정리하는 것도 유용하다.

요약정리가 된 중요한 내용과 학습효과는 비교적 높은 상관관계를 보였다(Howe, 1977). 요약정리한 것을 다시 볼 수 없었음에도 요약정리가 된 내용은 그렇지 않은 내용에 비해 7배나 더 기억에 남는 것으로 보고됐다. 이러한 현상은 특히 그 내용에 대한 사전지식이 없었을 때 더욱 그러하였다.

책을 읽으면서 중요한 내용을 메모해두면 나중에 책의 내용을 빠른 속도로 반복할 수 있다. 이러한 전략은 특히 시험을 준비할 때 유용하다. 책의 내용을 자신의 말로 정리하면 책의 내용을 정교화할 수 있어서 더 깊게 이해할 수 있고, 정리한 내용을 제대로 이해하고 있는지 나중에 점검해 볼 수 있다.

이 외에도 책의 내용을 정리하는 것은 일종의 '사고를 위한 멈춤'의 기능을 한다. 즉, 다시 한 번 그 내용을 환기함으로써 수동적으로 막연히 읽고 있는 자세를 고치고 자신이 읽은 내용에 대해 비판적으로 사고할 수 있다. 아울러 읽기 행위와 쓰기 행위의 변화로 자칫 지루해질 수 있는 상황을 반전시킬 수 있다.

물론 책을 읽고 자신이 무엇을 알고 있는지 머릿속으로만 생각해 볼 수도 있다. 그러나 적으면서 정리할 때에는 정확한 표현을 해야 하기 때문에 정말 제대로 이해하였는지를 점검할 수 있다. 머릿속으로 막연히 생각하는 것보다 글을 씀으로써 더 깊게 이해할 수 있다. 요약정리는 책의 내용을 중요한 것에 한정하는 정보의 축소 기능뿐 아니라 시험 전에 다시 학습할 수 있는 자료가 된다. 정리된 내용으로 다시 학습할 때는 내용들 간의 관계에 대해 파악하고 빠진 부분이나 이해되지 않는 부분에 대해 보충하며 학습내용을 어떻게 응용할 것인지에 대해 생각할 수 있다. 이를 통해 더욱 심층적인 학습이 가능하게 된다.

이와 같이 요약정리를 통해 학습효과를 증대시킬 수 있다. 요약정리를 할 때에는 다음과 같은 전략이 사용될 수 있다(Dumke & Schäfer, 1986).

- 중요한 개념에 밑줄 긋기
- 중심개념을 정리하기
- 호기심을 갖고 읽기
- 선택적으로 읽기
- 중요하지 않는 내용은 무시하기
- 질문을 만들고 이를 의식하며 읽기
- 새로운 제목을 만들어 보기

학생들에 따라서는 책에 바로 메모하거나 중요한 부분에 밑줄긋는 방법을 선호하기도 한다. 또한 책의 여백에 핵심단어를 기록하고 간단히 정리한다. 이해가 되지 않는 부분은 물음표로 그리고 중요한 부분은 느낌표로 표시한다. 책의 다른 부분에 관련된 내용이 있을 때는 그 쪽수를 적는다. 중요한 부분에 밑줄 긋는 것은 많이 활용되고 있으나, 너무 많은 부분에 밑줄을 긋는다면 그 효과가 절감될 것이다.

이때 다음과 같이 색깔이 다른 카드를 사용해서 정리하는 방법도 효과적이다.

예) 초록색 카드-중요한 핵심단어 정리
빨간색 카드-반대되는 논점 정리
노란색 카드-사례 정리

이 외에도 정교화 전략으로 유추와 심상 만들기 방법이 있다. 유추는 새로운 내용을 학습할 때 이것이 자신이 이미 알고 있는 것과 어떤 관계가 있는지 알아보고 이들의 유사점을 연결하여 생각하는 것을 말한다. 심상을 만드는 것은 학습할 내용에 대한 이미지를 시각적인 그림(심상)으로 만들어 보는 것이다. 이에 대해서는 제2장에서 자세하게 설명하였다.

### 3) 조직화 전략

제3장에서 제시한 기억 모델을 다시 한 번 떠올려 보자. 우리의 기억장치를 도서관에 비유해 보는 것도 좋겠다. 장기기억은 용량이 무한대인 큰 도서관과 같다. 그러나 도서관이 크다고 책을 아무렇게 꽂아 놓을 경우 책을 찾을 때 모든 서가를 다 뒤져야 하기 때문에 시간이 많이 걸릴 것이다. 따라서 잘 정리하여 필요할 때 쉽게 찾아볼 수 있도록 하는 것이 바람직하다. 즉, 책을 꽂을 때부터 어떻게 하면 다시 잘 꺼낼 수 있을까를 생각해야 할 것이다. 이렇게 아주 큰 도서관과 같은 장기기억을 효과적으로 활용하려면 어떻게 할 것인가? 장기기억에 저장할 때에도 어떻게 하면 인출을 잘할 수 있을지 미리 생각해야 한다. 한 가지 다행스러운 것은 장기기억은 일반 도서관과는 달리 융통성이 있는 저장 시스템을 활용할 수 있다. 즉, 복합적인 입력이 가능하다는 것인데, 도서관에 비유하자면 책을 저자, 주제, 표지색, 출판사 등 다양한 기준으

로 항상 재배치할 수 있다는 것이다.

책을 읽으면서 그 내용을 잘 기억하기 위해 중요한 부분은 요점정리하고 이를 잘 정리하기 위해 표나 그래프, 그림 등으로 시각화하면 더 효과적이다. 표는 특히 개념들의 유사점과 차이점을 비교하는 데에 활용할 수 있다. 또한 표를 활용하면 비교적 복잡한 내용도 일목요연하게 정리할 수 있다. 이 외에도 조직화한 내용을 시각화하기 위해 개념도와 마인드맵을 활용할 수 있다. 개념도와 마인드맵의 기능과 작성방법에 대해서는 제2장에서 설명하였다.

### 4) 상위인지의 활용

상위인지란 학습과정에 대해 검토하고 필요에 따라 이를 조절하는 능력을 말한다. 책을 읽을 때에도 자신의 읽기능력과 책 내용의 난이도, 자신의 책 읽는 습관에 대해 알고 있고, 효과적으로 글을 읽기 위해 스스로 통제하며 조절하는 것은 매우 중요하다.

여기에는 이미 읽은 내용을 얼마나 잘 소화했는지 검토하는 것도 포함된다. 예를 들어, 책의 내용을 잘 이해했는지 스스로 검토해 보고, 책의 내용이 어려울 때는 여러 번 집중해서 읽어 본다든지, 잘 모르는 내용을 어떻게 보충할 것인지 생각해 보는 것을 말한다. 이 외에도 책의 내용에 대한 질문을 만들어 보고 답을 정리해 보는 것도 통제, 조절전략에 해당된다. 실제로 상위인지능력의 부족으로 학습효과가 현저히 떨어진다는 연구가 있다(Balcytiene, 1999).

상위인지에는 계획, 통제, 조절활동이 포함된다.

- 계획은 책을 읽기 전에 어떻게 읽을 것인가에 대한 계획을 세움으로써 인지적 준비를 하는 단계를 의미한다. 계획을 세워서 책을 읽으면 목표의식을 갖게 되어 학습동기도 상승되는 효과가 있다.
- 통제는 책을 읽으면서 자신의 목표에 어느 정도 접근하였는지 검토하는 것을 의미한다. 이를 위해서 예를 들어 책을 읽는 중간중간에 자신이 책 내용에 제대로 주의를 기울이고 있는가를 확인한다. 다른 생각을 하고 있는 것이 발견되면 다시 주의를 집중하도록 시도한다. 책을 읽은 후 자신이 얼마나 그 내용을 알고 있는지 확인하기 위해 스스로 질문해 보는 것도 좋다.

- 조절은 책을 읽으면서 목표에 어느 정도 접근하고 있는가를 검토한 후 그동안의 책읽기 전략이 효율적이지 못했다는 결론이 나면 이를 조절하는 것이다. 조절에는 책을 읽는 시간조절 외에도 책을 읽는 환경에 변화를 주는 것도 포함된다. 예를 들어, 밤에는 집중력이 떨어지니까 전공서적은 아침에 읽는다든지 혹은 도서관 같이 조용한 장소에서 읽는 것이 좋다. 책읽기 전략을 조절하는 것도 중요하다. 예를 들어, 책 내용이 어려울 때는 더욱 주의를 기울여서 읽는다든지 혹은 책을 읽으면서 요약하는 방법을 바꾸어 중요한 내용이 들어있는 단락에 밑줄 긋기를 한다.

Brown과 Palincsar(1989)은 상위인지기술을 훈련하는 방법으로 두 사람이 짝을 지어 교사와 학생의 역할을 하는 방법을 활용하였다. 그들은 이러한 방법을 읽기훈련에서도 활용하여 그 효과를 검증하였다.

- 교사역할을 하는 사람이 학습자역할을 하는 사람과 간단한 토론으로 그의 사전지식을 활성화한다.
- 교사역할을 하는 사람과 학습자역할을 하는 사람 모두 조용히 글을 읽는다.
- 교사역할을 하는 사람이 학습자역할을 하는 사람에게 글의 내용에 대해 질문한다.
- 교사역할을 하는 사람이 글을 요약한다. 내용을 요약할 때 글을 다시 보지 않고 할 수 있도록 유의한다.
- 글을 이해할 때의 문제와 이의 해결책에 대해 서로 말한다.
- 필요에 따라 글이 앞으로 어떻게 진행될지에 대해 예측하여 말한다.
- 교사와 학습자의 역할을 바꾸어 다시 수행한다.

## 3. 책을 읽고 난 후에 활용하는 전략

책을 드디어 다 읽었다는 시원함에 그냥 덮어버렸는데, 며칠 후 책의 내용을 제대로 기억해 내지 못했던 경험을 해 보았을 것이다. 사실 책을 다 읽은 후에는 다 끝냈다는 성취감을 만끽하는 것도 중요하지만 책의 내용을 얼마나 이해했는지 검토하는 것이 더 중요하다. 즉, 효과적으로 읽기를 위해서는 책을 다 읽은 후에도 전략이 필요하다.

책을 다 읽고 난 후에는 전체적인 내용에 대해 정리한다. 전체적인 내용을 요약정리한 후, 책을 읽으면서 각 장마다 정리했던 요약문을 함께 놓고 비교해 보는 것이 좋다. 또한 책을 읽기 전에 했던 질문들에 대한 답을 얻을 수 있었는지 검토한다. 또한 자신이 만든 질문들이 책의 주요 내용에 대한 것들을 다루었는지 살펴본다.

이때 대답하기 어려웠던 질문을 중심으로 글의 내용을 다시 읽어 보는 방법도 있다(Robinson,1972). 글의 내용에 대한 질문을 만들고 답을 작성하는 과정에서 내용을 반복정리하거나 새로운 각도에서 그 내용을 검토할 수 있다. 이러한 질문들을 스스로에게 할 수도 있고 앞에서 제시한 것과 같이 학우들과 짝을 이루어 서로 질문하고 답할 수도 있다. 이때 서로의 관점을 비교하여 자신의 생각을 넓힐 수 있는 장점도 있다.

책의 전반적인 내용에 대해서는 다음과 같은 질문을 할 수 있다.

- 핵심내용은 무엇인가?
- 전체적인 논리의 흐름은 어떻게 전개되었는가? 논리의 반전은 없었는가?
- 책의 내용과 수업내용은 어떤 관계가 있는가?
- 이해하지 못한 부분은 없었는가?

질문의 종류에는 지식수준의 질문, 이해수준의 질문 그리고 분석을 요구하는 질문 등이 있다.

- 지식수준의 질문에서는 글에서 나온 명칭, 데이터를 질문하여 답을 요구한다.
- 이해수준의 질문에서는 답을 할 때 자신의 말로 설명하도록 요구한다.
- 분석수준의 질문에서는 글의 내용을 분석하여 답해야 한다. 예를 들어, '글을 읽는 과정과 사전지식의 관계에 대해 설명하라.' 고 하면 글을 읽는 각 과정(입력, 저장 등)에서 사전지식이 어떻게 작용하는가를 분석하여 답해야 한다.

연습문제

제8장의 내용을 읽고 난 후 다음과 같이 다양한 수준의 질문을 만들어 보자.

• 지식수준의 질문

• 이해수준의 질문

• 분석수준의 질문

때로는 책을 읽고 나서 더 심층적인 질문이 생길 수도 있다(예: 이 책에서 주장된 내용을 다른 영역에도 적용할 수 있는가?). 질문의 효과에 대한 연구에서 분석과 같이 높은 수준의 질문이 글의 내용을 심층적으로 이해하는 데 더 효과적인 것으로 나타났다. 글에 직접 표현되지 않은 부분을 글에서 제시된 내용에 근거하여 추론하는 능력도 글읽기 능력을 향상시키는 데 도움이 된다(LeFevre, 1988).

책을 다 읽고 난 후에도 반복하여 책의 내용을 다시 환기해 보는 것이 내용을 잘 기억할 수 있는 방법이다. 반복은 여러 번에 걸쳐서 하는 것이 효과적이다. 이때 내용을 큰 소리로 말하거나 반복한 내용을 녹음하여 들어 볼 수 있다. 혹은 핵심단어를 정리하고 이를 기초로 글의 내용이 무엇이었는지 다른 사람에게 말하거나 상상 속의 청중 앞에서 강의해 보는 것도 흥미로울 것이다. 이 외에도 책의 내용을 다양한 관점에서 기억해 내거나 아예 책을 다시 한 번 다른 관점에서 읽어 보는 방법도 있다. 이때 책의 구성을 변화시켜 보거나 각 장의 제목을 다시 붙여 보는 방법도 효과적이다.

전문서적을 읽는 일차적인 목적은 그 내용을 이해하는 것이다. 그러나 내용에 대해 비판적인 태도를 갖는 것도 매우 중요하다. 예를 들어, '저자의 주장을 뒷받침할 수 있는 충분한 증거가 있는가?' 혹은 '저자의 주관적인 견해가 사실인 것처럼 서술되지는 않았는가?' 등에 대해 살펴볼 필요가 있다. 이런 태도를 통해서 자신의 생각에 대해서도 비판적으로 검토할 수 있다. 때로는 '나의 주장을 뒷받침하기 위해서 어떤 증거들을 모아야 하는가?' '그러한 자료들은 어디에서 찾을 수 있는가?' 등의 질문을 통해 자신만의 본격적인 지적 탐색이 이루어질 수 있다.

앞에서 제시한 전략들의 일부를 조합하여 Thomas와 Robinson(1972)이 이른바 PQ4R 방법을 개발하였다. P는 Preview(훑어 보기), Q는 Question(질문하기) 그리고 4R는 Read(읽기), Reflect(검토하기), Recite(반복하기), Review(복습하기)를 의미하는데, 훈련결과 비교적 효과적인 것으로 검증되었다. 이 방법을 활용한 학생들이 학습내용을 의미 있게 조직화하고 질문하거나 정교화시키는 것과 같은 학습전략을 사용하며, 시간을 두고 내용을 복습하는 것과 같은 분산학습을 한다는 보고가 있었다(Anderson, 1990). 그 내용을 살펴보면 다음과 같다.

- Preview: 배울 내용을 훑어 보고 전체적인 구조나 주요 주제 혹은 부분 주제가 무엇인지 파악한다. 제목에 주의를 기울이고 배울 내용이 무엇에 관한 내용인지 생각한다.
- Question: 글을 읽기 전에 배울 내용에 대한 질문을 정리한다. 이때 '누가, 언제, 어디서, 무엇을, 어떻게, 왜'와 같은 의문사를 활용한다.
- Read: 글을 읽는다. 내용을 정리하는 데 너무 신경을 쓰지 말고 앞에서 자신이 정리한 질문들에 답해 본다.
- Reflect: 글의 내용을 자신이 이미 알고 있는 내용과 관련지어 보든지, 부분 제목들을 글의 주요 개념과 관련지어 본다. 글의 내용 중 상호모순적인 내용이 없는지 살펴보고 글에서 제시된 과제가 있을 때 이를 해결해 보도록 시도한다.
- Recite: 중요한 내용을 큰 소리로 정리해 보든지 질문하거나 답하는 방법을 통해 글의 내용을 기억하는 것을 연습한다. 이때 제목, 밑줄 그은 부분이나 주요 내용에 대해 정리한 것들을 활용한다.
- Review: 다시 자신에게 질문하면서 학습내용을 복습한다.

앞에서 제시한 다양한 읽기전략을 사용한다고 해도 책을 읽을 때 방해되는 환경에서는 효과적인 읽기가 힘들다. 예를 들어, 책을 읽고 있을 때 전화벨이 자주 울려 통화하게 되면 집중해서 책을 읽기 힘들다. 이때 방해받는 횟수를 살펴보고 경우에 따라 다른 시간대에 학습하거나 도서관 같이 조용한 환경에서 책을 읽는 것을 고려한다. 집중해서 읽는다고 해도 책을 읽는 시간이 절대적으로 부족하면 기대하는 학습효과를 가져올 수 없다. 책을 읽는 시간을 기록하고 분석하여 자신의 생활계획표를 검토해 보는 것이 좋다. 필요에 따라 능률 곡선을 작성하고 분석하여 집중해서 책을 읽을 수 있는 시간대에 읽도록 한다. 이에 대해서는 시간관리를 설명하는 장에서 자세하게 다루어질 것이다.

이 장에서 중요하다고 생각되는 내용을 정리해 보자.

제 9 장

# 듣기와 노트정리

영호는 대체로 결석하지 않고 수업에 참가한다. 가끔씩 지각을 하기 때문에 주로 뒷자리에 앉는 편이기는 하나, 비교적 수업을 열심히 듣는다고 생각한다. 물론 자신이 흥미롭게 생각하지 않는 과목의 수업시간은 지루하다는 느낌이 자주 드는 편이다. 이런 수업시간에는 친구들과 문자 메시지를 주고받는다든지, 옆에 앉아 있는 친구와 짧게 잡담을 하는 등 딴 짓을 하는 편이다. 수업시간에 중요하다고 생각하는 내용은 그런대로 노트정리를 한다. 그래도 시험 때가 되면 자신이 정리해 놓은 내용인데도 잘 이해되지 않아서 친구들에게 물어봐야 하는 일이 종종 있다.

**체 • 크 • 리 • 스 • 트**

다음은 평소에 어떻게 수업을 듣는지 알아보는 질문들이다. 수업을 들을 때 다음과 같은 행동을 얼마나 자주 하는지 표시해 보자. 거의 하지 않을 때는 1번에, 가끔 할 때는 2번에, 종종 할 때는 3번에 그리고 자주 할 때는 4번에 표시하면 된다.

| | 1 | 2 | 3 | 4 |
|---|---|---|---|---|
| 1. 수업시간에 빠지지 않고 출석한다. | | | | |
| 2. 수업 시작 전에 지난 시간에 노트정리한 부분을 훑어 본다. | | | | |
| 3. 노트정리를 잘하지 않아서 시험 때에는 친구 노트를 빌려서 공부한다. | | | | |
| 4. 수업을 들으면서 내가 이미 알고 있는 부분과 관련지어 보고 이들을 비교해 본다. | | | | |
| 5. 수업시간에 노트를 잊어버리고 갖고 가지 않아서 친구한테 종이를 빌려 필기하곤 한다. | | | | |
| 6. 내가 정리한 노트인데도 무슨 말을 적어 놓았는지 몰라서 애를 먹는다. | | | | |

위의 체크리스트에서 점수를 모두 합산하여 총점을 계산하는데, 3, 5, 6번 문항은 역산을 한다. 즉, 1번에 표시하면 4점, 2번은 3점, 3번은 2점 그리고 4번에 표시했으면 1점으로 계산한다. 모두 6문항이므로 최고점이 24점, 최하가 6점이 될 것이다. 자신의 점수가 18점보다 낮을 경우에는 듣기 태도를 개선할 필요가 있다. 이제 듣기와 노트정리에 대해 자세히 살펴보도록 하자.

## 1. 듣기: 수업시간의 지식 수용

전문서적을 읽는 것이 소설을 읽는 것과 다르듯이 수업을 듣는 것은 오락 프로그램을 보는 것과 다르다. 수업내용을 주의 깊게 듣고, 새로운 지식을 수용하고, 그 내용을 비판적으로 검토하는 것은 능동적인 과정이다. 수업을 들으면서 자신이 이미 알고 있는 내용과 비교하거나 새롭게 배운 내용을 어떻게 적용할 것인지 생각해 보는 일도 필요하다. 수업시간에 열심히 들으면, 수업시간에 제대로 듣지 않고 나중에 다른 사람이 필기한 노트를 읽고 이해가 되지 않는 부분을 이런저런 참고도서를 찾아보며 보충하는 것에 비해 훨씬 시간을 절약할 수 있다.

### 1) 수업 전 준비

읽기에서와 마찬가지로 수업시간에 듣게 될 주제에 대해 미리 마음의 준비를 하는 것이 좋다. 주제와 관련된 질문을 만들어 보고 유인물이나 교재를 미리 읽어 보면서 자신이 그 주제에 대해 무엇을 알고 있는지 정리해 본다. 또한 수업의 목표가 무엇일까 미리 생각해 본다. 참고문헌이 제시되어 있으면 가능하면 미리 읽어 본다.

**연습문제**

오늘 수업시간의 주제와 관련된 질문들을 만들어 보고 자신이 그 주제에 대해 무엇을 알고 있는지 정리해 보자.

### 2) 수업의 구조

수업에는 본 내용 외에도 부연설명, 분위기를 부드럽게 하는 요소 등이 포함되어 있다. 수업을 들으면서 중요한 내용과 그렇지 않은 내용을 구별해 본다. 책의 저자가 제목이나 부제, 목차 등을 통해 자신의 책의 구조에 대해 알려 주고 글상자, 글자 크기, 서체 등의 방법으로 중요한 내용을 강조하듯이 수업 중에도 이러한 요소들이 포함되어 있다. 예를 들어, 수업을 시작할 때 전체적인 윤곽에 대해 제시하거나 수업이 끝날 때 중요한 내용에 대해 다시 정리한다. 경우에 따라서는 목소리의 크기, 높낮이,

말하는 속도 등으로 중요한 내용이 강조된다. '무엇보다도 ~' '중요한 것은~' 등의 표현으로 혹은 '첫째, 둘째, 셋째' 등과 같은 나열을 통해 중요한 내용이 소개된다.

### 3) 수업태도

수업을 들을 때에는 그냥 수동적으로 듣는 것이 아니라 추론하며 능동적인 경청을 한다.

수업시간에 들은 내용들을 수업 중간중간에 정리하고 종합해 본다. 수업내용에 해당되는 예를 찾아보고 이를 어떻게 응용할지 생각해 보는 것도 좋다. 수업내용을 이해하지 못했다고 해서 옆에 앉아 있는 사람에게 바로 물어보지 않도록 한다. 옆사람에게 말을 걸으면 방해가 될 뿐 아니라 자신도 그다음에 설명되는 중요한 내용을 또 놓치게 될 수 있기 때문이다. 때로는 다음에 이어지는 설명에서 그 답을 찾을 수 있고, 설사 그렇지 못했다고 해도 수업이 끝난 다음에 질문하는 것이 좋다.

책을 읽을 때 무비판적으로 읽지 말아야 하는 것처럼, 수업내용도 무조건적으로 수용하는 것은 바람직하지 않다. 물론 수업시간에 따라가는 것만으로 힘에 겨워 수업내용을 비판적으로 생각할 겨를이 없을 수 있다. 그럴 때에는 수업이 끝난 후에라도 그 내용을 다시 반추하며 비판적으로 검토하는 것이 좋다.

주제에 따라 예나 비교, 일화 혹은 농담으로 분위기를 부드럽게 하는 기법이 종종 사용되는데, 이에 주의가 분산되어 중요한 것을 놓치는 일이 없도록 해야 한다. 본 수업내용은 잊어버리고 수업시간에 들었던 농담만 기억한다면 주객이 전도된 것이 아닐까?

## 2. 노트정리

노트정리하는 것은 자신이 학습한 내용을 구조화할 수 있는 고도의 학습전략이라고 할 수 있다.

Vanderstoep와 Pintrich(2003)는 노트정리의 기능을 '정보를 잘 저장할 수 있도록 부호화하는 것과 다시 활용할 때까지 정보를 잘 저장하는 것'으로 설명하였다. 수업시간에 중요한 내용을 필기하는 것은 수업내용을 더 주의 깊게 듣고 기록을 통해 내용을 기억하는 데 도움이 되게 하는 기능을 갖고 있다. 즉, 수업을 들으면서 노트정리를 하기 위해 더 집중해서 듣게 됨으로써 수업시간 중 들은 내용을 더 잘 부호화하게 된다. 특히 수업내용에 대한 사전지식의 수준이 낮을 때 더 효과가 있다. 수업시간에 노트정리를 하지 않고 그냥 앉아서 수업을 들을 경우 다른 생각을 하면서 집중하지 못하는 경우가 발생하기 쉽다.

노트정리의 또 하나의 기능은 수업내용을 기록하고 저장하여 다음에 필요할 때(예: 시험) 활용하는 것이다. 노트필기를 하면 수업시간에 들은 정보를 구조화하고, 그 내용의 목차를 결정하며, 수업내용과 관련된 영역에 대해 어렴풋이라도 윤곽을 갖게 되어 나중에 그 영역에 다시 접근하기가 수월하다. 수업시간이 끝난 직후 시험을 볼 때에는 그 시간에 들은 내용을 잘 기억하고 시험을 잘 볼 수 있으나, 대부분 한참 지난 후에야 시험을 치르게 되는데, 그 때에는 수업내용의 많은 부분들을 이미 잊어버린 후일 것이다. 노트정리를 잘해두면 시험공부할 때 노트를 보면서 수업내용을 기억하거나 재구성하는 데 매우 유익하다. 노트필기가 잘되어 있다는 것은 중요한 내용이 체계적이고 정확하게 기록되어 있다는 것을 의미한다. 물론 노트필기를 하는 것이 부담스러운 사람들이 있는 것도 사실이다.

수업을 들을 때 필기 준비가 되어 있지 않은 채 아무 종이나 꺼내서 기록하는 경우가 있다. 대부분 이렇게 기록한 후 종이를 아무데나 끼워 놓고 잊어버리게 된다. 수업시간에 노트필기를 제대로 하지 않고 낱장의 종이에 필기하는 사람들은 시험이 가까워 오면 그동안 필기해 놓았던 낱장의 종이들을 힘겹게 찾지만 빠진 부분이 많이 있다는 것을 발견하게 된다.

노트 한 권에 모든 과목을 필기하는 것도 바람직하지 않다. 단순히 차례대로 장을 넘겨 가며 노트필기할 때에도 내용별로 정리가 되지 않을 가능성이 있다. 또한 나중에 더 보충할 내용이 있어도 체계적으로 하기가 힘들고 경우에 따라서는 다른 쪽에 있는 내용을 오려서 갖다 붙여야 하는 등 번거로울 수 있다. 또한 전체적인 윤곽을 파악하기 힘들게 노트정리를 하거나 여백을 남기지 않고 정리하는 것도 좋은 방법이 아니다.

### 1) 노트정리의 원리

노트정리는 다음과 같은 방법으로 하는 것이 좋다.

- 수업별로 노트를 마련한다. 내용이 많지 않아 노트 한 권을 다 사용하지 않을 경우에는 노트 한 권을 과목별로 크게 구분하여 사용한다. 중요한 것은 그 전 시간에 정리된 내용을 항상 갖고 있어서 수업 전에 훑어 보고 기억을 상기시키는 것이다.
- 노트 외에도 유인물, 신문 같은 간행물을 오린 것 등 수업내용과 관계된 내용들을 함께 묶을 수 있도록 파일을 활용하는 것도 좋다.
- 노트를 지참하지 않아서 낱장에 필기했을 경우 종이 위에 어느 수업내용이 포함되었는지 메모하고 수업이 끝난 후 가능한 한 빨리 노트에 붙여 넣어야 한다. 메모할 때에는 과목이름, 날짜, 교재의 장, 절 등을 기록한다.
- 종이가 아깝다고 여백 없이 빡빡하게 필기하는 것은 좋지 않다. 내용을 전체적으로 파악할 수 있게 구조화하고, 주제별로 필기했을 때 주제 사이에 충분한 여백을 남겨두고, 교재의 새로운 장, 절을 시작할 때 새 장에 필기를 시작한다. 경우에 따라서는 양면에 필기하는 것보다 한 면에 필기하는 것이 좋을 때가 있다.
- 여백을 충분히 남겨서 나중에 보충할 내용이 있을 때 활용한다. 필요에 따라서는 수업 중에 의문이 드는 내용이나 자신의 생각을 첨부하는 데 활용할 수 있다. 이를 위해 수업이 시작되기 전에 이미 노트 면의 옆이나 아래 부분에 줄을 그어 여백을 미리 표시해둔다. 이를 예시하면 다음과 같다. 가장 큰 부분 (A)는 수업내용을 정리하는 데 활용한다. 왼쪽 여백 (B)에는 핵심개념이나 간단한 요약을 정리해두면 나중에 공부할 때 해당내용을 쉽게 찾을 수 있다. 나머지 부분 (C)는 수업시간이 끝난 후에 활용한다. 여기에는 자신의 생각이

나 보충할 내용을 기록할 수 있고 특히 시험공부할 때 다른 학습내용과 연관 되는 내용을 적을 수 있다.

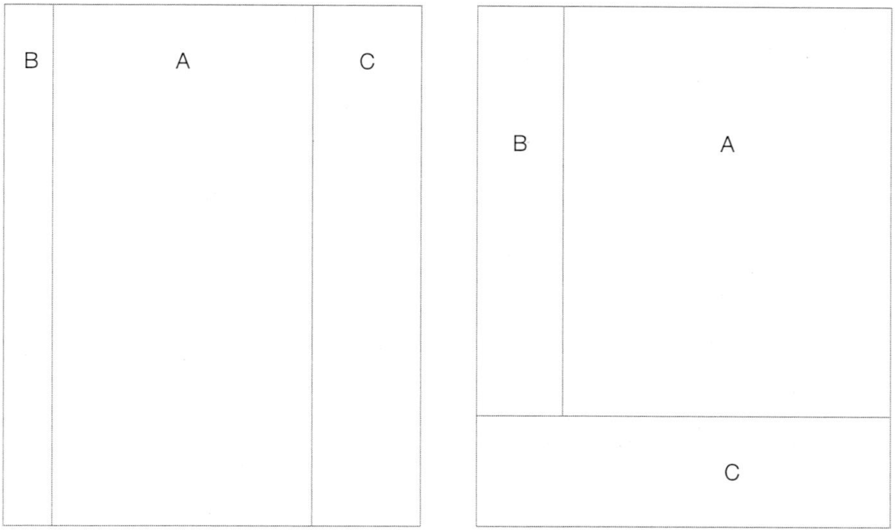


A: 수업 내용 B: 핵심개념, 요약 C: 자신의 생각, 보충할 내용

**[그림 9-1] 노트 지면의 활용**

### 2) 노트정리 전략

이 외에도 Vanderstoep와 Pintrich(2003)는 다음과 같이 노트정리하는 전략을 소개하였다.

#### (1) 수업에 참석하라

수업시간에 빠지지 않고 참석하는 것은 매우 중요하다. 혹시 결석하였을 경우에는 다른 사람이 정리한 노트를 보고 자신의 노트에 다시 정리한다. 노트를 베낄 때에도 복사하는 것보다는 자신이 직접 다시 손으로 정리하는 것이 좋다. 노트정리를 직접 손으로 하면서 수업내용을 더 잘 부호화하여 정보처리할 수 있기 때문이다. 또한 이때 이해가 잘 되지 않는 내용은 노트정리했던 사람에게 물어 명확히 이해하도록 한다.

### (2) 주의를 기울여라

노트정리를 하면서 중요한 내용을 놓치지 않도록 주의한다.

### (3) 깔끔하게 필기하라

자신이 필기한 것을 나중에 스스로도 읽을 수 없다면 문제일 것이다. 이는 필체에만 국한된 것이 아니라 자신이 정리한 내용을 나중에 읽어도 이해할 수 있어야 한다는 것이다. 수업시간이 끝난 후 자신이 정리한 내용을 다시 읽어 보고 나중에 읽어도 알 수 있도록 검토하는 것이 좋다.

### (4) 너무 많거나 너무 적게 필기하지 마라

수업 중에 될 수 있으면 필기를 많이 하는 것이 좋은가? 답은 그렇지 않다. 경우에 따라서는 수업내용을 필기하는 데에 급급한 나머지 수업 중 적극적인 사고를 하기 힘들고, 중요한 내용과 그렇지 않은 내용을 구별하는 데 방해가 될 수 있다. 반면 너무 적게 기록하면 나중에 읽었을 때 무슨 내용인지 모를 수 있다.

수업내용에 따라 또 자신이 그 내용에 대해 이미 어느 정도 알고 있는지에 따라 그리고 수업내용에 관한 자료의 접근성에 따라 필기의 양을 결정한다. 예를 들어, 교재에 있는 내용이 반복적으로 설명될 때에는 이를 자세하게 필기할 필요가 없을 것이다.

### (5) 필요 없는 말이나 긴 단어를 적지 마라

일일이 긴 서술형으로 적는 데 시간이 많이 들 수 있다. 예를 들어, '존재한다' 고 적지 않고 '존재' 라고 적는 것으로 충분할 수 있다. 노트정리할 때 기호를 활용하는 것도 시간절약에 도움이 된다. 예를 들어, ≠는 같지 않다, ∵는 왜냐하면, →는 인과관계, ↑는 증가, ↓는 감소, ⊂는 포함관계 그리고 <는 크기의 차이를 표시할 수 있다. 이해가 되지 않은 내용은 물음표로 표시하고 중요한 내용은 느낌표로 강조할 수 있다. 혹은 동의하지 않은 내용에 대해 여백에 F나 ?!로 표시하는 등 자신만의 상징을 사용하여 효율적으로 필기할 수 있다.

### (6) 자신의 말로 노트정리하라

수업을 들으면서 그대로 기록하는 것은 비효율적이다. 수업내용을 자신이 이해한 대로 자신의 말로 정리할 때 중요한 내용이 무엇인지 생각할 수 있고 그 내용을 정교화할 수 있어서 수업내용을 더 심층적으로 이해하고 잘 기억할 수 있다. 노트정리를 하면서 능동적으로 사고를 해야 하기 때문에 노트정리과정 자체도 중요한 학습과정이라고 할 수 있다.

### (7) 조직화하라

수업내용을 조직화하며 노트정리를 하는 것은 매우 효과적이다. 예를 들어, 위계적인 구조를 활용하여 전체적인 내용을 조직화할 수 있다. 중요한 개념들과 이들의 관계를 정리하고 세부적인 내용을 첨가하는 방법을 활용한다. 한 내용이 다른 내용에 포함되는 경우 들여쓰기를 조절하여 위계관계를 명확히 표시할 수 있다. 물론 수업내용 자체가 잘 조직화되어 있는 경우에는 노트정리하기가 수월하다. 그렇지 않을 때에는 특히 노트정리 내용을 잘 조직화하는 것이 중요하다. 경우에 따라서 그 시간에 배울 내용을 미리 예습하여 수업내용에 대한 골격을 미리 잡아두는 것이 도움이 된다.

또한 노트정리를 하면서 여백을 많이 남겨 놓는 것도 좋은 방법이다. 특히 중요한 개념이나 영역들 사이에 공간을 남겨두면 나중에 노트필기한 것을 검토하고 재정리할 때 관계되는 정보를 보충할 수 있다. 수업내용이 잘 구조화되어 있지 않은 경우 수업이 끝난 후 필기한 내용에 기초하여 나름대로 다시 구조화하는 것이 바람직하다.

### (8) 중요한 내용을 정리하라

노트정리를 할 때 중요한 내용이 무엇인지 가려내고 이를 정리한다. 또한 필기한 내용 중 특히 중요한 내용은 밑줄을 긋는다든지 다른 색으로 돋보이게 표시하는 방법도 활용할 수 있다. 수업의 핵심내용을 제목이나 핵심개념들과 각 주제에 대한 중요한 설명들을 중심으로 필기한다. 각 핵심내용에 대한 결론, 부연설명에 대해 기록한다. 이름, 숫자, 데이터 등은 정확하게 기억하기 쉽지 않으므로 기록해둔다. 중요한 단어, 전공 표현 중 이해가 되지 않는 부분도 괄호 안에 물음표를 삽입하여 기록한다.

### (9) 녹음기를 사용하지 마라

녹음하고 있다는 이유로 집중해서 수업을 듣지 않으면 오히려 부작용이 크다. 또한 수업시간에 이미 집중해서 들었다면 녹음한 내용을 다시 듣는 것이 무의미할 것이다. 물론 수업시간에 놓치는 내용도 있을 수 있으나, 그것을 보충하기 위해서 수업내용 전체를 다시 반복해서 듣는 것은 비효율적이다.

### (10) 개념들을 연결하여 정리하라

제2장에서 설명한 바에 의하면, 공부한 내용을 서로 연결하여 기억하는 학습전략을 정교화라고 한다. 노트정리할 때에도 정교화 전략을 사용하는 것이 좋다. 즉, 개념들 간의 관계를 목차 혹은 마인드맵을 활용하여 연결시킬 수 있다. 또한 노트정리하면서 수업시간에 들은 내용에 대한 질문을 정리하여 물어보는 것도 유익하다.

수업시간에 노트정리를 잘해 놓았어도 다시 한 번 읽어보면서 정교화하는 것은 매우 효과적이다. 특히 앞에서 제시한 형태로 노트의 구획을 정했을 때는 왼편에 핵심단어나 간단한 요약 등을 정리할 수 있다. 이렇게 정리해두면 시험을 준비할 때 수업내용을 정리한 부분은 가린 채 핵심단어들만 보고 그 내용을 재구성하는 방법으로 공부할 수도 있다. 경우에 따라서는 노트필기 내용을 정교화하면서 마인드맵을 만들어 볼 수도 있다. 노트필기하는 것도 연습을 통해 자신만의 방법을 개발할 수 있다.

노트필기한 내용을 정교화할 때에 다음과 같은 점에 유의한다.

- 중요한 내용에 밑줄을 긋고 필요 없는 부분은 삭제한다.
- 필기한 내용을 논리적으로 재구성하고 필요에 따라 제목을 첨가한다.
- 중요한 내용은 자신의 말로 다시 한 번 정리한다.

이와 같은 과정을 통해 내용을 더 깊게 이해할 수 있다.

### (11) 자신이 정리한 내용을 다른 사람이 정리한 내용과 비교하라

수업이 끝난 후나 시험공부를 하면서 다른 사람이 정리한 내용과 자신의 노트필기 내용을 비교해 보는 것도 좋다. 이렇게 하여 서로 빠진 내용을 보충할 수 있다. 특히 그룹 스터디를 할 때에는 다른 학생들과 노트필기한 내용을 비교해 보고 빠진 것을 보충한다. 또한 주요 내용은 무엇이고 어떤 제목들을 첨가하여 내용을 체계적으로 정리할 수 있을지 논의하는 것도 좋다.

### (12) 수업이 끝난 후 자신이 노트정리한 내용을 검토하고 다시 정리하라

수업시간에 모든 내용을 필기할 수는 없다. 따라서 수업시간 종료 후 자신이 정리한 내용을 다시 한 번 살펴보고 빠진 부분을 보충하거나 수업내용에 대한 자신의 견해 혹은 질문사항 등을 정리한다. 또한 수업 중 이해되지 않았던 개념들에 대한 정의를 기록한다. 그 밖에 노트필기를 하면서 물음표로 표시했던 부분에 대한 자료를 찾아 정리한다. 특히 시험이나 다른 목적으로 활용을 하기 위해서 수업이 끝난 후 노트필기의 내용을 정교화하는 것이 필요하다. 수업 직후에 이러한 작업을 하기 힘든 경우에는 그날 저녁에라도 수업내용을 기억할 수 있을 때 작업한다. 이때 유인물이나 보충자료 등을 해당쪽에 첨가한다. 또한 수업 중에 이해하지 못한 부분에 대해 검토하고 수업 중에 체계적으로 정리되지 않은 부분에 대해서도 구조화하여 전체적인 윤곽을 파악할 수 있도록 한다. 경우에 따라서 수업시간에 빨리 기록한 내용을 한참 후에 읽어 보면 자신의 글씨를 알아보지 못하는 경우가 종종 발생한다. 따라서 수업내용을 기억하고 있을 때 좀 더 잘 알아볼 수 있도록 글씨를 수정하는 것이 좋다.

이 장에서 중요하다고 생각되는 내용을 정리해 보자.

# 제10장 글쓰기

서현이는 대학교 2학년 학생이다. 친구들과 동아리 활동을 하는 것도 재미있고 교양이나 전공수업을 듣는 것도 흥미진진하다. 하지만 이런 신나는 대학생활에도 복병은 숨어 있으니 바로 골치 아픈 보고서 작성이다. 그녀는 모든 과목들에서 학기별로 하나 이상의 보고서를 제출해야 한다. 고등학교 때부터 글쓰기를 좋아해서 시나 짤막한 인터넷 소설 등은 늘 쓰곤 했다. 그리고 그 글들을 인터넷에 올리면 꽤 인기도 있고 좋은 평도 들었지만, 어쩐 일인지 학교에 제출할 보고서 작성만은 쉬운 일이 아니다. 1학년 때도 보고서 준비를 위해서 도서관에도 가보고 인터넷도 참고해서 자료를 찾아 쓴다고 나름대로 노력했지만, 만족할 만한 보고서를 써 본 적이 없었다. 주변 친구들과 이야기해 보아도 대부분 자신과 같은 문제를 호소하고 있었다. 그래서 2학년에 들어와서는 좀 더 논리적이고 만족할 만한 보고서를 쓰기 위해서 무엇을 할 필요가 있는지 알아보기로 했다.

우리는 읽기, 듣기, 말하기, 쓰기와 같은 의사소통 행위 중에서 무엇을 가장 어려워할까? 이러한 질문을 던졌을 때 가장 많은 사람들은 바로 글쓰기라고 응답할 것이다. 그렇다면 왜 사람들이 글쓰는 것을 어려워하는 것일까?

글을 쓴다는 것은 단순하게 하얀 종이 위에 검은색 자모음을 써 나가는 것 이상이다. 특히 학습상황에서 써야 하는 글은 자신의 주장으로 타인을 설득하기 위한 글이던, 여러 정보를 수집하여 그 속에서 종합적 결론을 이끌어 내는 글이든, 머릿속에 떠오르는 아이디어를 나누기 위한 글이든 간에 논리적이고 체계적으로 전개되어야 한다(강미은, 2006; Glover, Ronning, & Bruning, 1995). 이런 글을 쓰기 위해서는 단순하게 떠오르는 대로 적어 내려가는 것이 아니라 무엇 때문에 그리고 누구에게 어떤 목적으로, 어떤 주제로 글을 쓰는지 등을 먼저 생각해야 한다. 그러고 난 후 글쓰기 계획을 세우고 정보를 수집하여 글을 쓰는데, 이 과정에서 끊임없이 되풀이하여 확인하는 등 복잡한 사고과정이 요구된다(Flower & Hayes, 1984). 따라서 이러한 복잡한 과정을 체계적으로 수행하는 훈련이 잘되어 있지 않다면 글을 쓴다는 것은 부담스러운 일이 될 수밖에 없다.

따라서 이 장에서는 자신이 의도한 바를 효과적으로 타인에게 전달할 수 있는 글을 쓰기 위한 과정과 전략을 살펴보고 이를 연습하는 기회를 가질 것이다.

자! 그렇다면 지금 우리는 효과적인 글을 쓰기 위한 준비가 어느 정도나 되어 있을까? 본격적인 글쓰기 전략을 언급하기 전에 먼저 글쓰기 준비도를 확인해 보자.

**체・크・리・스・트**

글을 쓰기 위해서 평소에 자신이 어떻게 하고 있는지를 알아보자. 다음은 글쓰는 과정에서 활용하는 적절한 전략이다. 글을 쓸 때 다음과 같은 행동을 얼마나 자주 하는지 표시해 보자. 거의 하지 않을 때는 1번에, 가끔 할 때는 2번에, 종종 할 때는 3번에 그리고 자주 할 때는 4번에 표시하면 된다(VanderStoep & Pintrich, 2003).

| | 1 | 2 | 3 | 4 |
|---|---|---|---|---|
| 1. 개요를 만든다. | | | | |
| 2. 시간이 촉박하다고 느낀다. | | | | |
| 3. 교정을 본다. | | | | |
| 4. 친구에게 읽어 보게 한다. | | | | |

| | | | | |
|---|---|---|---|---|
| 5. 처음 쓴 것을 프린트해 제출한다. | | | | |
| 6. 글을 쓸 때 여러 정보원, 즉 책, 웹사이트나 노트 등을 활용한다. | | | | |

위의 체크리스트에서 점수를 모두 합산하여 총점을 계산하는데, 2번과 4번 문항은 역산을 한다. 즉, 1번에 표시하면 4점, 2번은 점, 3번은 2점 그리고 4번에 표시했으면 1점으로 계산한다. 모두 6문항이므로 최고점은 24점이고 최하점은 6점이된다. 자신의 점수가 15점보다 낮을 경우 적절한 글쓰기 전략을 활용하지 못하고 있는 것으로 쓰기 전략을 개선할 필요가 있다. 이제 글쓰기에 대해 자세히 살펴보도록 하자.

## 1. 글쓰기 전에 활용하는 전략

글을 쓰기 전에 어떻게 쓸지 계획을 세워야 하는데, 이러한 계획 단계는 목표를 세우고, 글의 내용에 들어갈 아이디어를 생각해 내며, 또 이러한 아이디어를 조직화하는 것을 모두 포함한다.

### 1) 글을 쓰는 목적과 목표설정

왜 글을 쓰고자 하는지, 즉 글을 쓰는 목적이 무엇인지를 스스로에게 물어야 한다. 글을 쓰는 목적은 다양한데, 예를 들어 강의시간에 제시된 과제물을 써서 제출하고자 할 수도 있고 가까운 친구에게 마음을 담은 편지를 써 보내려고 할 수도 있다. 이렇게 다양한 글을 쓰는 목적에 따라 어떤 내용을 어떠한 순서로 그리고 어떻게 표현할지가 달라진다.

학습상황에서 요구되는 글쓰기에는 다음과 같은 것이 있을 것이다.

- 보고서 작성(책 요약보고서, 특정 주제에 대한 보고서, 실험보고서 등)
- 감상문 쓰기
- 논문 작성
- 발표문 작성

어떤 글을 쓸 것인지 결정하였다면 목표를 설정해야 한다. 이런 목표는 '일주일 동안 이 글을 써서 끝마치겠다.' 또는 'A+를 맞을 수 있는 보고서를 쓰겠다.' 와 같이 일반적이거나, '하루에 두 장씩 쓰겠다.' 나 '이 내용은 표로 그려 넣어 읽는 사람이 이해하기 쉽게 하겠다.' 와 같이 특수하고 구체적인 목표일 수도 있다. 전문가들은 과제를 작은 단위로 나누어 보통 특수하고 단기적인 목표를 설정하여 달성하기 쉽고 확인하기도 쉽도록 만들라고 충고한다. 그렇게 하면 목표에 도달했을 때 기분이 좋아지고 다음날도 계속해서 글을 쓰고 싶어진다(VanderStoep & Pintrich, 2003).

## 2) 아이디어 찾기(사전지식 활성화)

### (1) 논제 찾기

목표를 설정한 후에 해야 할 일은 무엇을 쓸 것인지를 결정하는 것이다. 물론 학교에서 요구하는 과제를 쓰는 경우 보통 주제가 이미 정해진다. 하지만 이런 경우에도 구체적으로 어떤 내용을 어떤 형식에 담아 써야 할지는 글을 쓰는 이가 결정해야 한다.

예를 들어, 『현대세계의 일상성』이라는 책에서 이야기되는 현대사회의 특징을 찾아보고 기술된 내용을 대변하는 현상을 찾아 그 책의 저자인 앙리 르페브르의 관점에서 설명하는 보고서를 써서 제출하라는 과제를 받았다고 가정해 보자. 책은 이미 읽은 상태다. 본격적인 글쓰기에 들어가기 전에 가장 먼저 생각할 일은 바로 현대사회의 어떤 현상에 대해 글을 쓸 것인지를 구체화하는 일이다. 책 내용에 대한 기록과 여러 참고문헌을 살펴본 후 현대자본주의 사회의 특징 중 하나인 '소비의 미덕화' 에 초점을 맞추어 쓰기로 결정할 수 있다. 그리고 스스로에게 다음과 같은 몇 가지 질문을 던져 볼 수 있다. 이러한 질문들을 통해 보고서의 논제와 기본방향 등을 결정할 수 있다.

- 소비의 미덕화란 무엇인가? 소비의 미덕화에 대해 자신이 알고 있는 것은 무엇인가?
- 이 현상에 대해 나는 긍정적인 태도를 가지고 있는가 아니면 부정적인 태도를 가지고 있는가?
- 앙리 르페브르의 관점을 어떻게 이해했는가?

### (2) 독자 고려하기

VanderStoep와 Pintrich(2003)에 의하면, 글을 쓸 때는 누가 이 글을 읽게 될 것인가를 생각해 보아야 한다. 누가 읽느냐에 따라 어떤 주제를 무슨 목적으로 쓰며, 글의 초점은 어디에 맞추어야 될지, 어떤 방식으로 기술하고 어떤 용어를 써야 할지 등이 달라지기 때문이다(Lutz, 1987). 전문적으로 글을 쓰는 사람들 역시 글을 쓰기 전에 독자가 누가 될 것인지 먼저 생각한다(Piazza, 1987).

이를테면, 보고서를 써서 제출을 하는 경우 그 글의 독자는 교수자가 되는데, 교수자는 보고서 내용에 대한 전문가이므로 보고서에 언급되는 의견이나 이론은 경험적 연구를 통하여 뒷받침되어야 하는 것이 당연하다고 여긴다. 하지만 만약에 글을 읽는 독자가 자신이 글을 쓰고 있는 분야에 대해 전혀 모르는 문외한 또는 동료학생들이라면 기본적인 개념과 내용에 대한 자세한 설명을 필요로 할 것이다.

이와 같이 글을 읽는 사람에 따라서 다르게 써야 하기 때문에 본격적인 글쓰기에 들어가기 전에 반드시 누구를 대상으로 글을 쓰고 있는지를 분명히 할 필요가 있다.

### (3) 글의 종류에 대한 사전지식 명료화

어떤 종류의 글을 쓰는지에 따라서 글의 구성이나 준비방법 등은 달라지게 된다. 보고서를 쓸 것인지, 아니면 감상문을 쓸 것인지에 따라 글의 순서와 구성을 달리해야 한다. 이에 더해 Applebee(1984)에 따르면, 특정한 장르의 텍스트를 생성할 때 필요한 지식 또한 달라진다고 한다.

예를 들면, 정해 준 책을 요약해서 보고서로 작성하는 경우에는 교재에 제시된 주제 순서대로 개념 또는 이론의 관계를 밝혀 이를 종합적으로 정리하여 써야 한다. 또 머리말, 본문, 맺음말 순으로 구성된 설명문은 주로 글의 소재가 되는 것에 대해 자신이 알고 있는 사항이나 조사한 내용을 글을 읽는 이가 알기 쉽게 전달하는 글이다. 따라서 주장과 논거로 구성되는 논설문과 달리, 객관적이고 명확한 문장으로 정확한 사실에 근거하여 설명해야 한다. 비유, 대조, 예시 등 설명 구조에 관한 설명은 제8장 효과적인 글읽기에 제시되어 있다.

위와 같이 다양한 종류의 글쓰기에 맞는 다양한 양식이 있으므로 글을 쓰는 이는 이러한 사항에 대하여 정확하게 알고 있어야 한다.

### (4) 아이디어 생산

본격적인 글쓰기에 들어가기 전에 사전지식에 대한 명료화와 더불어 글의 내용을 구성하게 될 주제와 관련된 아이디어를 조직한다(서수현, 2006). 이 단계는 글의 내용이 될 사항에 대해 머릿속에 떠오르는 대로 많은 아이디어를 생산해 놓는다.

① Brainstorming

브레인스토밍은 한 가지 문제나 주제에 대해서 다양한 아이디어를 생산하기 위한 사고기법으로, 반드시 기발하거나 효과적인 아이디어만이 아니라 머릿속에 떠오르는 모든 아이디어를 다 나열하는 방법이다. 질보다 양을 중시하고 자유로운 사고의 기회를 중시하는 기법이다. 다음은 앞에서 보고서 과제로 예를 든 현대자본주의 사회의 특징 중 하나인 '소비의 미덕화' 라는 주제와 관련하여 머릿속에 떠오르는 아이디어를 나열한 것이다.

- 유명상품 생산과 가치를 과대평가
- 이미지, 스타일, 의미의 생산과 차별화
- 광고를 통한 욕망생산
- 빠른 속도로 출현하는 새로운 기기
- 각종 여가나 오락의 상품화

② Freewriting

이 방법은 문법, 논리, 구성 등을 고려하지 않고 생각나는 대로 써 내려가는 방법이다. 생략과 축약 등을 사용해서 아이디어를 빠른 속도로 얻어 내는 기법으로, 머릿속에 빠르게 흘러가 버리는 아이디어와 생각 등을 붙잡을 수 있는 효과적인 방법이다. 이러한 기법을 사용하는 경우 놓치기 쉬운 다양한 아이디어를 잡아 낼 수 있다는 장점이 있다.

연습문제

현대 자본주의 사회의 특징 중 '소비의 미덕화' 에 대해 생각나는 대로 써 보자.

현대사회에서는 빠른 속도로 새로운 패션이 탄생하고 이것이 유행됨으로써 이런 유행에 따라야만 개성 있는 주체가 될 수 있는 것처럼 사회구성원들에게 소비를 강요한다.

③ 마인드맵의 활용

이 방법은 새로운 아이디어를 찾거나 아이디어를 분류하는 효과적인 방법으로 앞의 창의적 문제해결이나 지식관리에서 이미 언급된 기법이다. 중심에 주제어를 적은 후 이 주제어에서 연상되는 개념이나 사실 등을 가지를 쳐서 연결하고, 그 개념이나 사실에서 또 연상되는 개념이나 사실 혹은 아이디어 등을 가지를 쳐서 연결한다. 이런 방식을 사용하면 연상작용을 통해 풍부하고 다양한 아이디어를 손쉽게 얻을 수 있다. 이에 더해 서로 관련되는 내용들을 한눈에 알아볼 수 있어 글을 쓸 때 내용의 순서를 정하기 쉽고 정교하고 일관된 글을 쓰는 데 유리하다.

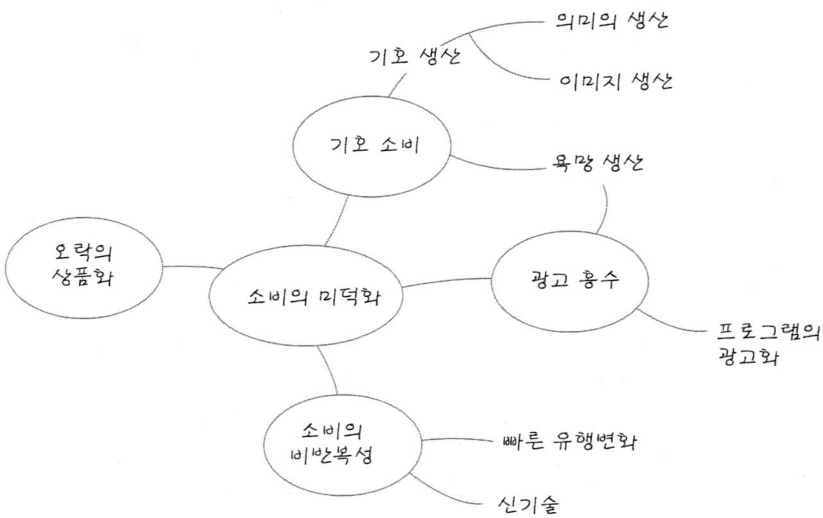


### 3) 조직하기

#### (1) 소주제 상세화

글의 초점을 명확히 하고 자신이 생각해 낸 아이디어 중 글의 목적과 독자에게 적합한 것들을 선택하여 주제와 아이디어를 특정화시킨다. 예를 들면, 현대자본주의 사회의 특징에 대해 기술한다고 할 때 자유로운 경쟁의 기회 제공, 부의 축적과 노력에 의한 사회적 성취의 열린 가능성, 소비의 미덕화, 문화의 상품화, 인간소외, 기존질서에 순응하는 규범화된 인간의 창출 등 다양한 측면이 있을 수 있다. 그중에서 이를테면 소비의 미덕화에 대하여 쓰기로 결정했다고 할 때, 이에 관련된 여러 측면을 소주제로 선정하여 구체화할 수 있는 기반을 마련할 수 있다.

#### (2) 개요 짜기

소주제들을 명확하게 선택한 후 간략한 개요를 써 내려간다(Flesch & Lass, 1996). 개요를 짜는 방식은 글의 종류에 따라 다르다. 사건에 대한 서술이라면 시간의 추이에 따른 사건 전개를 개요로 작성하게 될 것이고, 설득하는 글을 쓰는 경우 모든 가장 중요한 점을 글의 시작이나 마지막 부분으로 하고 가능한 대안들을 리스트로 만들어 개요를 작성할 수 있다(Meyers, 2006). 특히 글을 통해 이야기하고자 하는 중심생각이 무엇인지 고려하고 이런 중심생각들 간의 관계를 고려하는 것도 개요 짜기 과정에서 생각할 점이다. 또한 이러한 중심생각을 어떤 순서로 제시할지 결정한다. 개요를 짜고 나면, 글을 쓰기 전에 단어나 구문으로 표현된 개요에 살을 붙여 문장의 형태로 정교화한다. 글을 쓸 때 이 문장들이 각 단락의 핵심문장이 될 수 있다.

앞에서 예를 든 현대자본주의 사회의 특징 중 '소비의 미덕화' 에 대한 보고서 내용의 개요를 다음과 같이 짤 수 있다.

소비의 비반복성

- 유행변화: 의류나 액세서리, 화장품 등 매 분기별로 새로운 디자인과 모델을 쏟아 내고 이를 유행시킴으로써 새로운 상품에 대한 욕망을 끊임없이 재생산
- 신기술의 급격한 발달: 지속적이고 빠른 속도로 개선된 기능을 가진 신기술 제품을 생산 · 판매하여 구매한지 얼마 안 된 상품도 낡은 상품화

욕망의 소비/기호의 소비

- 기호의 생산
  - 유명상품 등을 생산하고 이것의 가치를 과대포장함으로써 욕망의 대상이 되는 기호의 생산
  - 이미지, 스타일, 의미의 생산과 차별화
- 광고를 통한 욕망생산: 여성잡지나 텔레비전 또는 여러 대중매체의 상품광고를 통해 필요에 의한 소비가 아니라 조장된 욕망에 의한 소비 조장
- 텔레비전 프로그램 자체의 광고화: 단순한 광고를 통한 욕망생산을 넘어 성형수술을 해 주는 프로그램 또는 화장품과 옷으로 이미지나 외모를 변신시켜 주는 프로그램 등을 통해 이런 수술상품이나 화장품, 의류 등을 욕망하도록 광고

모든 대상과 가치의 상품화/자본화

- 문화의 상품화
  - 각종 여가나 오락공간을 따로 마련하고 이를 상품화
  - 음악, 예술 등의 분야로 자본진출이 급증하고 따라서 이들의 상품화
- 사생활 영역 상품화
  - 개인의 영역을 다수가 관음할 수 있는 대상화
  - 개인의 물품이나 생활 자체를 상품화 또는 이에 대해 저술하여 판매

### 4) 기록

#### (1) 자료찾기와 기록

글을 쓰려고 할 때 다양한 출처에서 자료를 수집하는 것은 매우 중요하다. 기본적으로 학교에서 사용하고 있는 교재를 들 수 있고, 이 외에도 여러 참고문헌이나 저널기사, 웹 사이트 등 다양하고 풍부한 정보의 원천을 찾을 수 있다.

① 교재와 참고문헌

보고서나 다른 과제 작성 시 일반적으로 학교에서 사용하는 교재나 관련 서적을 통해 많은 정보를 제공받게 되는데, 보통 이런 자료는 전문가(교수자)의 기준에 의해 내용의 충실도나 여러 측면의 기준을 충족시켰다고 할 수 있다. 따라서 보고서 등을 작성할 때 가장 중요하고 기본이 되는 정보는 교재에서 찾을 수 있는 경우가 대부분이다. 이와 더불어 대부분의 교재들은 책의 맨 뒷부분이나 각 장의 뒷부분에 참고했던 자료들의 출처를 제시하고 있다. 따라서 글을 쓸 때 교재와 더불어 주제에 대해 조금 더 깊이 있는 정보를 알고자 하는 경우 교재에 제시된 자료들을 찾아서 이를 참고할 수 있다.

② 도서관

오늘날 모든 대학이나 대규모 도서관은 소장도서 목록과 이 외 다양한 형태의 자료 목록을 컴퓨터를 통해 찾아볼 수 있는 검색 시스템을 구축하고 있다. 쓰고자 하는 글의 주제와 관련된 여러 주제어를 검색주제어로 선택하여 자료를 검색하는 경우 도서뿐 아니라 저널기사, 연구보고서, 마이크로필름 등 다양한 형태의 자료를 찾아 활용할 수 있다.

자료를 검색할 때 책이나 저널기사의 제목을 알고 있는 경우 제목이나 저자를 입력하여 찾을 수 있다. 주제어를 통해 찾고자 할 때 주제어를 포괄적으로 입력하는 경우 지나치게 방대한 목록을 얻게 되고 이 중에서 적절한 것을 찾아 고르는 것은 상당히 비경제적인 작업이 된다. 이에 반해 주제어를 지나치게 특수하게 또는 좁혀서 입력하는 경우 자료를 찾지 못할 수 있다. 따라서 적절한 검색방법은 포괄적인 주제어로 시작해서 목록을 찾은 후 결과 내 검색을 사용하는 것이다. 검색한 내용 중 조금 더 검색범위를 좁힐 수 있는 주제어를 입력하는 방식을 사용하여 본인이 찾고자 하는 적절한 정보를 효과적으로 찾아낼 수 있다. 예를 들어, 학습전략으로서의 글쓰기를 주제로 글을 쓰려고 할 때 먼저 글쓰기나 쓰기를 검색어로 하여 자료를 검색한 후, 결과 내 검색을 통해서 학습전략을 검색어로 하여 다시 한 번 그 범위를 좁힐 수 있다. 물론 이 경우 일반적인 학습전략에 관한 자료 역시 이 주제로 글을 쓰는 데 도움이 되는 내용이 될 수 있다는 것을 알 수 있으므로 이에 대한 자료도 찾는 것이 좋다.

③ 웹 사이트

정보사회로 접어든 현대사회에서 인터넷은 정보를 검색하는 가장 강력한 도구가 되었다. 학생들도 역시 위에 제시된 두 가지 방법보다 인터넷을 통해서 손쉽게 자료를 검색하여 찾는 경우가 많다. 우리나라에서는 흔히 닷컴이라 불리는 여러 사이트가 선호되는데, 네이버나 다음, 파란닷컴 등을 통해 자료를 검색한다. 물론 이 외에도 세계적으로 널리 쓰이는 구글이나 야후 등도 많이 활용된다. 전문적인 자료를 탐색할 수 있는 검색엔진은 보통 학교도서관 사이트를 통해서 학교와 계약된 학술자료 검색엔진을 사용할 수 있는데, 국내에서는 KERIS나 KISS가 대표적이고 국외는 Eric이나 science direct, blackwell 등이 이에 해당된다.

인터넷을 통해 자료를 찾는 것은 컴퓨터가 설치되어 인터넷이 연결된 곳이면 어디라도 가능하여 접근이 용이한 장점이 있고 다양한 정보들을 한 번에 찾아볼 수 있는 등 여러 긍정적인 부분이 있다. 그러나 유의해야 할 점은 이 경로를 통해 획득한 정보가 모두 정확한 것은 아니라는 점이다. 뿐만 아니라 요약된 형태를 띠고 있는 경우가 많아서 깊이 있는 정보를 획득하기 어려울 수도 있다.

위와 같은 문제점들로 인해 인터넷 검색을 통해 정보를 수집할 때 고려해야 할 몇 가지 유의점을 살펴보기로 한다(Alexander & Tate, 1999).

- 사이트의 권위와 신뢰성을 확인: 위에서 언급했듯이 다양한 웹 사이트가 존재하는데, 이런 사이트 중 신뢰할 수 있는 자료를 제공하는 사이트인지를 확인하고 자료를 사용해야 한다. 위에 제시하고 있는 KERIS나 KISS와 같은 사이트에서는 믿을 수 있고 수준 높은 전문자료를 찾을 수 있다. 특히 학교 안에서 도서관 홈페이지를 통해 접속하는 경우 많은 정보를 무료로 다운받을 수도

있다.

- **자료의 정확도 확인**: 일반적으로 많은 사람들이 쉽게 그리고 즐겨 이용하는 몇몇 사이트를 통해 획득한 정보들 중에서 그 내용이 정확하지 않고 출처가 불분명한 경우가 많다. 그러므로 이러한 사이트를 이용하는 경우 출처가 분명하게 밝혀진 자료들만을 사용하는 것이 오류를 줄일 수 있는 방법이다. 권위 있는 신문이나 잡지 또는 위에서 언급한 전문자료를 볼 수 있는 신뢰할 만한 사이트를 이용한다면 비교적 정확도가 높은 자료를 얻을 수 있다. 문법이나 맞춤법 등에 오류는 없는지, 자료의 출처를 확인할 수 있는지, 저자가 스스로 쓴 내용인지, 다른 reviewer나 편집자에 의해서 심사받은 적이 있는지 등을 확인해 보아야 한다.
- **사이트의 객관성**: 편향된 정보를 제공하고 있는 사이트가 아닌 객관성 있고 균형잡힌 정보를 제공하는 사이트를 찾아야 한다. 특정 이익집단에 편향되거나 광고 같은 것은 없는지, 사이트의 정보가 사이트를 운영하는 개인이나 단체와 특정한 관계는 없는지, 특정 집단의 입장을 대변하고 있지 않은지 등을 살펴보아야 한다.
- **사이트의 타깃 집단과 범위 확인**: 인터넷상에는 불특정다수가 모두 이용하는 사이트도 존재하지만 특정한 입장을 지녔거나 특정 전문분야에서 활동하는 사람들만 이용하도록 만들어진 사이트들도 많이 존재한다. 사이트의 타깃 집단은 메뉴나 홈페이지에서 제시되는 주제목록을 살펴봄으로써 확인할 수 있다.

### (2) 자기기록

앞에서 언급된 외부의 기록뿐 아니라 이미 우리의 장기기억 속에 저장된 여러 유형의 지식들도 글을 쓰는 과정에서 유용하게 활용된다(서수현, 2006). 글쓰기 과정에서 활용될 수 있는 지식에는 글의 주제와 관련된 지식, 주변세계에 대한 지식, 독자에 대한 지식 등이다(박영목, 1987). 이를 글쓰기에 활용할 수 있는 형태로 기억 속에서 이끌어 내는 방법은 주제와 목표를 고려한 연상의 과정을 통해 글의 주제와 관련된 지식을 이끌어 낼 수 있고, 글을 쓰는 과정에서 주변세계에 대한 지식을 활용하게 되며, 글을 쓰기 전에 독자에 대해 정확히 파악하는 과정을 통해 활용할 수 있다.

## 2. 글을 쓰면서 활용하는 전략

이 단계는 계획하기 과정에서 구상해 놓은 내용을 텍스트가 되도록 실제 단어와 문장, 단락과 같은 문자언어로 표현해 내는 과정이다. 글쓰기 전 단계에서 이미 작성해 놓은 개요를 정교화하는 과정이라고도 할 수 있다. 이 과정은 글쓰기의 실질적인 과정이자 가장 어려운 과정이기도하다. Bereiter와 Scardamalia(1987)의 연구에 따르면, 보통 글을 쓰는 데 익숙하지 못한 사람들은 자신이 아는 것을 글로 변환시키는 정도에 만족하고, 이에 반해 글을 능숙하게 쓰는 사람들은 글을 씀으로써 새로운 지식을 창조하는 작업을 하는 것으로 나타났다. 따라서 어떠한 유형의 글도 그저 따라 쓰기가 아닌 자신만의 의미를 창조하는 것이 진정한 글쓰기가 된다.

### 1) 개요를 문장이나 단락으로 전환

글 전체는 단락들로 구성되는데, 이는 글을 쓰는 사람이 자신의 의도를 나타낼 수 있는 몇 가지 주제를 나누어 표현한 것이다. 따라서 독자는 각 단락마다 전체 주제와 그 단락의 주제를 연관지어 이해하게 된다. 만약에 이런 단락을 명확한 의미단위로 나누지 못하는 경우 독자는 글 쓰는 사람의 의도를 정확하게 파악하기가 힘들다.

계획하기 과정에서 작성해 놓았던 개요가 구체적인 문장이나 단락으로 바로 전환이 가능한지 그렇지 않은지는 개요를 얼마나 상세하게 작성했는가에 달려 있다. 작성된 개요 중 큰 제목에 해당하는 것들이 글에서 주요 절이 된다고 할 수 있다. 그리고 그 아래 소제목에 해당하는 것들이 문단이 되며, 개요가 아주 구체적으로 작성됐다면 단락 속 중심문장까지도 만들어 낼 수 있을 것이다(VanderStoep & Pintrich, 2003).

문단이라고도 불리는 단락은 하나의 작은 주제나 독립적 사고를 나타내는 여러 개의 문장으로 구성된 글 전체의 구성단위다. 만약 구체적인 개요를 작성했다면 이미 각 문단의 중심 아이디어는 도출되어 있다고 볼 수 있다. 문단을 만들 때 유의할 점은 반드시 하나의 문단에는 주요 아이디어가 한 가지만 들어 있어야 한다는 것이다. 다시 말해서 문단은 단일성을 지니고 있어야 한다. 이 경우 문단은 중심문장과 이러한 중심문장을 구체화시키는 주변문장들로 구성되어 하나의 의도를 전달하는 나름대로의 구성과 체계를 지니고 있다. 즉, 자체로 완결성과 독자성을 지녀야 한다는 의미다. 주요 아이디어를 그 문단의 중심문장으로 표현해야 하며 중심문장은 다른 문장이 어떻게 중심 아이디어를 발전시킬지에 대한 정보를 담고 있어야 한다(Meyer, 2006).

### (1) 중심문장 만들기

중심문장은 단락에서 가장 추상적이고 일반적으로 진술해야 하고 이에 반해 다른 문장들, 즉 주변문장(또는 뒷받침문장)은 더 특수화되고 구체화된 내용을 담고 있어야 한다. 보통 다른 문장들은 중심문장을 부연설명하거나 예시를 들거나 에피소드나 장면 또는 대상을 기술하기도 하고, 주장하는 글의 경우에는 증거를 제시하는 내용으로 구성되어 있다. 이 외에도 주변문장은 가정, 대조, 분석, 분류, 구분, 비유, 삽입, 유추, 증명, 서사 등의 기능을 한다.

**연습문제**

다음 글을 읽고 중심문장을 찾아 밑줄을 그어 보자.

칸트에게 있어서 부르주아 사회란 '공법을 수단으로 하며 나의 것과 너의 것을 보호해 주는' 사회인 것이다. 오직 부르주아적 맥락 속에서만 외적인 나의 것과 너의 것이 있을 수 있다. 왜냐하면 이런 맥락 속에서만 '권력에 수반되는' 공법이 '각자에게 그의 것을' 보장해 줄 수 있기 때문이다. 오직 부르주아 사회에서만 모든 '임시적인 취득점유' 가 '확정된' 것이 될 수 있기 때문이다. 부르주아 사회는 본질적으로 '법적 질서' 의 견지에서 나의 것과 너의 것에 대하여 이처럼 확립된 입장에 도달한 것이다. 실로 나의 것과 너의 것을 확정적으로 확보한다는 것이 '모든 공권의 궁극적 목표' 로 간주된다.

출처: 박종철 역(1982). 이성과 자유: 마르쿠제 평론선(Marcuse, H. 저), p. 43.

### (2) 주변문장 덧붙이기

단락의 주제와 중심문장을 결정한 후 글쓰기 전 단계에서 기술한 바와 마찬가지로 각 단락을 쓸 때 자유연상이나 브레인스토밍, 조직화 등의 방법을 활용하여 중심문장을 지원할 내용을 생각한다. 글의 주제를 나타내는 중심문장만으로 글을 전개해 나가기보다 상세한 내용이 덧붙여 제시될 때 독자는 글을 쓴 사람이 주제에 대해 깊이 이해하고 있는 것으로 생각한다. 예를 들어, 다음은 '텔레비전 연속극은 아이들에게 악영향을 미친다.' 라는 중심문장을 지지할 내용을 목록으로 만든 것이다.

- 불치병에 걸린 주인공 등은 지나치게 비현실적인 내용
- 개연성이 떨어지는 줄거리
- 불륜이나 이복형제의 사랑과 같은 자극적 소재
- 가난해도 명품옷을 입는 주인공
- 항상 잘생기고 예쁜 주인공들
- 지나치게 도식적인 악역과 선한 주인공

이승훈(1995)에 의하면, 중심생각을 뒷받침할 때 다음과 같은 점들을 확인하는 것이 좋다.

- 보기를 충분하게 들었는가?
- 사용되는 낱말들은 정확하게 풀이했는가?
- 중심생각을 관련 있는 생각과 제대로 비교했는가?
- 원인이나 조건 또는 결과를 충분히 설명했는가?
- 제재나 명제를 잘 나눴는가?
- 제재나 명제는 몇 개나 두었으며 제대로 분류했는가?
- 제재나 명제를 논리적 순서에 따라 배치했는가?

단락을 발전시키는 방식에는 여러 가지가 있는데, Meyers(2006)에 의하면 예시, 설명, 세부정보 등을 제시함으로써 단락을 통해 나타내고자 하는 바를 구체적으로 나타낼 수 있다고 제안한다.

- **예시**: 앞에서 언급한 바와 같이 중심문장은 일반적인 진술이므로 주변문장의 예시를 통해 나타내고자 하는 바를 이해하기 쉽게 한다. 예를 들어, 텔레비전 연속극의 악역과 주인공은 지나치게 도식적인 캐릭터를 지니고 있다는 주장을 하려고 할 때, 몇 가지 연속극에서 나오는 전형적인 캐릭터를 예로 제시함으로써 중심문장의 이해를 도울 수 있다.
- **설명**: 보통 설명문이나 주장하는 글에서 중심문장은 개념을 나타내는 문장이나 주장을 담고 있다. 그리고 주변문장들은 이런 개념을 조금 더 이해하기 쉽게 풀어서 제시하거나, 주장을 포함하는 중심문장을 뒷받침하는 근거 또는 이유를 설명하는 구조를 지닌다.
- **세부정보**: 중심문장에서 제공하는 일반적인 정보를 이해하는 것을 돕기 위해서 세부정보를 제시한다.

한효석(2006)은 Meyers가 제시한 발전방식 외에도 여러 가지 다양한 전개방식을 제안하고 있으며, 이런 여러 방식은 두루 섞어야 한다고 한다. 아래에서 한효석에 의해 제안된 단락 발전방식 중 대표적인 몇 가지만 살펴본다.

- **비교와 대조**: 비교는 둘 또는 그 이상의 대상에 대하여 그 대상들이 지니고 있는 공통점이나 유사한 점을 밝히는 방식이고, 대조는 둘 이상의 대상 간에 차이점을 밝히는 방식이다. 단순히 특성을 기술하여 설명하는 방식에 비해 대조되는 대상을 비교하기 때문에 인지구조 속에서 쉽게 의미화될 수 있다. 예를 들면, 자본주의 경제와 공산주의 경제의 다른 점을 대조하여 그 특성을 기술할 수 있다.
- **분류**: 대상을 유목화하여 각 유목들 간의 포함관계나 위계를 지어 설명하는 방식이다. 어떤 대상을 공통적인 준거특성에 의거하여 유목화한다.
- **분석**: 전체적이고 복잡한 내용을 몇 가지 요소나 부분으로 나누는 방식이다.
- **유추**: 이미 알고 있거나 알려진 사실에서 새로운 것을 추측하거나 도출하는

방식이다. 이 경우 알려진 사실과 추측하는 대상 간에는 유사성이 존재해야 한다.

이에 더해, 중심문장을 지원하기 위해 다른 사람이 쓴 글을 인용하는 경우가 있다. 특히 학술적인 글에서는 경험적 뒷받침이 요구되므로 다른 사람의 책이나 연구보고서 등을 흔히 인용한다. 이때 타인의 글을 있는 그대로 직접적으로 가져다 쓸 경우, 즉 직접인용을 하는 경우 큰따옴표를 인용문의 양 끝에 붙인다. 긴 내용을 인용한 경우에는 하나의 독립된 단락으로 분리하여 제시해야 하며, 따옴표는 붙이지 않는다. 그리고 이렇게 인용한 후에 저자와 출판 연도, 페이지를 제시해야 한다. 이에 반해 간접인용인 경우 따옴표로 묶을 필요가 없으며, 저자와 출판 연도만 제시해 주면 된다. 물론 두 경우 본문 뒤에 들어갈 참고문헌 목록에 이런 자료의 출처를 정확히 기입해 주어야 한다.

### 2) 단락전개 확인

#### (1) 충분한 정보제공

단락에서는 표현하고자 하는 바를 읽는 사람이 명확하게 이해할 수 있도록 충분히 구체적인 정보를 제공해야 한다. 다음 단락을 살펴보자.

> 현대자본주의 사회는 끊임없이 기호를 생산하고 이를 욕망하게 한다. 자본은 매체 등을 통해 특정 상표를 지닌 상품에 다른 상품과 구별되는 독특한 지위를 부여하고 이의 가치를 과대포장한다. 그렇게 함으로써 사람들은 그 특정 상품을 구매하는 사람으로서의 정체성을 형성하게 된다.

그러나 위와 같이 진술을 하는 경우 단락은 현대자본주의 사회에서 특정 상품이 어떻게 사람들의 정체성 형성에 작용하는지에 관한 자세하고 정확한 정보를 제공하고 있지 못하다. 위의 내용을 충분한 세부사항과 예시를 제공하는 단락으로 바꾸어 보면 다음과 같다.

> 현대자본주의 사회는 끊임없이 기호를 생산하고 이를 욕망하게 한다. 자본은 매체 등을 통해 특정 상표를 지닌 상품에 다른 상품과 구별되는 독특한 지위를 부여하고 이의 가치를 과대포장한다. 따라서 이렇게 가치 있는 무엇인가를 소유한다는 것은 그것을 소유한 사람에게 그렇지 못한 사람들에 비해 더 나은 지위를 가진 것과 같은 인식을 제공한다. 예를 들어, 자동차 구매에 대해 생각해 보자. 모든 사람이 그런 것은 아니지만, 대부분의 사람들은 싸구려 소형차를 구매하면서 이에 대한 자부심을 느끼지는 않을 것이다. 또한 언제라도 금전적 여유만 있다면 더 나은 차종으로 기꺼이 바꾸려 할 것이다. 하지만 만약 세계적으로 알아주는 모회사의 스포츠카를 소유하고 있다면 그것은 단지 자동차 한 대를 소유한 것 이상의 의미를 지니게 된다. 즉, 자신은 모회사의 차를 소유하고 있으며 이는 그만큼의 사회적 지위와 부를 지니고 있음을 자신과 타인에게 상징하게 된다. 그렇게 함으로써 사람들은 그 특정 상품을 구매하는 사람 또는 소유하는 사람으로서의 정체성을 형성하게 된다.

위의 단락은 앞에 제시된 단락과 같은 주제를 전달하고 있지만, 글을 쓰는 사람이 전달하고자 의도한 바를 명확히 파악할 수 있을 만큼 충분한 예와 세부사항에 대한 표현이 들어 있다.

### (2) 단락의 구성방식

중심문장과 주변문장들로 하나의 단락을 구성하는 방식은 여러 가지가 있는데 대표적인 것이 두괄식, 미괄식, 양괄식, 중괄식이다. 각각의 방식은 나름의 특징과 장단점을 지니고 있다. 각 형식에 대해 조금 더 상세히 살펴보도록 한다.

두괄식은 중심문장을 단락의 맨 앞에 놓는 방법으로 글 쓰는 사람의 주장을 처음부터 제시해 강력한 인상을 주고, 독자들의 관심을 의도하는 바에 명확하게 집중시킬 수 있도록 한다. 두괄식은 독자들이 글의 요지를 파악하는 것을 쉽게 할 수 있다는 장점이 있으나, 독자가 단락의 끝까지 관심을 집중하지 않을 수 있다는 약점도 있다.

미괄식은 중심문장을 단락의 맨 뒤에 놓는 형식으로 마지막에 단락 전체를 요약하는 결과를 제시하여 주제를 극적으로 강조할 수 있다는 장점이 있다. 그렇지만 마지막까지 읽어야만 글을 쓴 사람의 의도를 제대로 파악할 수 있어서 읽는 사람으로 하여금 부담감을 주거나 내용을 이해하기 어렵게 할 수도 있다.

양괄식은 동일한 중심문장을 단락의 앞과 뒷부분에 두거나, 같은 의미를 지녔지만 다른 표현을 사용한 두 문장을 단락의 앞과 뒤에 놓는 형태다. 가끔은 앞의 중심문장과 뒤의 중심문장을 합쳐서 단락의 주제를 이루기도 한다. 즉, 주제를 반복해서 강조한다고 할 수 있는데, 읽는 사람으로 하여금 중언부언한다는 느낌이나 문체가 깔끔하지 못하다는 느낌을 줄 수 있다.

중괄식은 중심문장을 단락의 가운뎃 부분에 두는 형식으로 앞부분과 뒷부분은 중심문장에 대한 보충설명을 추가하는 방식이라고 할 수 있다. 여러 방식 중 글쓴이의 의도를 파악하기 가장 어렵고 주제가 강조되지 못한다는 문제점이 있다.

물론 모든 글이 위에 제시한 4가지 형식 중 한 가지를 따르는 것은 아니다. 묘사나 서사적인 글은 따로 중심문장 없이 시간과 배경의 이동에 따라 전개된다. 그러나 대부분의 논리적인 글은 위의 단락구성 방식 중 한 가지를 택하고 있으며 그중 두괄식이 가장 선호된다.

### (3) 단락의 연결

각 소주제를 가지고 있는 단락을 연결할 때 주제가 일관되게 발전해 나가는 과정에 따라서 전개되도록 해야 한다. 단락을 배열하는 방식은 설득하는 글이나 설명하는 글의 경우 논리적 원리에 따라 배열하고, 서사글인 경우 시간의 흐름에 따라 배열하며, 묘사하는 글인 경우 공간의 이동에 따라 배열한다. 또 책을 요약하는 글인 경우에는 책의 내용전개 순을 그대로 따르면 된다. 단락이 너무 짧으면 의도하는 바를 충분히 표현하지 못하는 반면에, 너무 길면 독자가 지루하게 느끼게 되므로 10~15문장 정도로 이루어지는 것이 적절하다.

### (4) 논리적 단락과 글쓰기

앞에서도 기술한 바와 같이 하나의 단락은 하나의 소주제만을 나타내는 것이 좋다. 특히 주장하는 글의 경우 주장이나 의견을 나타내는 중심문장과 이를 뒷받침할 수 있는 전제 또는 논거가 되는 주변문장들로 이루어지는데, 논리적인 글의 구성이 되기 위해서는 몇 가지 조건이 전제된다.

- 두괄식 배열: 독자로 하여금 글의 전개 방향을 알기 쉽게 하고 글쓴이의 의도를 가장 쉽게 파악할 수 있게 하는 구조다. 이 형식을 사용하는 경우 가장 효과적으로 논지를 전개할 수 있다.
- 중심문장을 먼저 만들고 주변문장을 만들기: 글쓴이의 주장을 나타내는 중심문장을 먼저 만든 후 이를 뒷받침할 수 있는 주변문장을 충분하게 만들어 이를 논리적으로 연결시킨다.
- 하나의 문장으로 문단 만들기 지양: 글은 사고의 흐름을 나타내는 것으로 사고는 포도처럼 여러 생각이 얽혀 하나의 덩어리를 이룬다. 글도 이와 같은 형식을 따르는 것이 논리적인 전개가 된다.

### 3) 그 외 보고서의 구성요인

#### (1) 제목

보고서나 대부분의 글들은 제목을 제시하면서 시작한다. 자신이 쓴 글에 적절한 제목을 붙이는 것은 상당히 중요한데, 왜냐하면 글을 읽는 사람은 일단 제목을 읽음으로써 '어떤 내용을 소재로 글을 썼는지' 또는 '주제는 어떠한지' 등에 대해 막연한 수준에서나마 기대를 형성하기 때문이다. 그리고 이런 기대는 글을 읽어 나가는 동안 지속적으로 영향을 미친다. 그러므로 글에 제목을 붙일 때는 글의 내용을 잘 대표할 수 있는 단어나 구문을 사용하는 것이 일반적이다. 때로는 글을 읽는 이의 관심을 고조시키기 위해 문제를 제기하는 의문문의 형태로 제목을 붙일 수도 있다. 이 경우 글 쓰는 사람이 중립적인 자세를 견지하고 있지 않다는 추측을 글 읽는 사람으로 하여금 불러일으킬 수 있으므로 주의해야 한다.

#### (2) 목차

글읽기 장에서 소개된 바대로 목차는 글의 전반적인 내용전개에 대한 정보를 제공해 준다. 따라서 글을 다 쓰면 차례를 만들어 본문 앞에 제시해 주어 독자에게 글의 내용이 어떤 순서대로 제시될 것인지 전체적인 윤곽을 알 수 있게 한다. 한글 프로그램에서 문서를 작성하는 경우 차례 만들기를 통해서 차례에 나타내고 싶은 개요수준을 지정하여 목차를 쉽게 만들 수 있다.

### (3) 참고문헌

글을 쓰면서 참고하고 인용했던 자료들을 참고문헌 목록에 모두 보고해 주어 원저자에게 고마움을 표시해야 한다. 오늘날 표절을 확인하는 검증 시스템이 잘 되어 있어 타인의 글을 인용하고도 이를 글과 참고문헌에서 보고하지 않으면 문제가 될 수 있다. 일단 본문에 제시된 참고문헌(책, 잡지, 신문기사 등 다양한 출처가 가능)은 반드시 참고문헌 목록에 포함되어야 하며, 참고문헌 목록에 들어있는 자료는 본문 어디선가 반드시 찾을 수 있어야 한다(강진령, 2005).

참고문헌을 제시하는 경우 저자명을 가장 앞에 두는데, 참고문헌 목록 제시순서는 바로 저자명의 가나다순과 알파벳순으로 배열한다. 저자명은 한국인, 동양인, 서양인 저자순으로 제시한다. 동일한 저자의 여러 문헌을 인용한 경우 출판 연도가 빠른 순으로 단독저서부터 배열한다.

참고문헌을 보고하는 양식은 출처에 따라서 조금씩 다르다. 심리학이나 교육학 논문을 쓸 때 일반적으로 활용되는 APA(American Psychological Association) 양식에서 요구하는 일반 형태를 살펴보면 다음과 같다.

서적과 같은 정기간행물:

저자명. (출판 연도). 서적제목. 출판사 소재지: 출판사명.

Author, A. A. (year). *Title of work.* Location: Publisher.

정기간행물:

저자명, 저자명 (출판 연도). 논문제목. 정기간행물의 이름, 권(호수), 페이지.

Author, A. A., Author, B. B., & Author, C. C. (year). *Title of article. Title of Periodical, vol* ( ), page.

비정기간행물의 일부:

저자명, 저자명. (출판 연도). 인용된 장(chapter)의 제목. 편집자명, 편집자명.(편.),

서적제목 (페이지). 출판사 소재지: 출판사.

Author, A. A., & Author, B. B. (year). Title of chapter. In A. Editor, B. Editor, & C. Editor (Eds.), *Title of work* (page). Location: Publisher.

온라인 문서:

저자명. (연도). 문서제목. 인출된 월일, 연도, 출처.

Author, A. A. (year). *Title of work*. Retrieved month day, year, from source.

온라인 정기간행물:

저자명, 저자명. (연도). 기사의 제목. 정기간행물의 이름, 권(호수), 페이지. 수정된 월일, 연도, 출처.

Author, A. A., & Author, B. B. (year). Title of article. *Title of Periodical, vol,* pages. Retrieved month day, year, from source.

## 3. 정리 단계에서 활용하는 전략

### 1) 교정하기

생각을 글로 옮겼다고 글쓰기 과정이 모두 끝난 것은 아니다. 이를 평가하고 교정·정리하는 작업이 필요하다. 이런 평가의 과정을 위해 다음에 제시된 여러 측면에 대해 정확한 정보를 갖고 적용하는 것이 중요하다(Hull, 1987).

#### (1) 문법적 오류 수정

문법적으로 정확한 표현을 구사하는 것은 글을 쓸 때 지켜야 할 가장 기본적인 것으로 사람이 옷을 입는 것과 같다고 할 수 있다. 입은 옷이 단정치 못하고 지저분하면 그 사람의 사고와 인간됨에 상관없이 다른 사람에게 좋지 못한 인상을 줄 뿐 아니라 그 사람 됨됨이에 대한 제대로 된 판단을 내리려 하지 않게 된다. 글도 이와 마찬가지다. 맞춤법이 틀렸거나 비문 표현이 많이 들어 있는 경우 아무리 글의 내용이 좋다고 하여도 읽는 사람은 글이 깔끔하지 못하다는 인상을 갖게 되고, 글에 대한 관심을 떨어뜨리도록 만든다. 이에 더해 글을 쓰는 사람이 글을 급하게 쓰고 확인조차 하지 않은 무성의한 글이라 여기게 된다. 이런 가능성을 배제하기 위해서 글을 쓰는 중간중간 그리고 다 쓴 뒤에 반드시 맞춤법이나 표현에 있어서 문법적 오류를 범하지 않았는지 확인하고 틀린 부분은 수정하도록 한다.

#### (2) 일관성 확인

글 전체를 읽어 가며 전체적 의미를 살펴보아야 한다. 어떤 주제로 글을 쓸 때 글을 구성하고 있는 각 단락과 문장은 큰 주제와 관련된 내용을 다루고 있어야 하며, 전개과정과 구성 역시 논리적이어야 한다. 즉, 문장과 문장 간의 연결, 단락 간의 연결, 단락의 배치 순서 등이 자연스럽고 논리적인지를 확인해야 한다. 오늘날 문서작성은 보통 컴퓨터로 하게 되는데, 글 전체를 제대로 살피기 위해서는 모니터를 통해서만 확인하지 말고 되도록 프린트해서 살펴보는 것이 더 효과적이다(Vanderstoep & Pintrich, 2003).

#### (3) 계획과 일치성 확인

앞에서 설명한 바와 같이 글을 쓸 때 이미 계획 단계에서 개요를 잡게 되는데, 글을 다 쓰고 난 후에는 이렇게 계획했던 개요와 비교해서 어느 정도 일치하고 있는지 확인해야 한다. 이는 글쓰기에서의 계획과 성과물과의 일치성의 확인이라고 할 수도 있다. 그리고 만약 계획한 바와 달라진 부분이 있다면 변경하게 된 원인이 타당한지를 판단하고 판단의 결과에 따라 글을 수정할 수 있다.

### 2) 피드백 받기

글을 쓰고 나면 스스로 교정하는 것도 중요하지만 자신이 쓴 글이 타인에게 어떻게 이해되는가를 아는 것도 중요하다. 자신이 읽었을 때는 별 문제가 없다고 생각되는 표현도 다른 사람은 전혀 이해하지 못할 수도 있기 때문이다. 따라서 주변 동료나 친구들에게 자신이 쓴 글을 읽게 하고 의견을 묻는 것은 글쓰기 마지막 단계에서 반드시 이루어져야 한다. 한 사람이 찾아내지 못한 오류나 문제점을 다른 사람이 찾아낼 수 있게 하기 위해서는 최소한 2~3명에게 읽게 하고 피드백을 받는 것이 좋다.

이 장에서 중요하다고 생각되는 내용을 정리해 보자.

# 제11장 발표와 토론

영우는 비교적 소극적인 성격이다. 고등학교 때까지는 수업시간에 열심히 듣고 그 내용을 이해하고 외워서 시험을 보면 그런대로 성적이 나왔다. 대학교에 와서 가장 힘든 것 중에 하나는 발표수업이다. 교육학과에 다니는 영우는 2학년에 올라와서 거의 대부분의 수업이 발표수업으로 이루어지기 때문에 스트레스가 이만저만이 아니다. 한때 휴학을 할까 고민했을 정도다. 첫 발표수업 시간에는 얼굴이 붉어지고 목소리까지 떨리는 바람에 얼마나 당황했는지 모른다. 결국 미리 준비한 파워포인트는 제대로 활용도 못하고 원고를 거의 읽다시피 하였다. 이를 듣고 있는 학우들은 무척 지루해하는 것 같았고 교수님도 만족스럽지 못하다는 표정을 지으셨다. 다음 발표 때에는 어떻게 준비해야 할지 막막하다.

**체 · 크 · 리 · 스 · 트**

다음은 평소에 발표와 토론에 대해 어떻게 생각하는지 알아보는 질문들이다. 토론이나 발표를 할 때 다음과 같은 행동을 얼마나 자주 하는지 표시해 보자. 거의 하지 않을 때는 1번에, 가끔 할 때는 2번에, 종종 할 때는 3번에, 자주 할 때는 4번에 표시하면 된다.

| | 1 | 2 | 3 | 4 |
|---|---|---|---|---|
| 1. 토론할 때는 내 의견을 관철시켜야 한다고 생각한다. | | | | |
| 2. 토론하는 상황에서 나만 다른 의견을 갖는 것이 부담스러워 다른 사람의 의견에 동조한다. | | | | |
| 3. 발표를 준비할 때에는 듣는 사람들이 발표내용에 대해 어느 정도 이해하고 있는가를 미리 생각해 본다. | | | | |
| 4. 토론이란 참가자들의 생각을 교환하는 것이기 때문에 정답이 따로 있는 것이 아니라고 생각한다. | | | | |
| 5. 발표할 때 실수하지 않기 위해 미리 원고를 준비하여 읽는다. | | | | |
| 6. 발표를 준비하면서 미리 거울 앞에서 실제로 발표하는 것처럼 연습해 본다. | | | | |

위의 체크리스트에서 점수를 모두 합산하여 총점을 계산하는데, 1, 2, 5번 문항은 역산을 한다. 즉, 1번에 표시하면 4점, 2번은 3점, 3번은 2점 그리고 4번에 표시했으면 1점으로 계산한다. 모두 6문항이므로 최고점이 24점, 최하가 6점이 될 것이다. 자신의 점수가 18점보다 낮을 경우에는 토론과 발표태도를 개선할 필요가 있다. 이제 토론과 발표에 대해 자세히 살펴보도록 하자.

아무리 좋은 생각을 갖고 있어도 이를 잘 표현하지 못하면 다른 사람들에게 전달할 수 없다. 학교에서 일정한 주제로 발표하거나 토론할 때 자신의 논점을 정확히 전달하고 상대방의 의견을 잘 이해하는 능력은 매우 중요하다. 글로 하는 것보다는 직접 얼굴을 보면서 말로 자신의 생각을 표현하는 것이 상대방의 상태를 체크하면서 전달 내용을 조절할 수 있다는 장점이 있다. 물론 글을 쓸 때 심사숙고하여 좀 더 함축적으로 표현할 수 있으며, 경우에 따라서는 더욱 정확하게 표현할 수도 있다. 반면 구두로 발표할 때는 글을 쓸 때와 같이 함축적인 표현을 많이 쓸 경우 이를 이해하기가 쉽지 않다. 글을 읽을 때에는 이해되지 않는 부분을 다시 읽어 볼 수 있으나, 다른 사람이 구두로 발표한 내용은 한 번 듣고 바로 이해해야 하기 때문이다. 따라서 발표할 때 지나치게 문어체를 많이 활용하는 것보다는 구어체를 사용하도록 한다.

발표할 때에는 논리의 명료성이 중요하다. 우선 전달하고자 하는 내용을 분명하게 정리한다. 많은 학생들이 학술적 내용에 대해 설명할 때는 추상적이고 복합적인 개념들을 사용해서 장황하게 설명해야 된다고 생각하는 경향이 있다. 복잡하게 표현하는 것보다는 명료하게 표현하는 것이 좋다.

## 1. 발표

일정한 주제에 대해 조사하거나 탐구하고 그 결과를 발표하는 능력은 성공적인 학업 수행에 필수적이다. 발표하기 위해서는 주제의 선정부터 자료조사, 발표 준비에 이르기까지 체계적인 작업을 수행해야 한다. 발표한다는 것은 자신의 생각이나 그동안 탐구, 학습했던 내용을 다른 사람들에게 전달하거나 혹은 그들을 설득하기 위하여 자신의 논점을 제시하는 것을 말하며, 대부분 발표 후에 질의응답 혹은 토론으로 이어지게 된다.

### 1) 발표 계획

발표를 계획할 때 우선 생각해야 할 점은 자신의 발표를 통해 무엇을 이루려고 하는가다. 발표의 목적이 분명해지면 청중에에 대해 분석하여 그들의 지식수준, 관심과 기대에 부합되게 준비한다.

#### (1) 발표의 목적

발표를 통해서 무엇을 이루려고 하는지 분명히 한다. 즉, 발표를 마친 후 발표를 청중이 무엇을 알고 무엇을 하는 것이 좋을지 생각해 본다. 이러한 질문을 통해 발표의 목적을 분명히 하는 것이 좋다. 발표의 목적을 분명히 하는 것은 다른 사람들 앞에서 횡설수설하는 것을 방지할 수 있다.

발표의 목적은 크게 정보(지식)의 전달과 설득으로 구별할 수 있다. 물론 강의시간에 발표하는 경우에는 지식의 전달이 목적인 경우에 해당되나, 직장에서 자신의 아이디어나 작품을 소개하거나 정치적 견해를 발표하여 다른 사람들이 이를 수용하도록 마음을 움직이게 하려면 이러한 발표의 목적은 설득에 해당될 것이다. 지식 전달이 목적일 때는 발표가 끝난 후 청중이 발표내용에 대해 이해할 수 있고 새로운 지식을 획득할 수 있어야 한다. 물론 발표의 목적이 설득일 때에도 다른 사람들의 마음을 움직일 수 있는 정보나 지식을 전달하는 것이 기본적으로 수행되어야 한다.

### (2) 주제의 선정

주제가 정해져 있는 경우가 많으나 발표자가 주제를 선택해야 하는 상황도 있다. 물론 발표자가 스스로 주제를 정할 수 있을 때는 더 흥미를 갖고 적극적으로 준비할 수 있다. 일반적으로 주제를 정할 때는 주어진 시간 등 여건을 고려해야 한다.

### (3) 청중에 대한 분석

자신의 발표를 들을 사람들에 대해 미리 생각해 보는 것은 중요하다. 즉, 그들이 이미 알고 있는 내용과 흥미, 관심에 대해 생각해 보고 발표내용을 준비해야 한다. 청중이 알고 있는 내용과 연결해서 발표를 시작하면 더 잘 이해할 수 있을 것이다.

발표내용의 난이도는 청중의 사전지식에 맞추어 조절하는 것이 좋다. 예를 들어, 통계적인 데이터에 대해 발표할 때 '미국 어린이들이 고등학교 졸업때까지 총 18,000시간을 TV 앞에 앉아 있다.' 라고 한다면 이것이 무엇을 의미하는지 이해하기가 쉽지 않을 것이다. 이를 평균 매일 몇 시간씩 TV를 보는 것인지 혹은 이 시간은 미국 학생들이 학교에서 수업받는 시간보다 많다는 식으로 풀어 설명하면 더 이해하기에 좋지 않을까? 비슷한 예로 아동들에게 몇십만 원의 돈에 대해 설명한다면 이 액수가 얼마나 큰 돈인지 상상하기가 어려울 것이므로 이 액수로 아동들이 좋아하는 사탕을 몇 봉지 살 수 있는지로 설명한다면 더 잘 이해할 것이다. 또한 청중의 기대와 관심에 부합되게 준비하는 것이 발표의 효과를 높이는 길이다.

### 2) 발표 준비

주제를 선정하고 청중에 대해 분석하였으면 어떤 방법으로 자료를 조사하여 발표할 것인가를 생각한다. 자료조사과정에서 주제에 관해 지금까지 이루어진 연구결과를 분석하고 필요에 따라 전문가의 조언을 구한다. 종종 너무 의욕적으로 자료를 조사한 나머지 자신에게 주어진 시간에 발표할 수 있는 분량을 초과하는 내용을 준비하는 경우가 있는데, 발표할 때 유의할 점은 자신이 알고 있는 내용을 사람들 앞에서 모두 털어내는 것이 아니라 자신이 분명히 알고 있는 내용들을 발표의 목적에 부합되도록 잘 구성하는 것이다. 이때에도 물론 청중의 특징을 고려해야 한다.

자료를 취사선택하였으면 이를 정리하여 발표할 내용에 대한 윤곽을 잡아야 하고 필요에 따라 그림, 표 등을 만들고 파워포인트로 발표할 내용을 디자인한다. 발표내용을 구성할 때 어떤 순서로 내용을 제시할 것인지 생각해 보아야 한다. 즉, 어떤 이야기로 시작하고 무엇을 말하면서 마무리지어야 발표의 목적을 달성할 것인가를 생각해 본다. 또한 어떤 시청각매체를 활용하여 발표할 것인지도 계획한다.

대개 도서관이나 인터넷을 통해 자료를 조사한다. 체계적인 조사를 위해 다음의 사항에 유의한다.

- 주제별로 정리된 목록에서 주제와 관련된 연구를 찾아본다.
- 주제와 관련된 책에서 제시된 연구물들을 검토한다.
- 주제와 관련된 잡지를 통해 그 분야의 새로운 연구물을 검색해 본다.
- 필요에 따라 통계연감 등과 같은 통계자료를 활용한다.
- 인터넷의 검색기능을 활용하여 자료를 찾을 수 있으나 이들 자료의 가치에 대해 비판적인 자세를 가져야 한다.
- 주제와 관련된 기관에 자료 요청을 하는 방법도 있다.
- 필요에 따라 전문가에게 도움을 받는다.

책을 찾으면 이를 처음부터 끝까지 읽을 필요는 없다. 목차를 보고 해당되는 장을 집중적으로 읽는 것이 발표를 준비하는 데 효과적이다. 자료를 조사하면서 메모하는 것이 좋은데, 다시 볼 수 있는 자료일 경우 핵심단어를 중심으로 요약한다. 그러나 책 제목, 해당 쪽수 등을 잘 정리해 두어야 나중에 필요에 따라 다시 원래의 자료를 찾아 해당부분을 더 자세히 정리할 수 있다. 평소에도 관심이 있는 주제와 관련된 자료를 (예: 신문, 방송) 보았을 때 메모해 두면 발표내용이 더 생생해질 수 있다.

### 3) 발표내용의 구성

자료의 중요도에 따라 분류하고 관련된 내용끼리 묶어 정리하는 것이 필요하다. 또한 각 내용들이 발표의 어느 부분에(예: 도입, 본문, 결론) 해당되는지 생각해 본다. 대부분의 발표내용은 도입, 본문, 결론으로 이루어진다. 도입 부분에서는 인사와 간단한 자기소개에 이어 주제, 발표의 목적, 내용 구성에 대해 소개한다. 본문을 시작하기 전에 발표내용과 주제에 관련된 배경정보를 제공하고 본 내용을 발표한다. 결론 부분에서는 요약과 제언을 하고 질의응답에 이어 토론을 제안한다.

#### (1) 도입

도입 부분은 전체 발표의 15%에 해당되는 시간을 할당한다. 간단한 인사에 이어 청중의 관심을 끌 수 있는 이야기로 시작한다. 발표내용과 관련된 명언을 인용하거나 관심을 끌 수 있는 데이터를 제시할 수 있다.

**연습문제**

문제에 관련된 내용을 발표하려고 한다. 도입 부분을 어떻게 시작할 수 있을까? 다음 중 한 가지를 선택하여 도입 부분을 구성해 보자.

- 명언의 인용

- 관심을 끌 수 있는 데이터

- 발표내용과 관련된 이야기

발표의 목적에 대해서 말하는 것도 도입 부분에서 해야 될 일이다. 앞에서 예를 든 주제인 환경오염에 대해 발표하려고 할 때 예를 들어, "오늘 발표할 내용은 환경오염에 관한 것입니다. 저는 여러분들에게 환경오염의 실태를 소개하고 그 심각성을 알려 환경오염의 예방책에 관해 함께 고민하고자 합니다." 등과 같이 발표의 목적을 간단히 소개함으로써 듣는 사람들의 주의를 끌 수 있을 것이다.

도입 부분에서 발표내용의 전체적인 구성을 소개하는 것도 유용하다. 발표를 시작하기 전에 목차 혹은 마인드맵과 같은 도구를 활용하여 전체적인 윤곽을 작성하여 제시한다. 발표내용의 구성을 소개하면서 각 부분을 소개하는 데에 필요한 시간을 대략적으로 알려 주는 것도 좋다. 도입 부분에서 발표내용의 전체적인 구성을 소개할 수 있는 목차는 [그림 11-1]과 같이 작성할 수 있을 것이다.

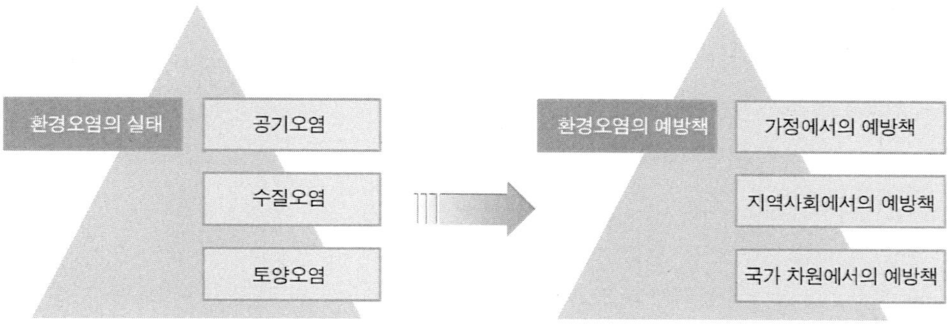


**[그림 11-1] 도입 부분에서 제시할 수 있는 목차의 예**

### (2) 본문

도입 부분이 끝나고 자신이 발표할 내용의 본론에 해당되는 부분으로 전체 발표시간의 75%를 차지한다. 대개 발표내용의 배경지식에 관해 언급하면서 시작할 수 있다. 배경지식에 관한 정보를 얼마나 자세하게 제시하는가는 청중의 사전지식의 수준에 따라 다르다.

발표내용은 잘 조직화되어야 한다. 듣는 사람들의 기억능력을 감안해서 발표내용의 목록이 7개를 넘지 않도록 한다(좀 더 자세한 내용은 제3장의 기억 모델을 참조). 본문 내용 구성은 청중들이 알고 있는 내용으로 시작해서 새로운 내용으로 이어지는 것이 좋다. 새로운 정보가 이미 알고 있는 내용과 연결될 때 더 잘 이해되기 때문이다.

발표할 때 또 하나의 요령은 항상 숲을 먼저 보여 주고 나무를 보여 주는 것이다. 즉, 세부적인 내용에 들어가기 전에 항상 전체적인 윤곽을 제시함으로써 지금 듣고 있는 내용이 전체 내용 중 어느 부분에 해당되는가를 알려 주는 것이 좋다. 물론 발표 내용이 논리적으로 구성되어 있어야 하는데, 예를 들어 앞에서 제시한 환경오염에 대해 발표할 때 다음과 같이 다섯 단계의 내용으로 구성하는 것이 이해하기 쉽다.

- 환경오염의 실태
- 환경오염으로 인한 생태의 파괴
- 가능한 해결방안(1, 2, 3…)
- 각 해결방안에 대한 평가
- 결론 및 제언

청중들을 설득해야 하는 상황에서는 자신의 입장뿐 아니라 다른 입장에 대해서도 공정하게 발표해야 한다. 즉, 각 견해의 장단점이 무엇인가를 객관적으로 제시하고 자신의 견해의 특별한 점을 부각시키는 것이 다른 의견을 일방적으로 비판하는 것보다 설득력이 있다.

연습문제

요즘 젊은이들은 성형수술을 많이 한다. 누구나 자신의 외모를 가꾸고 다른 사람들에게 호감을 주려고 한다. 더욱이 취업하는 데 있어서도 외모의 중요성이 많이 부각되기 때문에 성형수술을 한다는 젊은이들도 많다. 반면에 성형수술의 부작용도 많이 보도되고 있다. 성형수술에 대한 자신의 견해를 밝히고 다른 사람들도 설득하려고 할 때 자신의 발표 내용을 어떻게 논리적으로 구성할지 생각해 보자.

- 성형수술에 대한 찬성 의견

- 성형수술에 대한 반대 의견

- 두 가지 견해의 공통점

• 자신의 견해에서 특별한 점

• 결론: '그러므로 …이다.'

### (3) 결론

발표를 마무리하는 결론 부분에서는 전체적인 내용을 요약하고 질문을 받거나 토론을 유도한다. 한편 다른 사람들을 설득하기 위해 발표하는 경우 그들에게 앞으로 어떻게 하는 것이 좋겠다는 제안을 할 수 있다. 결론 부분에는 약 10%의 시간이 할당될 수 있다. 경우에 따라서는 결론 부분에서 말할 내용을 미리 적어놓으면 발표를 마무리지으면서 너무 긴장한 나머지 꼭 말해야 할 내용을 빠뜨리거나 중복해서 말하는 것을 막을 수 있다.

발표내용을 요약해서 말할 때는 요약내용을 말한다는 것을 미리 알려 주어서 듣는 사람들이 새로운 내용에 대한 부연설명을 듣는 것이 아님을 알게 하는 것이 좋다. 요약하는 것은 단순히 앞에서 언급한 내용을 짧게 다시 한 번 말하는 것이 아니고, 발표목적에 비추어 보았을 때 중요한 내용을 다시 강조하는 것이다. 따라서 요약할 때 자신이 발표한 내용 중에서 청중들이 꼭 기억해야 될 내용이 무엇인지 생각하는 것이 좋다. 요약을 이야기한 후 질문을 받거나 토론에 들어가기에 앞서 잠시 휴식시간을 갖는 것도 다른 사람들과의 간단한 대화를 통해 토론의 방향을 설정하는 데 유익할 수 있다.

질문에 답하거나 토론을 하면서 청중들이 궁금해하는 내용에 대해 설명하거나 반대 의견에 대해 자신의 견해를 밝힐 수 있다. 또한 질문에 답하면서 시간관계상 제대로 언급하지 못했던 내용에 대해 부연설명할 수 있는 기회를 갖게 되기도 한다. 또한 토론과정에서 청중들이 자신의 발표를 어떻게 이해하고 있고 어떤 견해를 갖고 있는지 알 수 있는 기회가 되기도 한다.

발표를 준비하면서 어떤 질문을 받을 수 있을지 혹은 청중들로부터 어떤 이의가 제기될지에 대해서 미리 생각해 보고 이에 대비해 보는 것도 좋다. 질문이 있을 때는 이에 대해 응답하여 불분명했던 점들을 처리하고 나서 토론에 들어가는 것이 바람직하다. 질문이 많을 때는 주제별로 모아서 전체적으로 답하는 방법도 좋다.

발표자는 자신의 발표내용에 대한 비판에 감정적으로 대응하지 않도록 주의해야 한다. 이럴 때는 비판의 내용을 다시 정리하면서 감정적인 것을 배제하고 비판내용의 객관적인 측면에 초점을 맞출 수 있는 시간을 버는 것이 좋다. 비판적인 내용에 대해 객관적이고 침착한 태도를 보이는 것이 오히려 더 좋은 인상을 남길 수 있다는 것을 염두에 두고, 엉뚱한 질문을 하거나 비판적인 말을 한 사람들에게 감정적인 반응을 보이지 않도록 한다. 또한 포괄적인 비판내용에 대해서는 구체적인 예를 들어 비판해 줄 것을 요구하는 것도 좋다.

질의응답과 토론을 마무리하면서 중요한 내용을 다시 요약하고 충분히 응답하지 못했거나 토론하지 못한 내용들도 정리하여 다음 기회에 다룰 수 있기를 바란다고 말하면서 정리한다. 맺는말을 하는 과정에서 겸손해 보이기 위해서든, 자신의 발표내용에 만족하지 못해서든 만족스럽지 못한 발표를 해서 죄송하다는 취지의 발언을 하는 경우가 있다. 그러나 이 경우 자칫 청중에게 변명을 한다는 인상만 심어 주는 역효과를 낼 수 있으므로 삼가도록 한다.

### (4) 시청각 자료의 활용

발표할 때 사진, 도표, 삽화 외에도 그래픽, 동영상 정보를 포함한 멀티미디어 자료를 활용할 수 있다. 이러한 시청각 자료는 듣는 사람들의 주의를 끌고 이해와 기억에 도움을 준다.

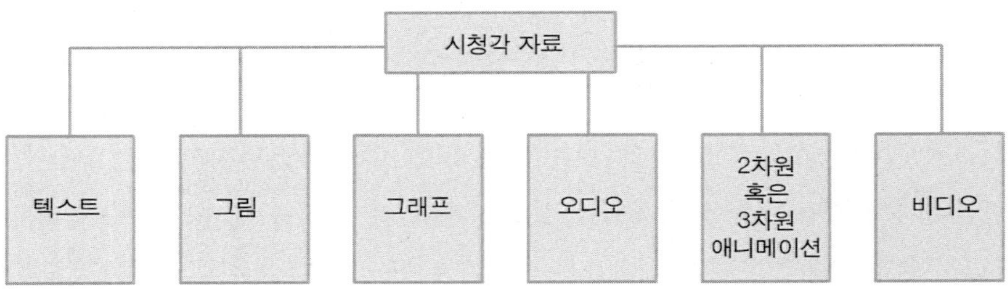


**[그림 11-2] 시청각 자료의 종류**

백문이 불여일견이라는 말이 있듯이 시각적인 자료, 즉 그림, 도표, 상징을 활용하여 많은 정보를 제공할 수 있다. 이 중에서 그림은 연상활동을 자극하여 학습내용을 잘 기억하게 하는데, 예를 들어 DNA 구조를 지퍼로 나타내거나 박테리아를 도깨비 형상으로 제시하는 것은 유추를 이용한 예라 할 수 있다. 시각적으로 제시된 내용이 보다 잘 기억되는 이유는 사람들이 주로 많이 사용하는 감각기관인 눈으로 수용된 정보는 더 믿을 만하다고 생각하기 때문이다. 또 발표내용에서의 정보가 다시 한 번 시각적으로 제시됨으로써 반복의 효과가 있다는 설명도 있다.

시청각 자료를 활용할 때의 장점을 정리하면 다음과 같다.

- 발표내용을 이해하기 쉽게 전달할 수 있다.
- 복잡한 내용을 한눈에 알아볼 수 있다.
- 발표내용 중 중요한 부분을 인상 깊게 전달할 수 있다.
- 복잡한 내용을 설명할 때의 수고를 덜 수 있다.
- 발표가 흥미롭다는 인상을 줄 수 있다.

시각적으로 제공한 정보가 무조건 기억에 오래 남는 것은 아니다. 기억에 오래 남게 하기 위해서는 청중들의 정서에 맞아야 하고 한번에 알아보고 이해할 수 있도록 단순하게 제시되어야 한다. 따라서 발표내용을 그림으로 시각화할 때는 중요한 것에 초점을 맞추어 복잡하지 않게 제시하는 것이 좋다. 즉, 중요하지 않은 것은 생략하고 중요한 것은 강조하며 관계가 있는 것들은 동일계통의 색을 사용하여 묶어서 제시한다. 그림에서 정보를 빨리 선택하고 통합해야 할 때는 색상을 사용하여 눈에 띄게 하는 것이 효과적이다. 혹은 화살표, 밑줄, 외곽선 등으로 강조하여 주의를 집중할 수 있도록 하는 것이 좋다. 중요한 부분을 강조할 때는 바탕색에는 무늬를 넣지 않음으로써 주의를 기울이도록 한다.

#### ① 텍스트

파워포인트 등을 활용하여 텍스트의 내용을 시각적으로 제시할 때는 다음과 같은 점에 유의한다.

- 중요한 요점만 적는다.
- 단순하고 이해하기 쉬운 문장을 사용한다.
- 줄 간 간격을 충분히 준다.
- 뒤에 앉은 사람도 읽을 수 있도록 글씨를 크게 적는다.
- 한 면에 최대 7가지의 내용 정보가 포함되도록 한다.

② 표

표는 정확한 수량을 제시하거나 양적인 관계 비교에 활용할 수 있는데, 특히 통계 처리 결과를 제시할 때 많이 사용한다. 표를 통해서 전달되는 정보는 각각 항목에 대한 값 외에도 경향을 파악하게 하거나 범주화를 가능하게 한다. 표를 작성할 때는 별도의 설명 없이도 표를 읽고 정보를 얻을 수 있도록 구성해야 한다. 다음의 표는 2004년도 국가별 전체 사망자 비율과 사망원인별 비율을(100,000명 기준) 정리한 것이다.

| 국가 | 전체 사망자 | 교통사고 | 자연재해 | 산업재해 | 자살 | 기타 |
|---|---|---|---|---|---|---|
| 프랑스 | 78 | 24 | 31 | 1 | 1 | 21 |
| 오스트리아 | 75 | 35 | 30 | 4 | 2 | 5 |
| 독일 | 66 | 25 | 32 | 2 | 1 | 7 |
| 캐나다 | 62 | 31 | 18 | 4 | 3 | 7 |
| 미국 | 61 | 23 | 16 | 3 | 10 | 9 |
| 스웨덴 | 56 | 17 | 28 | 1 | 1 | 8 |
| 이탈리아 | 47 | 23 | 19 | 2 | 1 | 2 |
| 덴마크 | 41 | 18 | 16 | 1 | 1 | 6 |
| 네덜란드 | 40 | 18 | 18 | 1 | 1 | 3 |
| 영국 | 35 | 13 | 14 | 1 | 1 | 6 |
| 일본 | 31 | 13 | 14 | 2 | 1 | 4 |

**[그림 11-3] 표의 예**

위의 표에서는 중요한 정보가 색으로 강조되었고, 줄간격도 너무 좁지 않게 구성되어서 내용을 파악하기가 용이하다. 표에 대해 설명할 때에는 전체적인 윤곽에 대한 개요를 제시한 다음 세세한 부분을 설명하는 것이 좋다. 앞에서 제시된 표에 대해서는 예를 들어 다음과 같이 설명할 수 있을 것이다. 2004년도 전체 사망자 비율은 프랑스, 오스트리아, 독일의 순으로 높고 영국과 일본이 가장 낮다. 사망원인별 비율을 살펴보면 교통사고의 경우에는 오스트리아와 캐나다가 가장 높고 자연재해에 의한 사망률은 프랑스, 오스트리아, 독일이 그리고 자살에 의한 사망률을 미국이 가장 높은 것으로 나타났다.

### ③ 도표

도표는 개념, 범주 간의 관계를 시각적으로 표시한 것으로, 예를 들어 막대도표의 경우 막대의 높이(a) 혹은 길이(b)를 통해 각 항목 간 비교하는 데 활용할 수 있다. 원형도표(f)는 전체에 대해 차지하는 비율을 나타낼 때 사용한다. 한편 선형도표(c)는 변화를 나타내기에 적절하다. 선형도표를 응용하여 다른 추가항목의 증가 혹은 감소(d)를 나타낼 수 있다. 도표(e)는 각 항목의 여러 개의 수치를 동시에 나타낼 때 활용될 수 있다. 예를 들어, 여러 항목의 주식의 시가, 종가, 고가, 저가를 동시에 표시하고 비교할 수 있다. 방사형 도표(g)는 여러 영역에서의 최고치에 대한 상대적 크기를 비교하는 데 활용된다. 이 외에도 Isotype(international system of typographic picture education) 도표가 있는데, 이는 빈도수를 나타내는 데 많이 활용된다. 이것은 그림을 통해 한 변수의 일정량을 표시하는데, 예를 들어 도표(h)는 2000년도부터 2004년까지의 주택건축 물량을 표시한다. 보통 세로축이 시간, 가로축이 양을 표시하는데, 위의 그래프에서와 같이 건축물량을 나타낼 때 건물의 크기가 아니라 건물의 개수로 표시한다.

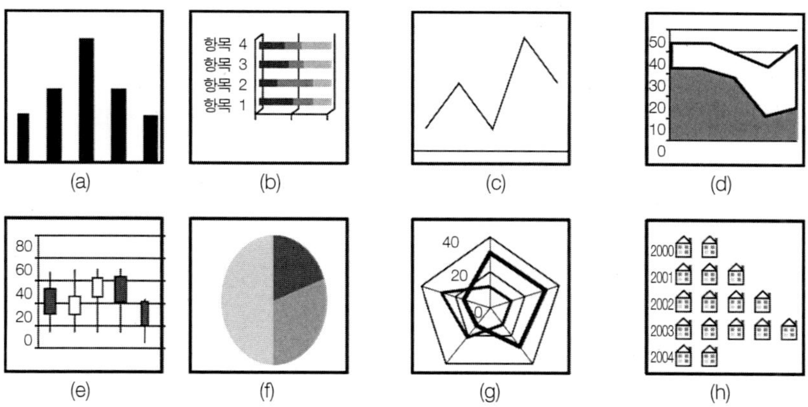


[그림 11-4] 도표의 예

도표에는 필요 이상의 정보를 자세하게 표시하는 것보다는 가능하면 단순하게 만드는 것이 좋다. 도표의 배경은 대부분 여백으로 남겨 놓으나, 경우에 따라 그림을 삽입하여 도표의 해석과 기억에 도움을 줄 수 있다. 형식적인 틀은 대부분 x축과 y축으로 구성되어 있고 그래프에 포함된 글자, 숫자, 그림 등의 표시로 도표를 해석하는 데 도움을 준다. 제목, x축과 y축의 표시, 척도크기를 표시하기 위해 숫자를 사용하는데, 이런 표시들의 크기, 방향 등에 유의해야 한다.

또한 아래 그림에서 표시한 바와 같이 마이크로소프트사의 office visio 프로그램을 활용하면 다양한 도표를 제작할 수 있다.

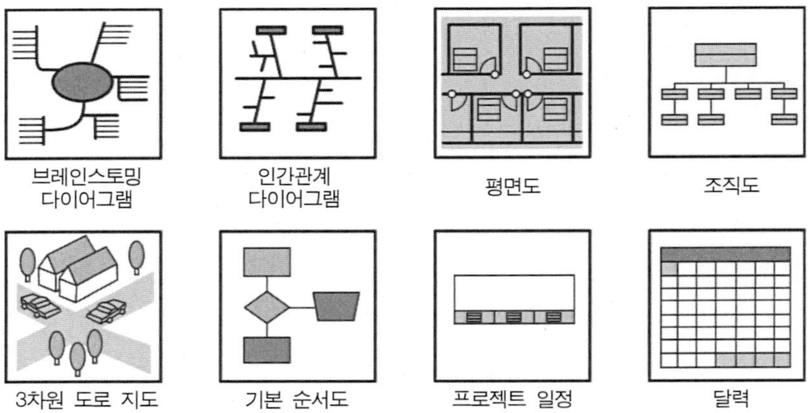


**[그림 11-5] office visio 프로그램을 활용하여 제작할 수 있는 도표의 예**

④ **그림, 상징**

그림이나 상징을 활용하면 복잡한 내용을 시각적으로 전달하여 이해에 도움을 줄 수 있다. 예를 들면, 그림을 통해 형태, 색깔, 질감 등과 같이 언어로 표현하기가 쉽지 않은 것들을 시각화할 수 있다. 또한 그림을 통해 입체적인 공간에 대한 설명을 더 잘 이해하도록 할 수 있다. 예를 들어, 기계가 어떻게 기능하는가에 관한 설명도를 활용하여 공간적인 정보, 관계구조를 설명할 수 있다. 이때 복잡한 그림의 일부분을 강조함으로써 특정 요소에 초점을 맞추게 할 수 있다.

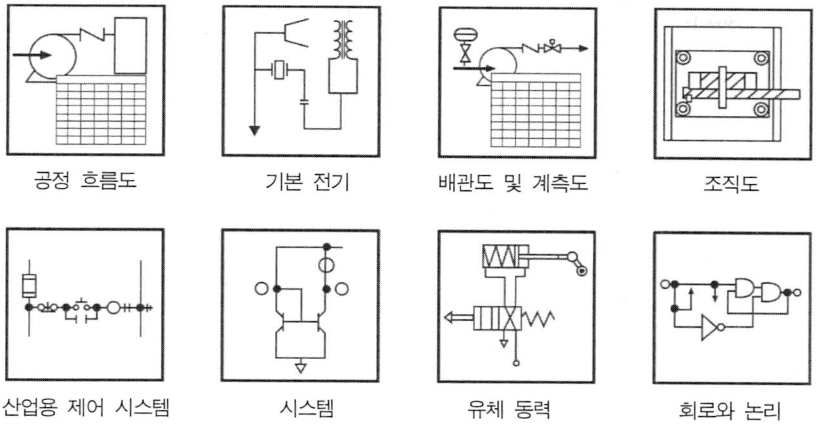


**[그림 11-6] office visio 프로그램을 활용한 공학 관련 그림제작 템플릿**

그림의 종류는 사진과 같이 실제를 잘 나타내는 것으로부터 도식과 같이 단순화된 그림에 이르기까지 다양한데, 도식화된 그림은 실제를 그대로 보여 주는 것보다는 구조를 파악하는 데 도움을 준다. 이런 예가 해부도나 식물도감이다.

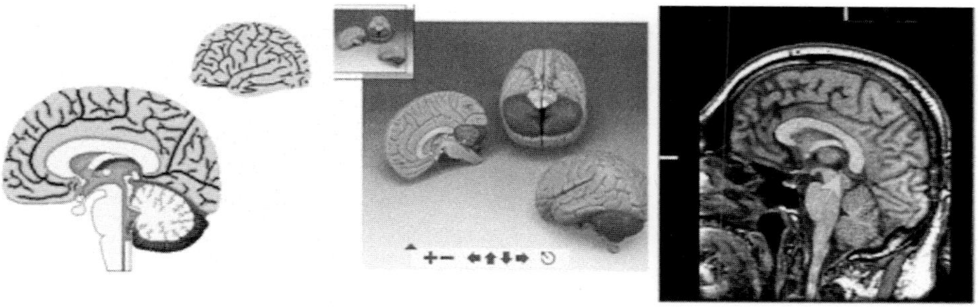

**[그림 11-7] 그림의 종류**

출처: 김혜온, 2007.

그림의 정보를 빨리 선택하고 통합해야 할 때는 색상을 사용하여 눈에 띄게 하는 것이 효과적이다. 그림의 부분들의 크기, 색상 등의 대조를 통해 중요한 부분에 주의가 우선 집중되도록 제작한다. 경우에 따라서는 보색을 사용해서 두 가지 내용을 구별하는 것보다 경계선을 사용하는 것이 더 간단하고 효과적일 수 있다. 색상으로 주의를 유도하여 정보의 입력속도와 정확도가 증진되었다는 경험연구도 있으나, 색상은 너무 과다하게 사용하지 않는 것이 바람직하다. 색상이 너무 많이 사용되면 주의가 분산될 수 있으며, 눈의 피로감이 더하고(적색이 청색보다 더 피로감을 준다), 글씨를 지각하기가 더 어렵다는 등의 문제점이 있다. 그림은 일정한 대상을 시각적으로 나타내는 것뿐만 아니라(예: 불꽃－화재) 상징의 기능도 갖고 있다. 예를 들어, 저울은 정의를, 빨간색 원은 금지의 표시로 사용될 수 있다.

⑤ 비디오

비디오는 실제와 가장 유사한 정보를 전달하는 매체다. 시공간적인 흐름을 3차원으로 보여 주고, 복잡한 움직임이나 상호작용의 전개과정을 보여 줄 수 있다. 예를 들어, 도시나 건물을 입체적으로 보여 주거나 실제의 스포츠 동작을 보여 준다. 또한 생생한 현장감과 이야기 전개에 따른 긴장감으로 듣는 사람의 흥미를 증진시켜 동기를 유발할 수 있다. 그러나 비디오의 특징 중의 하나인 정보의 다양성이 오히려 부정적으로 작용할 수도 있다. 즉, 빠른 장면의 변화로 많은 정보를 한번에 지각해야 하기 때문에 보는 사람들이 중요하지 않은 내용에 주의를 기울이는 오류를 범할 수도 있다.

애니메이션은 관찰하기 어려운 요소를 시각적으로 제시할 때(예: 화학적 반응, 순환기 체계, 호르몬의 기능), 동적인 과정을 설명할 때, 공간적인 정보를 시각적으로 제시할 때 활용할 수 있다. 또한 비디오로 실물 동영상을 보여 주었을 경우 너무 자세하고 많은 정보가 전달될 우려가 있을 때 활용하면 효과적이다.

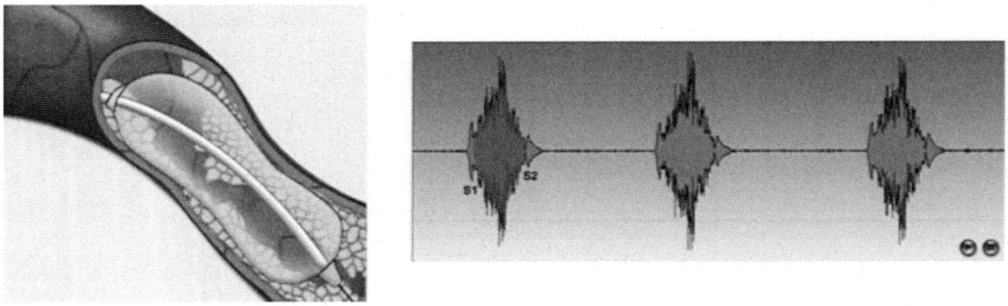


**[그림 11-8] 애니메이션의 예**

앞에서 다양한 시청각 자료의 활용에 대해서 살펴보았는데, 전반적으로 시청각 자

### (1) 발표 메모의 준비

발표내용을 글로 써서 그대로 읽는 것은 바람직하지 않다. 원고를 그대로 읽으면 발표하면서 청중들을 볼 수 없고 발표내용이 생동감 있게 전달되지 못한다. 그러나 발표하면서 혹시 그 내용을 잊어버려 당황하지 않도록 메모를 해두는 것이 좋다. 메모할 때는 중요한 문장이나 핵심단어를 중심으로, 손에 쥐고 볼 수 있는 크기의 카드에 정리하는 것이 좋다. 이때 카드의 색깔로 내용을 분류할 수도 있는데, 예를 들어 꼭 발표해야 할 내용은 하얀 카드에, 예시는 파란 카드에 그리고 시간이 부족하면 생략해도 되는 내용은 노란 카드에 정리할 수 있을 것이다. 메모지의 한쪽 면에만 내용을 정리해야 혼란스럽지 않다. 글자의 크기는 1m 정도 떨어져서도 읽을 수 있을 수 있어야 한다. 메모지에 번호를 매겨 놓는 것이 혹시 메모지가 바닥에 떨어져 흐트러졌을 때에 다시 정리하기 쉬울 것이다. 글씨의 색깔에 변화를 주면 발표할 때 도움이 될 수 있다. 예를 들어, 제목을 빨간 글씨로, 발표할 때 유의할 점은(예: 크게 천천히 말하기, 여기에서 잠시 생각할 시간을 주기) 초록색 글씨로 정리해둔다.

메모를 활용하여 발표하면 자신의 말로 설명할 수 있는 장점이 있다. 대개 문어체의 문장보다 구어체의 문장이 이해하는 데 좋다. 이는 글을 읽고 이해하는 것과 듣고 이해하는 것은 다르기 때문이다. 글을 읽을 때는 문장이 복잡해도 문장구조를 다시 분석하며 읽을 수 있으나, 들을 때는 가능하지 않다. 따라서 발표할 때는 문장을 짧고 단순하게 만드는 것이 좋다.

경우에 따라서는 처음 시작할 때와 마무리할 때의 문장을 미리 적어 따로 준비해두는 것도 좋다. 처음 시작할 때 긴장하거나, 끝날 때 시간이 모자라 당황스러울 경우를 대비하여 미리 말하고자 하는 내용을 문장으로 정리해두는 것도 도움이 된다. 메모만을 보면서 발표하는 것이 자신이 없을 때는 미리 발표문을 정리해야 하는데, 이럴 경우에는 문장을 짧고 단순하게 만들고 가능하면 말하듯이 풀어서 작성한다. 미리 다른 사람들 앞에서 발표문을 읽어 보고 그들이 잘 이해하는지 살펴보고 필요에 따라 문장을 수정한다.

### (2) 유인물의 준비

발표내용이 길고 복잡할 때 혹은 청중들이 설명을 들으면서 그림이나 도표 등과 같은 시각적인 자료에 직접 메모하는 것이 좋을 때 유인물을 배포하는 것이 바람직하다. 그러나 경우에 따라서는 청중들이 유인물을 뒤적이느라고 현재 발표되는 내용에 주의를 기울이지 않는 문제가 있을 수 있다.

유인물은 네 장이 넘지 않도록 하고 첫째 장에는 발표주제와 목차를 삽입한다. 유인물에는 핵심단어 혹은 요약된 문장을 적어 놓고 듣는 사람들이 스스로 메모할 수 있는 여백을 제공하는 것이 좋다.

이와 같이 발표를 들으면서 활용할 수 있는 유인물은 발표를 시작하기 전에 혹은 발표 중간에 나누어 주고, 전체적인 발표내용을 포함하는 유인물은 발표가 끝난 후에 배포하는 것이 더 좋을 수 있다. 이로써 발표 중에는 발표내용을 경청하고 발표가 끝난 후에 발표내용을 다시 한 번 정리하거나 발표 중에 이해가 되지 않았던 부분을 다시 읽어 볼 수 있도록 한다. 필요에 따라 유인물에 중요한 내용들을 다시 요약하거나 참고자료와 부연설명을 덧붙일 수 있다. 이때에도 유인물의 분량이 너무 많지 않도록 한다. 유인물이 너무 길 때에는 이를 다시 읽지 않는 경우가 많다. 유인물은 표지에 제목, 발표자, 발표 일시 등을 적고 전체적으로 깔끔하게 만든다.

### (3) 발표 환경에 대한 점검

언제 어디서 발표하는지, 발표에 방해가 되는 조건이 있는지를 미리 확인하는 것이 중요하다. 특히 공간의 크기를 점검하는 것이 필요한데, 마이크가 없을 때 뒤에 앉은 사람이 자신이 하는 말을 들을 수 있는지 혹은 시청각 자료를 잘 볼 수 있는지 확인한다. 조명 상태도 미리 확인해 두는 것이 좋다. 멀티미디어를 사용하는 경우 조명을 조절할 필요가 있을 때를 대비하여 전기 스위치, 조명 차단장치(커튼, 블라인드 등)를 미리 확인해두는 것도 좋다. 무엇보다도 자신이 사용하려고 하는 시청각 매체가 준비되었는지, 장비들이 제대로 작동하는지 혹은 경우에 따라 인터넷이 연결되었는지 등을 미리 확인해두어야 한다.

### (4) 긴장감의 해소

중요한 발표를 앞두고 긴장하는 것은 당연하다. 아마도 자신의 발표를 듣기 위해 편안히 앉아 있는 청중들 중에도 지금 발표자와 입장이 바뀌면 똑같이 긴장하고 당황해할 사람이 많을 것이다. 긴장감을 해소하기 위해서도 발표를 잘 준비하는 것이 좋다. 발표내용을 다 파악하고 있다면 상황에 따라 융통성이 있게 대처할 수 있어서 긴장이 덜 될 것이다. 필요에 따라 처음 시작하는 도입 부분과 마무리하는 결론 부분에서 어떤 말을 할 것인지 미리 적어 놓는 것도 좋다. 이 외에도 긴장 해소를 위해 다음과 같은 점들을 유의할 필요가 있다.

- 청중들의 기대, 관심, 지식수준에 맞추어서 발표를 준비하면 그들로부터 긍정적인 반응을 얻게 되고 이는 긴장을 해소하는 데에 긍정적으로 작용한다.
- 마치 실제 상황인 것처럼 상상하고 적어도 한 번 이상 발표 연습을 해 본다.
- 예상되는 질문과 논쟁점들을 미리 체크해 본다.

긴장감을 느끼는 것이 반드시 부정적으로만 작용하는 것은 아니다. 전혀 긴장을 하지 않을 때보다 중간 정도의 긴장감을 느낄 때 오히려 더 성공적으로 과제를 수행한다는 연구가 있다. 따라서 긴장감을 느낄 때 이를 억누르려고만 하지 말고 긴장감이 다분히 긍정적인 측면이 있음을 수용한다. 물론 발표하는 경험이 많아질수록 긴장감은 점점 줄어들게 된다.

### 5) 평가

발표를 잘했어도 발표가 끝난 후 평가하여 다음 발표 때 개선할 점이 무엇인지 살펴보는 것은 매우 중요하다. 예를 들어, 스스로 어떤 점들을 긍정적으로 평가할 수 있는지 혹은 어떤 내용을 잘 전달하였는지를 검토해 볼 수 있다. 이 외에도 발표가 끝난 후 다음과 같은 기준으로 평가할 수 있다.

거의 그렇지 않다 1　　가끔 그렇다 2　　종종 그렇다 3　　자주 그렇다. 4

| | 1 | 2 | 3 | 4 |
|---|---|---|---|---|
| 1. 개방적인 자세로 긍정적인 분위기를 만들 수 있었다. | | | | |
| 2. 나에 대해 긍정적으로 그러나 과장되지 않게 소개하였다. | | | | |
| 3. 발표 시작할 때 발표내용의 전체적 구성을 소개하였다. | | | | |
| 4. 적절한 속도로 발표하고 시간안배를 효과적으로 하였다. | | | | |
| 5. 비판적인 질문과 토론내용에 대해 침착하게 대처하였다. | | | | |
| 6. 시청각 자료를 효율적으로 활용하였다. | | | | |
| 7. 자신감을 갖고 시청각 매체를 활용하였다. | | | | |

이 외에도 발표내용을 녹음하고 이를 다시 들어 보는 방법도 평가에 도움이 된다. 녹음한 내용을 들어 보면, '음~' '어~' 와 같은 필요 없는 소리들이 많이 삽입되어 있는 것을 발견할 것이다. 또한 발표하거나 토론하는 중 언제 좋은 기분이 들었는가를 확인하면 자신이 어떤 상황에서 자신감을 갖고 발표할 수 있는지 알 수 있다.

## 2. 토론

학습주제에 대한 토론을 통해 다양한 관점에서 학습내용을 이해하고 심도 있게 학습할 수 있다는 것은 널리 알려진 사실이다. 또한 토론을 통해 수업을 들으면서 갖기 쉬운 수동적인 자세에서 벗어나 능동적인 태도를 갖고, 피상적으로 알고 있었던 것에 대해 비판적인 자세로 좀 더 깊이 생각하고 이해하게 된다. 토론의 주요 기능을 살펴보면 다음과 같다.

### 1) 토론의 기능

토론은 학습내용을 깊게 이해하는 데 긍정적으로 기능한다. 토론에 참가하는 사람들의 다양한 견해로 토론주제에 대해 여러 측면에서 생각해 보게 됨으로써 학습내용에 대해 심층적으로 이해할 수 있고 내용의 전체적인 윤곽을 파악하기 좋다. 글을 읽거나 강의를 들을 때는 이해한 것 같은데, 이를 다른 사람들에게 설명하려고 할 때 잘 모르는 부분이 있음을 발견하는 경우가 있다. 토론과정에서 자신의 생각을 말하려고 할 때는 그 내용을 더 분명하게 알고 있어야 하기 때문에 내용을 더 잘 정리하게 된다.

토론을 통해 평소 자신이 갖고 있었던 잘못된 태도를 수정할 수 있다. 토론할 때는 자신의 견해를 객관적으로 뒷받침해 줄 자료가 필요하다. 따라서 별 생각 없이 갖고 있던 편견에 대해서도 다시 한 번 생각해 보게 된다. 문제해결을 위한 토론과정에서는 혼자 생각하는 것보다 다양한 아이디어가 제시될 수 있다. 자신의 생각에 문제가 있다면 어떤 점이 문제인지 토론과정에서 알 수 있다.

또한 토론을 통해 다른 사람들의 의견에 대해 포용적인 태도를 갖게 된다. 즉, 나와 다른 생각이라도 타당한 근거가 있다면 이를 인정하는 것을 배우게 된다. 토론할 때 상대방이 자신과 다른 의견을 갖고 있더라도 그 사람이 제시하는 논거와 이를 통해 도달하는 결론이 논리적이고, 이에 대한 반론이나 반박을 제시할 수 없다면 그의 의견을 받아들이게 된다. 이런 과정을 통해 다른 생각에 대해 열린 마음을 지니게 될 수 있다.

이와 같은 토론의 장점에도 불구하고 다음과 같은 문제들을 종종 경험하게 되는데, 이런 문제들을 미리 고려하여 효과적으로 토론할 수 있도록 유의하여야 할 것이다.

- 몇몇 소수의 참가자들이 토론의 흐름을 지배할 수 있다. 이들은 다른 사람들의 견해를 경청하지 않고 자신의 생각만 주장하는 경향을 보인다.
- 발언권을 갖게 되었을 때 자신이 말하는 것에 취해 주제에 벗어나는 이야기를 계속하는 사람들도 있다.
- 토론을 마치 투쟁상황으로 인식하고 자신의 생각을 관철하지 못했을 때 이를 실패상황으로 지각하고 자존심이 상하면 화를 내는 사람들도 있다.

서로 같은 의견을 갖게 되었을 때도 문제가 있을 수 있다. 혼자 다른 견해를 갖고 있다는 것이 부담스러워 다른 사람들의 생각에 동조하는 사람들도 있다. 또한 의견 일치를 보았을 때 폐쇄적인 태도를 갖게 되어 다른 견해에 대해 포용적이지 못한 태도를 보일 수 있다. 서로의 의견이 같다는 것을 확인함으로써 자신들의 견해가 가장 옳은 견해인 것으로 생각할 수도 있다는 것이다. 따라서 토론을 통해 시야가 넓어지기보다 오히려 폐쇄적인 태도를 갖게 될 수도 있다.

앞에서 제시한 역기능적인 측면을 예방하고 효과적인 토론이 이루어지기 위해서는 토론을 위한 준비를 잘해야 한다. 토론의 목적은 생각, 논점, 지식을 교환하는 데에 있다. 따라서 토론이 잘 이루어지기 위해서는 토론에 필요한 자료가 준비되어 있어야 한다. 이런 자료들은 토론이 시작되기 전에 전달되어 참가자들이 미리 읽고 검토할 수 있도록 하는 것이 좋다. 자료가 필요 없거나 미리 준비할 수 없을 때는 참가자들에게 적어도 토론의 주제는 무엇이고 토론이 어떻게 진행될 것인지에 대한 정보를 주는 것이 좋다.

### 2) 토론할 때 유의할 점

#### (1) 토론 집단의 크기

토론 집단의 크기는 토론의 목적이나 주제에 따라 다르다. 토론 집단이 너무 클 때는 적극적으로 참여하는 사람도 있지만 반대로 소극적으로 남아 있는 사람도 있다. 한편 토론 집단이 너무 작을 때는 토론과정에서 다양한 견해를 교환할 수 없고 사적인 담소를 할 위험성이 있다. 대개 5~8명 정도가 적당하다.

#### (2) 주제에 머무르기

생각이 정리되지 않은 채 말을 하기 시작하면 중언부언하거나 주제에 벗어나기 쉽다. 따라서 미리 무엇을 이야기할지 요점을 메모하는 것이 좋다. 다른 사람의 발언에 대해서 자신이 보충할 점, 반대되는 논점 등도 기록해두었다가 자신의 차례가 왔을 때 말하는 것이 좋다. 가능하면 짧게 정리하여 말하고 이미 했던 이야기를 반복하지 않도록 한다.

토론 중 자신과 반대되는 생각을 갖고 있는 상대방을 설득하려고 할 때 일방적인 내용보다는 쌍방향의 내용을 모두 제시하는 것이 좋다(McGuire, 1964). 토론 중 내용의 논지가 탄탄할 때는 많은 수의 논지를 제시하는 것이 설득력이 있다. 그러나 논지가 분명하지 않을 때 말을 많이 하면 횡설수설한다는 느낌을 줌으로써 오히려 역효과를 가져온다.

한편 토론에 참가한 다른 사람이 토론내용을 잘 모르거나 관심이 없을 때는 논지와는 관계없이 다른 피상적인 요소들(예: 말하고 있는 사람의 호감도, 메시지의 길이)에 의해 영향을 받는다는 연구결과가 있다.

### (3) 다른 참가자들의 발언을 존중하기

토론과정에서 다른 참가자들과 상이한 의견을 갖고 있는 경우 이들이 자신의 견해를 충분히 설명할 수 있도록 기회를 주어야 한다. 토론의 목적은 토론을 통해서 가장 좋은 결론에 이르는 것이다. 따라서 자신의 의견이 관철되지 않았다고 실망하거나, 반대로 자신의 의견이 수용되었다고 자만심을 가질 필요가 없다. 각각의 견해를 객관적인 근거로 판단하고 논의하는 것이 중요하다.

토론이 효과적으로 이루어지기 위해서는 참가자들의 관계가 평등한 것이 좋고 적어도 모든 참가자의 의견이 진지하게 경청되어야 한다. 어떤 참가자들은 자신의 생각을 쉽게 표현하는 반면에 그렇지 않은 참가자들도 있다. 흔히 말을 잘하는 사람들이 토론을 이끌어가는 경향이 있으므로 이에 주의를 하여야 한다. 아울러 옆에 앉은 참가자와 개인적인 대화를 하거나 작은 소리로 혼잣말을 하는 것도 토론에 방해가 될 수 있다.

### (4) 좌장의 자세

토론 집단이 구성된 후 좌장을 선출할 수 있다. 토론 집단이 고정적일 때는 서로 돌아가면서 좌장을 하는 방법도 있다. 좌장은 모든 참가자들에게 발언권이 골고루 돌아갈 수 있도록 하고 주제와 관련된 내용으로 토론이 될 수 있도록 한다. 너무 말을 하는 참가자나 주제에 벗어난 발언에 대해 제재하고, 표현을 잘 못하는 참가자에게 자신의 생각을 정리하여 발언할 수 있도록 도움을 주는 등 섬세함이 요구된다. 이들에게 발언할 것을 강요하면 오히려 불안감을 키워 점점 더 소극적이 될 수 있다. 경우에 따라서는 일정한 주제에 대해 조사하여 발표함으로써 이 분야의 '전문가'로서의 자신감을 갖도록 배려하는 것도 좋다. 토론 중에 오랫동안 침묵이 흐를 경우 지금까지 이야기된 내용을 정리하거나 아직 다루지 못했던 주제에 대해 언급하는 것이 좋다.

토론이 제대로 되지 않는 이유로 논지를 왜곡하여 해석하는 것을 들 수 있다. 예를 들어, 일제의 잔재를 청산해야 한다는 주장에 대해 '털어서 먼지 나오지 않는 사람이 없다.' 든지, '과거에 집착하면 미래지향적인 결정을 하기 어렵다.' 는 등의 터무니없는 주장을 펴는 것이다. 좌장은 이런 주장에 대해 한계를 그어야만 토론이 제대로 이루어질 수 있다. 또한 좌장은 항상 자신의 개인적인 견해에 흔들리지 않고 중립적인 자세를 보여야 한다. 좌장은 토론이 끝날 때 토론의 내용을 정리하여야 하는데, 특히 참석자들의 의견이 일치되지 않았을 때 이들 의견의 균형을 맞추어서 정리하는 것이 중요하다.

**연습문제**

자신이 참가했던 토론을 생각해 보고, 그중 잘된 토론과 그렇지 못한 토론의 원인이 어디에 있었는지 분석해 보자.

이 장에서 중요하다고 생각되는 내용을 정리해 보자.

# 제12장 학습동기

학기말 고사가 끝나고 드디어 방학이 시작되었다. 영호는 이번 방학을 알차게 보내려고 계획을 짜고 있다. 무엇보다도 이번 방학에는 그동안 못 읽었던 책을 읽으려고 한다. 전공 서적뿐 아니라 사회과학에 관한 책들도 여러 권 읽어서 자신에게 부족하다고 생각했던 분야의 지식을 쌓으려고 한다. 책을 모두 사는 것은 자금사정이 허락지 않고 해서 도서관에서 책을 잔뜩 빌려다가 책상에 쌓아 놓았다. 책을 빌려오면서 이제 대학생답게 어려운 책도 읽고 나름대로 지식을 쌓을 생각을 하니 마음이 뿌듯하였다. 처음 며칠은 의욕적으로 책을 읽었다. 그런데 친구들도 만나고 집에서 게으름도 부리며 하루하루 시간을 보내다 보니 어느새 방학이 얼마 남지 않았다. 책 위에 먼지가 잔뜩 쌓여 있는 것을 보니 방학을 시작했을 때의 당찬 포부에 비해 현재의 자신의 모습이 초라하게 느껴졌다. 어떻게 하면 한번 시작한 일을 포기하지 않고 끝까지 해낼 수 있을까? 늘 계획은 멋있게 세우나 작심삼일이 되고 마는 자신에게 은근히 화가 나기도 한다.

**체・크・리・스・트**

다음은 평소에 어떻게 공부하는지 알아보는 질문들이다. 공부할 때 다음과 같은 행동을 얼마나 자주 하는지 표시해 보자. 거의 하지 않을 때는 1번에, 가끔 할 때는 2번에, 종종 할 때는 3번에 그리고 자주 할 때는 4번에 표시하면 된다.

| | 1 | 2 | 3 | 4 |
|---|---|---|---|---|
| 1. 수강신청을 할 때 내게 흥미 있는 과목들을 신청한다. | | | | |
| 2. 대학생활을 나름대로 성공적으로 한다면 좋은 미래가 펼쳐질 것이라고 생각한다. | | | | |
| 3. 결심을 쉽게 잘하지만 작심삼일이 되는 경우가 많다. | | | | |
| 4. 좀 어렵더라도 도전적인 일을 좋아한다. | | | | |
| 5. 꼭 머리가 좋지 않더라도 노력만 하면 못할 일이 없다고 생각한다. | | | | |
| 6. 아무리 흥미로운 일이라도 그 결과로 주어지는 보상에 대한 기대가 낮을 때에는 하지 않는 것이 좋다고 생각한다. | | | | |

위의 체크리스트에서 점수를 모두 합산하여 총점을 계산하는데, 3, 6번 문항은 역산을 한다. 즉, 1번에 표시하면 4점, 2번은 3점, 3번은 2점 그리고 4번에 표시했으면 1점으로 계산한다. 모두 6문항이므로 최고점이 24점, 최하가 6점이 될 것이다. 점수가 18점보다 낮을 경우에는 학습동기를 개선할 필요가 있다. 이제 학습동기에 대해 자세히 살펴보도록 하자.

동기는 왜 그리고 무엇을 위해 어떤 행동을 하는가를 설명한다. 즉, 행동의 목적, 의도, 바람을 설명한다고 볼 수 있다. 따라서 학습동기는 왜, 무슨 목적으로 공부하려고 하는가를 설명한다. 이는 어떤 구체적인 상황이나 조건에서 학습하려는 준비된 마음, 즉 학습하려는 의도와 이미 시작한 학습을 지속하려는 의지를 포함한다.

물론 동기는 다른 인지적인 요인(사전지식, 지능, 상위인지능력, 단기기억의 활용 등)에 비해 학습성과에 직접적인 영향을 미치지는 않는다. 그러나 장기적으로 보면 공부를 왜 해야 하는지를 알 때 더 지구력을 갖고 공부할 수 있고, 또 학습내용에 흥미를 갖고 있을 때 더 많은 자료를 찾아보며 심층적으로 학습한다는 측면에서 학습동기는 학습 효과에 지대한 영향을 미치는 중요한 요인이다. 즉, 학습전략이 효과를 발휘하기 위해서는 학습을 위한 동기가 형성되어야 한다.

Rheinberg(2002)는 동기를 '긍정적이라고 평가되는 목적을 향해 현재의 삶의 방향을 잡는 것' 이라고 정의하였다. 따라서 동기가 강할수록 목표지향적인 활동이 더 지속적으로 강하게 이루어질 것이다. 또한 학습활동의 목표가 무엇이냐에 따라 학습동기도 구별될 수 있다.

## 1. 동기의 유형

### 1) 내적 동기와 외적 동기

공부할 때 내용이 흥미롭거나 공부 자체가 좋아서 할 때에는 내적 동기가 형성되었다고 하며, 공부 자체에 대한 관심보다는 공부하고 난 후의 결과에 관심이 있을 때 외적 동기가 형성되었다고 한다. 내적 동기가 형성되었을 때 활동 자체가 좋을 수도 있고 대상이 좋을 수도 있다. 즉, 공부하는 것 자체가 즐거운 일일 수 있고 혹은 학습내용이 흥미로울 수도 있다는 것이다. 이와는 대조적으로 외적인 동기는 학습활동 외의 요인들에 의해 영향을 받는다. 즉, 학습활동은 다른 목적을 이루기 위한 수단의 기능을 한다. 예를 들어, 부모님으로부터 칭찬을 듣거나 장학금을 타는 것과 같은 긍정적인 목적을 달성하거나 혹은 선생님으로부터 벌을 받거나 시험에 떨어지는 것과 같은 부정적인 결과를 피하기 위해서 공부하는 경우 외적인 동기에 의해 학습한다고 말한다.

다음의 사례를 살펴보자.

> 일곱 살 난 영자는 그림을 잘 그린다. 오래전부터 그림 그리는 것을 좋아하였다. 영자의 부모님은 영자가 그림을 그릴 수 있도록 재료를 마련해 주신다. 영자는 일상생활에서 보고 느끼는 것을 그리고 나서, 그림을 벽에다 붙이거나 따로 모아 놓는다.

이 글을 읽고 나면 어떻게 해서 영자가 그림 그리는 것을 좋아하게 되었는지 궁금해질 것이다. 영자가 그림을 그리면 다른 사람들이 보고 잘 그렸다고 칭찬하곤 하였다. 그래서 그림을 그리는 것을 좋아하게 되었고, 스스로도 자신의 그림에 만족하게 되었다. 내적 동기 형성을 위해서는 자신의 능력과 일치하는 영역에서의 활동이 전제된다. 잘하는 활동이라도 지루하지 않고 활동하면서 흥미를 느낄 수 있어야 한다.

이제 다시 앞의 사례로 돌아가 보자.

영자는 학교에 들어갔다. 영자가 그림을 잘 그린다는 것을 선생님도 알게 되었다. 영자는 많은 미술대회에 나가게 되었고 상도 받았다. 부모님은 영자가 그림을 잘 그리는 것이 자랑스러웠고 화가로 성공하기를 바랐다. 그래서 영자를 미술학원에 보냈다. 미술학원에서는 대회에서 상을 받기 위해서 어떻게 그려야 하는지를 가르쳤다. 영자는 자신이 그리고 싶은 대로 그림을 그리는 것이 아니라 선생님이 원하는 그림을 그리게 되었다. 결국 영자는 점점 그림을 그리는 것에 대한 흥미를 잃게 되었다.

위의 예는 영자가 어떻게 해서 내적 동기를 잃게 되었는가를 보여 주고 있다. 즉, 미술대회에 나가서 상을 받는 것과 같은 외적 보상이 지나치게 강조되면서 그림을 그리고자 하는 동기를 잃게 되었다. 우리나라 속담에 "하던 일도 멍석 깔면 하지 않는다."는 말이 있다. 이는 외적 보상에 의해 내적 동기를 잃게 되는 것을 말한다. 물론 외적 동기가 내적 동기로 발전할 수도 있다. 이는 외부에서 주어진 목적이 내면화되는 단계를 지나면서 이루어진다. 또한 자신의 행동이 다른 사람들로부터 인정받을 때 그리고 자신의 능력이 향상되는 것을 경험할 때에도 내적 동기가 증가하게 된다.

### 2) 지속적인 동기와 일시적인 동기

내적 동기와 외적 동기를 구별하는 것 외에도 지속적인 동기와 일시적인 동기를 구별하는 학자도 있다(Rheingerg, 2002). 학습동기를 형성하기 위해서는 공부해야겠다고 마음을 먹는 것이 중요하다. 그러나 얼마 가지 않아 싫증나 그만두거나 공부하는 데 어려움이 있을 때 쉽게 포기해 버린다면 문제일 것이다. 이런 의미에서 동기와 의지의 관계를 생각해 볼 수 있다. 자신이 뜻하는 바와 목표를 지속적으로 추구하는 의지는 동기의 중요한 구성내용이다. 자신이 목표한 바를 추구하는 중에 이를 방해하는 것들을 어떻게 처리할 것인가를 아는 것도 동기의 중요한 요소가 된다. 성공적인 과업 수행을 위해서는 일단 시작한 일을 열의를 갖고 하며 이를 지속적으로 하는 것이 중요하다. 성공적인 학습을 위해서도 처음 학습동기를 형성하는 것 외에도 이를 지속적으로 유지하는 것이 중요하다(Graham & Weiner, 1996).

연습문제

자신이 지금까지 학습동기를 유지하기 위해 어떻게 했었는지를 탐색해 보자.

## 2. 학습동기에 영향을 주는 요인

다음은 동기 형성과 유지에 영향을 주는 요인들이다(Schnotz, 2006).

### 1) 기대와 가치

사람들은 자신이 하려는 일이 가치 있다고 느끼고, 또 그 일을 이루어 낼 수 있다고 기대할 때 그 일을 하려는 동기를 갖게 된다. 이를 '기대-가치' 가설이라고 한다. 자신이 어떤 일을 할 때 그 일이 노력할 만한 가치가 있는지 혹은 노력한 만큼의 결과를 얻을 수 있을지 생각해 보고 그 일을 한다는 것이다(Rehinberg, 2002). 물론 그 일이 가치가 있는지 혹은 긍정적인 결과를 기대할 수 있는지에 대한 판단은 전적으로 주관적이다.

이를 그림으로 설명해 보면 [그림 12-1]과 같다. 그림에서 가장 아랫 부분은 가치를 나타내고, 중간은 상황에 대한 판단 그리고 가장 윗부분은 기대, 즉 상황-결과 기대, 행동-결과 기대 그리고 결과-효과 기대를 나타낸다. 동기가 형성되려면 일단 자신이 하려는 행동과 그 결과가 가치 있는 일이라는 판단이 서야 한다. 그다음에 각각의 상황을 판단하게 되는데, 지금 처한 상황이 어떠한지, 그 일을 이루기 위해서 해야 될 행동은 무엇인지 그리고 행동의 결과와 이에 따른 효과는 무엇인지를 판단한다. 그리고 판단의 결과에 따라 다음과 같은 상황들이 발생하고 그에 따라 동기가 형성된다.

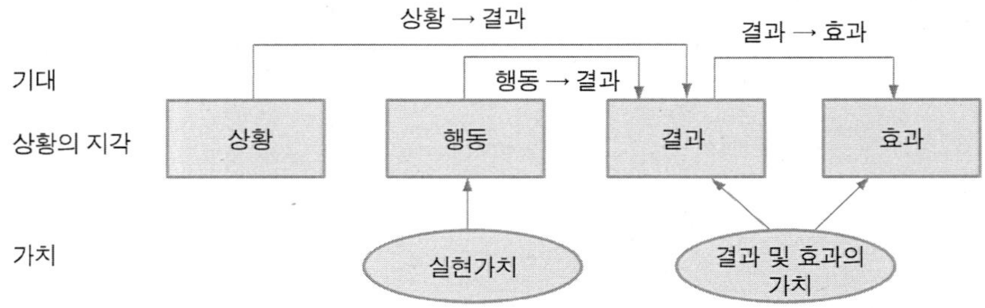


**[그림 12-1] 가치와 기대의 판단에 따른 동기 형성**

- 상황-결과의 기대: 자신이 아무것도 하지 않아도 어떤 결과가 초래되는 상황이다. 이때 아무 것도 하지 않아도 만족스러운 결과를 예상할 수 있으면 가만히 있지만, 그렇지 않은 경우 이를 변화시킬 수 있는 행동을 시도한다.
- 행동-결과의 기대: 자신의 행동의 결과에 대한 예측을 한다. 기대치는 과제의 난이도와 자신의 능력에 따라 다르다. 과제가 지나치게 어렵지 않고 또 그 정도 과제는 수행할 수 있는 능력이 있다고 판단되면 행동에 옮기게 된다.
- 결과-효과의 기대: 행동을 수행한 직후뿐 아니라 장기적으로도 그 효과를 기대할 수 있다고 판단되면 행동에 옮길 가능성이 더 높아진다. 즉, 당장의 결과와 장기적인 효과로 구별하여 그 기대치를 예상해 보는 것이다. 예를 들어, 시험을 앞두고 공부할 것인가 혹은 자신이 좋아하는 게임을 할 것인가를 결정할 때를 보자. 게임을 하면 재미있고 즐겁다는 단기적인 가치와, 공부가 게임만큼 재미있는 것은 아니지만 공부하면 시험을 잘 보고 또 그 결과 장학금을 탈 수 있다는 장기적인 가치를 비교한다. 이때 공부하는 것이 어느 정도 참을 만한 일인지 혹은 시험을 잘 보지 못했을 때 올 수 있는 문제 등을 모두 고려하여 결정하게 된다.

이렇게 기대와 가치는 어떤 행동을 할 것인지를 결정하는 동기적인 요소로 기능한다. 물론 각 상황을 판단할 때, 즉 자신이 그 일을 하는 데 어느 정도 능력이 있는지 등을 따지게 되고 이에는 앞에서 살펴본 바와 같이 각자가 기본적으로 갖고 있는 자기효능감이라든지 자신감 등이 작용하게 된다.

### 2) 귀인

귀인(attribution)에 관한 연구는 Heider(1958)의 이론에서 비롯됐다. 그는 개인이 자신이 경험하는 사건들을 지각하고 설명하는 데 비교적 일관성이 있다는 것을 발견하고 그 과정을 밝히려고 하였다. 그는 귀인(원인 귀속)을 한 사건의 발생에 대한 원인의 지각이라 정의하였다. 이후 Jones, Knouse, Kelly, Nisbett, Valins와 Weiner(1972)는 귀인을 관찰된 행동의 원인을 추론하기 위해 개인이 사용하는 법칙이라 정의하였으며, Jaspers, Fincham과 Hewstone(1983)은 사건이 왜 일어났는가의 이유에 대한 물음이라고 설명하였다. 이를 종합하면 귀인이란 개인이 일상생활에서 경험하는 어떤 사건의 원인의 지각에 대한 설명이라 정의할 수 있다.

학습상황에서 성공과 실패의 원인은 흔히 능력, 노력, 과제, 운의 유형으로 분류된다. Weiner(1972)는 귀인을 다음과 같이 내적 차원과 외적 차원 그리고 안정적 차원과 불안정적 차원으로 분류하였다.

| | 내적 귀인 | 외적 귀인 |
|---|---|---|
| 안정적 귀인 | 능력 | 과제 |
| 불안정적 귀인 | 노력 | 운 |

그리고 Weiner(1974)는 이를 더욱 발전시켜 내적 차원(능력, 노력)과 외적 차원(과제, 운) 그리고 안정적 차원(능력, 과제)과 불안정적 차원(노력, 운) 외에도 통제가 가능한 차원(노력, 능력)과 통제가 불가능한 차원(능력, 운)으로 분류하였다.

이론적으로는 성공과 실패를 자신이 통제할 수 있는 요소들로 귀인하는 것이 바람직하다. 특히 단기적으로 통제가 가능한 것으로는 노력을 들 수 있다. 즉, 자신이 노력을 많이 했기 때문에 성공했다든지 혹은 노력의 부족으로 실패했다고 해석하는 것이다. 성공은 운이 좋았다고 생각하는 것과 같은 외적이며 불안정한 요인으로 그리고 실패는 자신의 능력과 같은 내적이며 안정적인 요인으로 귀인하는 것이 성취동기에 부정적으로 작용한다.

**연습문제**

자신이 주로 사용하는 귀인양식에 대해 탐색해 보자.

## 3. 학습동기의 수준

앞에서 설명한 동기에 영향을 주는 요인들을 다음의 도식을 활용하여 체계적으로 살펴보자(Rheinberg, 2004).

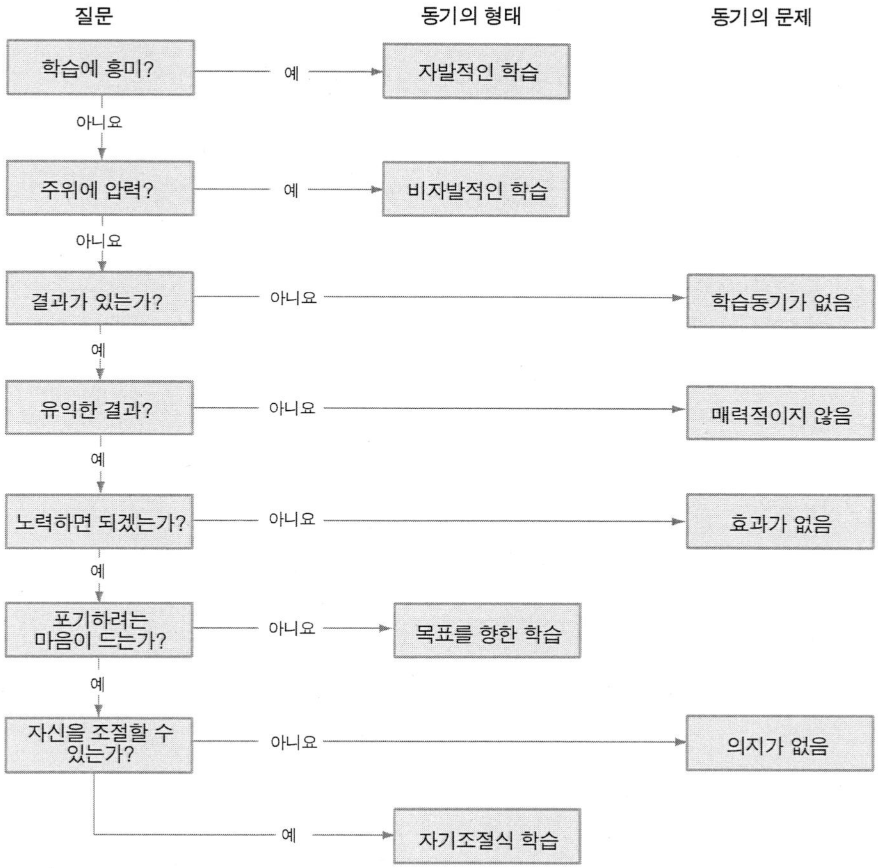


**[그림 12-2] 학습동기에 영향을 주는 요인들**

다음의 질문에 대해 답하면서 앞에서 제시한 도식을 활용하여 자신의 학습동기를 진단해 보자.

질문 1. 학습활동 자체에 흥미를 느끼는가?

학습내용에 대해 흥미를 느끼고 있을 때 이 질문에 대해 긍정적으로 답할 것이다. 이때에 보통 내적 동기가 형성되었다고 말한다. 학습내용에 흥미를 느끼는 학습자가 학습전략도 효율적으로 활용한다는 연구가 있다(Schiefele, Wild, & Winteler, 1995).

물론 학습내용에 대한 흥미를 갖지 않았다고 해도 학습내용을 잘 소화해 보려는 도전적인 마음을 갖게 되면 학습동기가 형성된다. 이렇게 내적인 동기가 형성되어 있을 때 학습자는 스스로 학습활동을 지속하며 정서적인 만족감을 얻게 된다.

질문 2. 공부하라는 압력을 받는가?

공부하는 것에 대한 주변의 기대가 큰지, 공부하지 않았을 때 주위로부터의 제재가 있는지에 대한 질문이다. 이렇게 외적인 요소에 의해 학습활동이 결정되는 것을 외적 동기라 한다(Deci & Ryan, 1985). 부모님의 기대나 성적, 장학금 등의 외적인 요인 때문에 공부하는 경우가 이해 해당된다. 내적인 동기와 외적인 동기를 비교한 연구에서 내적인 동기를 갖고 있는 학습자가 더 정교화된 전략을 사용하고 있는 것으로 보고되었다(Schiefele, Wild, & Winteler, 1995). '보상을 받기 위해서 공부하는 것이 공부를 아예 하지 않는 것보다는 낫지 않느냐?' 라고 생각할 수 있지만, 보상을 통한 학습은 오래가지 못한다는 단점이 있다. 즉, 보상이 없어지면 공부하지 않을 수도 있다는 것이다(Cameron, Banko, & Pierce, 2001). 따라서 외적인 보상이나 처벌을 피하기 위해 공부하기보다 자신이 왜 공부해야 하는지 생각해 보는 것이 필요하다.

질문 3. 학습활동의 결과가 있는가?

공부를 해도 별 효과가 없고 또 이를 통제하는 사람이 없을 때는 전혀 동기 형성이 되지 않을 수 있다. 예를 들어, 이른바 주요 교과목이 아니고 자신도 그 과목에 소질이 없다고 느낄 때 공부하게 되지 않는다. 공부의 효과가 없다고 생각하는 것은 너무 목표가 높았기 때문일 수도 있다. 목표가 너무 멀게 느껴질 때는 동기가 형성되기 어렵다. 이럴 때에는 자신의 목표를 세우고 이를 다시 나누어 부분 목표를 세우는 것이 좋다. 일단은 부분 목표를 향해 노력하면 이를 달성했을 때 성취감을 느끼게 되고, 이를 통해 다시 다음 목표를 향한 동기가 형성될 수 있다.

질문 4. 활동의 결과가 유익하였는가?

운동에 소질이 없는 학생이 열심히 체조 연습을 한 결과, 체육 성적이 향상되거나 동료 학생들로부터 멋있다는 말을 들었을 경우 혹은 자기 스스로 만족감을 느끼는 것과 같은 긍정적인 결과를 예상할 수 있을 때 체조 연습을 열심히 할 것이다.

학자들은 학습상황에서 학생들이 정하는 목표를 학습목표와 수행목표로 구분하였다(Ames & Archer, 1988; Dweck, 1986). 학습목표란 자신의 성장과 학습 자체에서 오는 만족에 목표를 두는 것이며, 반면에 수행목표는 타인에게 뛰어나 보이고 싶어 하거나 머리가 좋지 않다는 인상을 피하기 위해서 학습하는 것이다. 이를 동기와 관련지어 보면 학습동기와 수행동기로 구별할 수 있다. 수행동기는 학습의 결과로 예상되는 효과로, 다른 사람들에게 이를 보여 줄 수 있는 것에 대한 기대를 함께 하는 것이다. 수행동기가 높은 사람은 과제가 너무 어렵다고 판단하면 오히려 이를 회피하는 경향을 보이게 된다. 반면에 학습동기가 높은 사람은 어려운 과제나 어려운 학습전략을 선택하는 경향이 더 강하다. 특히 수행동기가 높으나 자신감이 부족한 학습자들의 경우 어려운 과제에 도전하는 것이 아니라 이를 회피할 가능성이 높다. 이를 성공에 대한 희망과 실패에 대한 두려움의 개념으로도 설명할 수 있다. 성공에 대한 희망을 갖고 있는 사람들은 성공을 위해 열심히 노력할 것이다. 반면에 실패에 대한 두려움이 있는 사람은 이를 회피하기 위해 아주 쉽거나 어려운 과제를 선택한다. 아주 어려운 과제에서는 자신이 능력이 부족해서가 아니라 과제가 너무 어려워서 실패했다고 합리화할 수 있기 때문이다.

**질문 5. 나의 노력에 따라 결과가 달라질 수 있는가?**

자신이 노력하면 좋은 결과를 얻을 수 있다는 믿음이 있을 때 열심히 노력할 것이다. 성공가능성이란 과제를 성공적으로 수행할 수 있는 확률을 의미한다. 이를 달리 표현하면 자기효능감이라고 할 수 있다. Bandura(1997)는 자기효능감을 자신이 목표하는 바를 이룰 수 있는 행동을 성공적으로 수행할 수 있는 기술에 대한 신념이라고 정의하였다. 여기에서의 신념은 막연히 목표를 이룰 수 있을 것이라는 믿음이 아니라 목표에 이르는 행동기술을 갖고 있다는 믿음을 의미한다. 따라서 자기효능감이 낮은 사람은 과제를 성공적으로 수행할 가능성이 낮다고 생각하고 노력하지 않게 된다.

**질문 6. 공부하기 싫거나 포기하려는 마음이 드는가?**

학습의 결과가 분명히 나타나거나(예: 성적) 혹은 그를 통해 자부심을 느낄 수 있고 자신이 노력하면 그러한 결과를 얻을 수 있다고 해도 꼭 공부를 열심히 하는 것은 아니다. 공부를 하기 위해 주말에 친구를 만나려고 했던 약속을 포기해야 한다면 망설여지게 된다. 이럴 때는 자신의 마음을 다스려 공부에 임해야 하는데, 이를 자기조절능력이라고도 할 수 있다.

**질문 7. 자기조절능력이 있는가?**

공부하려는 의지가 있는가와 관련된 질문이다. 공부하기 싫을 때 혹은 힘들어서 포기하고 싶을 때 자신의 마음을 잘 다스릴 수 있는 능력이 있어야 한다. 다음은 자기조절할 때 필요한 전략들이다(Kuhl, 1983).

- **주의 통제**: 공부하는 데 방해가 되는 것들에 주의하지 않는다.
- **정서 통제**: 감정을 조절한다. 긴장하지 않고 긍정적인 생각을 한다.
- **환경 통제**: 공부할 수 있는 환경을 조성한다.
- **실패 통제**: 실패한 후 다른 방법은 없는지 검토하고, 이룰 수 없는 목표에 집착하지 않는다.

연습문제

앞에서 제시된 7가지 질문을 활용하여 자신의 학습동기를 분석해 보자.

이 외에도 Wolters(2003)는 학습상황에서 자기조절을 위해 활용할 수 있는 몇 가지 전략을 소개하였다. 예를 들면, 자신의 목표와 관련된 생각을 하면서 무엇을 이루게 될 것인가에 대해 스스로에게 말하는 방법을 제안하였다. 이 외에도 공부를 마치고 스스로에게 어떤 보상을 줄 것인가, 공부하지 않으면 스스로에게 어떤 제약을 가할 것인가 등에 대해 생각해 보는 방법도 있다. 이에 대해서는 뒤에서 더욱 자세히 설명하려고 한다.

앞에서 살펴본 바와 같이 일단 목표를 세우고 공부를 시작한 후에도 중간에 이러저러한 어려움을 극복하고 자신이 마음을 잘 다스릴 수 있을 때 자기조절학습이 이루어진다.

## 4. 동기 향상을 위한 훈련

동기가 중요하다는 것은 이미 알려져 있으나 어떻게 하면 동기를 높일 수 있는가는 단순하지 않다. 이는 동기에 다양한 측면이 있기 때문이다. 동기 향상을 위한 훈련은 McClelland와 Winter(1969)가 기업인들의 성취동기를 고취시키는 훈련 프로그램을 개발한 것에서 비롯되었다. 이런 훈련을 통해 좀 더 효과적인 기업활동을 하는 것이 관찰되었다. 동기향상 프로그램에는 개인의 동기를 직접적으로 향상시키는 방법과 학습환경의 변화를 통해 간접적으로 동기를 향상시키는 방법이 있다. 많은 연구들이 직접적인 방법보다는 간접적인 방법을 선호하는 것으로 나타났다.

### 1) 자기평가에 기초한 훈련

Heckhausen(1989)이 개발한 방법이다. 주요 내용은 과제와 관련된 목표 설정, 성공과 실패의 원인 분석, 이에 근거한 자기평가다. 경험 연구에 의하면, 성공에 자신이 있는 학생들은 중간 정도 난이도의 문제를 선호하는 것으로 나타났다. 왜냐하면 중간 정도의 문제를 해결함으로써 자신의 능력을 확인할 가능성이 높기 때문이다. 너무 쉬운 문제의 경우에는 문제를 해결해도 만족감은 낮다. 중간 정도의 문제를 해결하지 못한 경우에는 자신의 노력의 부족으로 생각하는 경우가 많았다. 반면에 실패를 두려워하는 사람들은 아주 어려운 문제나 아주 쉬운 문제를 선호하였다. 이로써 자신의 능력을 드러내는 것을 회피하는 경향을 보였다.

자기평가에 기초한 훈련에서는 현실적인 목표를 기준으로 자신의 성과를 평가하는 훈련을 한다. 자신의 능력을 평가할 때는 다른 사람들과의 비교를 통해서 혹은 자신의 목표에 도달한 정도로 평가할 수 있다. 그런데 남들과의 비교를 통한 평가보다는 자신의 목표에 어느 정도 도달했는지를 기준으로 평가하는 것이 동기 형성에 긍정적으로 작용한다. 이때 너무 과도한 목표를 설정할 경우 이에 도달하지 못했다는 이유로 실망하거나 좌절할 수 있으므로 목표를 너무 높게 설정하지 않는 것이 좋다. 경우에 따라서는 장기적인 목표는 높게 잡더라도 이에 도달하기 위한 부분적인 목표들을 설정하여 현실적인 가능성을 감안하도록 한다. 또한 자신의 성과를 평가할 때 개인적인 수행과정을 기준으로 하는 것도 바람직하다. 즉, 과거에 비해 얼마나 향상되었는가를 평가기준으로 삼는 것이다. 이렇게 개인적인 성과를 기준으로 평가하는 것은 자신감이 부족하거나 그 분야에서는 능력이 아직 부족한 경우에 더 효과적인 것으로 보고되었다(Rheinberg & Krug, 2005).

물론 학교에서는 개인 내적 변화만을 기준으로 평가하는 데에는 한계가 있기 때문에 사회적 평가기준을 많이 활용한다. 그러나 상대적인 평가를 하면서도 개인 내적 변화를 기준으로 하는 것을 첨가하여 평가기준을 다양화하는 것이 바람직하다. 다양한 평가기준을 조합하거나 상황에 따라 다른 기준을 적용하는 것이 좋다는 연구가 있다(Rheinberg, 1995). 예를 들어, 학습 목표를 기준으로 절대평가를 하거나 다른 학생들과의 비교를 통해 상대평가를 하여 성적을 산출한 후, 성적표에 그 학생이 예전에 비해 어떤 점이 향상되었는가를 서술하는 방법을 활용할 수 있다. 이와 같이 자신의 학습능력을 평가할 때 다양한 기준에 의해 평가하는 것이 학습동기 향상에 긍정적인 영향을 미친다.

학습목표를 갖고 있는 것은 학습내용에 대한 흥미를 높이는 데 기여한다. 학습하면서 내용이 자신에게 어떻게 유익할 것인가를 미리 생각해 본다. 또한 지금 공부하면서 무엇을 알고 싶은가를 생각하고 이에 대한 질문들을 작성하여 목록을 만든다. 그런 다음 책이나 자료를 학습할 때 더욱 주의를 기울여 그 내용을 탐색한다. 하루에 활용할 수 있는 학습방법에 변화를 주는 것도 좋다. 예를 들어, 오전에 책을 읽으면서 학습한 다음, CD-ROM을 활용하여 공부하고, 오후에는 그룹스터디를 하는 것이다.

### 2) 내적 동기의 강화

내적 동기를 형성하고 유지하는 데 능력, 자율성, 사회적 관계 등이 중요한 요소로 작용한다는 연구보고가 있다(Deci & Ryan, 1985; Schiefele, 2004).

#### (1) 능력의 지각

작은 성과에 대해서도 스스로 자부심을 느낄 수 있도록 피드백을 강화한다. 실패를 경험한 상황에서도 성공했던 기억을 떠올리며 스스로 격려하며 잘될 것이라고 긍정적인 강화를 한다. 또한 학습한 내용을 어떻게 응용할 것인가를 생각해 본다. 경우에 따라서는 배운 내용에 대해 친구들과 토론해 보면서 자신의 생각을 검증해 보고 가능하면 실험과 같은 적극적인 활동을 통해 그 내용을 확인해 본다.

#### (2) 자율성의 증가

타율적으로 학습하는 것은 동기 형성에 도움이 되지 않는다. 스스로 계획하고 결정한 내용에 대해서 더 책임감을 느끼며 학습하게 된다. 자신의 학습 진행 정도를 스스로 체크하는 것도 동기 형성에 도움이 된다. 경우에 따라 학습 진행을 보여 주는 그래프를 작성해 본다.

### (3) 사회적 관계의 증진

다른 사람들과의 관계를 증진하는 것도 동기 형성에 도움이 된다. 예를 들어, 그룹 활동을 통해 다양한 각도의 접근법을 알게 되고 자신이 알고 있는 바를 다른 사람들과 비교하여 장점을 살릴 수 있다. 다른 사람들과 공부방법에 대해 이야기 나누고 공부할 때 어려움을 어떻게 해결하는가에 대해 대화를 나눈다.

이 외에도 Wolters(2003)는 다음과 같이 동기 향상 전략을 소개하였다.

## 3) 자기강화의 활용

자신의 행동의 효과를 스스로 결정한다. 이는 목표를 달성하는 과정에서 강화를 스스로 결정하는 것으로부터 비롯된다. 예를 들어, 도서관에서 공부하면서 '이 책을 다 읽으면 오늘 영화 한 편을 봐야지.' 라고 생각하는 것도 스스로를 강화하는 것이다. 혹은 '이 책을 다 끝내지 못하면 이번 주말에 여행 가려고 했던 계획을 취소한다.' 와 같이 스스로에게 벌을 줄 수도 있다. 그러나 벌을 주는 것과 같은 부정적인 강화보다는 상을 주는 긍정적인 강화가 더 효과적이다. 자기강화의 활용은 행동주의 심리학에서의 조건화와 같은 맥락에서 이해할 수 있다. 이와 같이 자기강화는 공부하기 싫은 마음이 들거나 다른 유혹이 있을 때 사용하면 극복하기 쉽다는 연구결과가 있다(Zimmerman & Martinez-Pons, 1990).

한편 이렇게 구체적인 상이나 벌과 같은 강화뿐 아니라 말로 칭찬하는 것도 효과적이다. 예를 들어, 과제를 마치고 난 후 '과제를 끝내다니 정말 잘했어.' 라고 자신을 격려하는 것이 구체적인 상을 주는 것보다 더 효과적일 수 있다는 것이다(Graham et al., 1998). 스스로를 칭찬하고 격려하는 사람들이 효과적으로 학습하고 자신의 목표를 달성할 확률이 더 높다는 연구결과가 보고되었다. 칭찬과 격려 그리고 정신건강과의 관계는 이미 많이 연구되었다. 즉, 스스로를 칭찬하고 격려하는 사람들이 삶의 만족도와 자기효능감이 더 높았고, 불안이나 우울과 같은 임상적인 문제를 덜 갖는 것으로 보고되었다.

연습문제

자신에게 어떤 방법으로 강화할 수 있을지 탐색해 보자.

공부를 재미있게 한다면 학습효과는 매우 클 것이다. 재미없고 딱딱한 내용을 공부하면서도 이를 게임하듯이 재미있게 할 수 있는 방법은 없을까 생각해 보는 것도 좋을 것이다. 예를 들어, 영양소에 대해 공부하면서 자신이 영양학 교수가 되어서 TV의 오락 프로그램에 나와 영양소와 식품, 건강 그리고 요리법에 대해 퀴즈를 내고 설명하는 것을 상상하면서 공부하면 더 흥미를 갖고 공부할 수 있지 않을까?

### 4) 목표지향적인 독백

자신의 목표를 더욱 분명하게 의식하는 것도 동기 형성에 긍정적인 영향을 미친다. 예를 들어, 왜 지금 공부를 해야 하는지 그 이유에 대해 스스로에게 다시 한 번 분명하게 말한다. 공부하는 이유는 좋은 성적을 받기 위해서, 장학금을 받기 위해서, 취업을 하기 위해서 등 다양하다. 경우에 따라서는 이러한 목표를 달성했을 때의 상황을 머릿속에서 그려 보는 것도 효과적일 수 있다.

이와 같이 학습의 결과와 관련된 목표 외에도 자신의 호기심을 만족시키기 위해서 혹은 공부하려고 하는 내용을 더 잘 알고 이를 응용하려고 하는 과정지향적인 목표를 가질 수도 있다. 대학생들을 대상으로 한 연구에서 공부하기 싫어질 때 어떻게 이를 극복하는가를 조사했더니, 많은 학생들이 결과지향적인 목표에 대해서 생각하고 자신을 격려한다고 응답하였다(Wolters, 1998). 즉, 공부하여 성적을 잘 받게 되면 어떤 좋은 점이 있는지 생각해 보거나, 자신의 능력을 다른 사람들에게 인정받게 되면 좋을 것이라고 스스로에게 말하는 전략을 사용한다고 하였다.

흥미로운 것은 학습에 대한 동기를 향상시키는 데에는, 즉 공부를 시작할 때 하기 싫거나 방해받는 상황에도 불구하고 지속적으로 학습하는 데에는 결과지향적인 전략이나 과정지향적인 전략 모두 효과적이었으나, 학습할 때 활용하는 전략에서는 차이를 보였다. 과정지향적인 목표를 갖고 있는 학생들, 즉 공부하는 내용이 흥미롭다거나 공부함으로써 자신이 알고 싶은 것을 알게 되고 이를 활용할 수 있을 것이라고 스스로에게 말한 학생들이 공부할 때 상위인지적인 전략이나 비판적인 사고를 더 많이 하였다. 즉, 그들은 공부하면서 계획하거나 자신이 제대로 이해했는지 검토하고 비판적인 사고를 통해 내용을 더 심층적으로 이해하고 있었다(Wolters, 1998).

### 5) 귀인의 활용

앞에서 설명한 것과 같이 귀인은 어떠한 사태의 원인을 어디에 귀속시키는가를 의미한다. 자신의 학습 결과를 능력이나 운과 같이 통제할 수 없는 원인으로 귀인하는 것보다는 자신의 노력과 같이 통제 가능한 원인에 귀인하는 것이 학습동기를 향상 혹은 유지하는 데 도움이 된다. 자신의 귀인양식을 살펴보자. 혹시 성공했을 때는 운이 좋아서 혹은 과제가 쉬워서라고 생각하고, 실패를 했을 때는 자신의 능력이 부족하거나 과제가 너무 어려워서 그렇다고 생각하지는 않는가? 이럴 때는 자신의 노력 부족으로 실패한 것으로 생각을 바꾸어 보자. 능력은 하루아침에 변화하지 않지만 노력은 마음먹기에 따라 달라지는 것이 아닌가?

실제로 초등학교 학생들부터 대학생들에게 이르기까지 과제를 수행한 후의 성공과 실패를 내적이고 통제가 가능한 원인에 귀인하는 훈련을 시켜서 학습동기를 향상시키는 효과가 있었다는 연구 보고가 있다(Robertson, 2000).

예를 들어, 시험본 후 자신의 노력이 부족해서 시험을 잘 보지 못했다는 것으로 귀인하는 것이 다음 시험을 준비하는 데 더 긍정적으로 작용한다. 이때 혼자만 생각하는 것이 아니라 다른 사람에게도 이를 이야기하는 것이 더 효과적이다. 학습의 결과보다 과정에 더 관심을 보이는 사람들이 이와 같이 자신의 노력이나 자신이 활용한 학습전략에 귀인하는 경향이 더 강하다는 연구 결과도 있다(Zimmerman & Kitsantas, 1999).

### 6) 자기효능감 전략

과제 수행을 잘할 수 있을 것이라는 믿음은 동기 형성에 매우 중요한 요소다. 자신의 능력에 대한 지각과 과제 수행에 대한 기대는 학습동기에 많은 영향을 주므로 이들 변인들을 변화시켜 동기를 향상시킬 수 있다. 그 방법 중의 하나로 중간 목표를 설정하는 방법을 들 수 있다. 최종 목표가 너무 어렵거나 멀다고 느껴지면 이를 이루고자 하는 동기가 줄어들 수 있다. 이때 최종 목표를 나누어서 중간 목표들을 설정하면 이를 성취할 가능성이 더 높아지고 이를 통해 자신감이 더 생길 수 있다. 중간 목표를 설정하는 것은 복잡한 과제를 조금 더 단순하고 쉬운 과제로 나누어서 각 부분을 성취할 수 있도록 목표를 설정하는 것을 말한다. 예를 들어, 책을 한 권을 다 읽는 것이 최종 목표일 때 한 장 혹은 절을 읽는 것을 중간 목표로 잡을 수 있다. '지금까지 투자한 것이 아까워서 포기하지 못한다.' 라는 말이 있는 것처럼, 일단 중간 목표를 달성하고 나면 이를 포기하지 않고 최종 목표를 향한 동기를 형성하게 된다. 이와 같이 중간 목표를 달성함으로써 자기효능감이 높아지고 이에 따라 동기가 향상된다. 또한 자기 자신에게 '나는 할 수 있어. 이렇게 계속 노력하면 돼.' 라고 스스로를 격려하는 것도 동기 형성과 유지에 긍정적으로 작용한다.

### 7) 정서 조절

정서는 학습에 직·간접적으로 영향을 미친다. 정서를 조절한다는 것은 자신의 감정을 읽어 내고 감정의 발생, 강도, 지속 정도를 변화시킬 수 있는 것을 의미한다. 학습상황에서는 과제 수행에 실패했을 때 느끼는 부정적인 감정이나 공부하는 데 방해가 되는 감정을 감소시키는 것을 말한다. 학습과 정서의 관계를 연구한 대표적인 예는 시험불안에 관한 연구다(Spielberger & Vagg, 1995).

공부하면서 불쾌한 감정이 들거나 혹은 시험을 준비하면서 불안감을 느낄 때 심호흡을 하거나 1부터 10까지 천천히 세면서 자신의 감정을 조절한다. 혹은 스스로에게 '걱정할 것 없어. 지금 잘하고 있으니까 이렇게 계속하면 돼.' 라고 말하는 것도 효과적일 수 있다. 정서와 학습에 대해서는 제13장에서 더욱 자세하게 다룰 것이다.

공부할 수 있는 환경을 구성하는 것도 학습동기에 많은 영향을 미친다. 공부하는 데 방해가 되는 요소를 줄이고 쾌적한 환경을 만드는 것을 말한다. 여기에는 공부할 장소를 선택하는 것뿐 아니라 주변에서 잡음이 들려 방해를 받을 때 집중해서 공부하기 위해 조용한 음악을 듣는 것 그리고 피곤해서 공부하기 힘들 때 잠시 눈을 붙이는 것 등이 포함된다. 차를 마시면서 공부하면 집중이 잘된다는 학생들도 있다. 물론 음악이나 차를 마시는 것이 학습에 방해가 되는 사람들도 있으니 이와 같은 방법을 일률적으로 적용할 수 있는 것은 아니다.

앞에서 다양한 동기조절 전략을 살펴보았다. 그러나 조금이라도 동기가 있어야 자신의 동기를 조절하려는 노력을 할 것이다. 즉, 동기와 동기조절 전략은 상호의존적이다. 동기가 있어야 동기조절 전략을 활용할 것이고, 또 동기조절 전략을 활용함으로써 동기가 향상된다.

[그림 12-3]에서 보는 바와 같이 동기와 동기조절 훈련 효과는 ∩자 모양의 관계를 갖는다. 즉, 중간 정도의 동기를 갖고 있는 학습자에게서 동기조절 훈련이 가장 효과적이다.

학습하다가 지루함을 느끼고 재미가 없을 때 그리고 공부하기가 싫다고 느껴질 때 동기 향상 훈련을 해 보는 것이 어떨까? 이때 동기에 대해서 알고 있는 것이 동기를 조절하는 데 도움이 될 것이다.

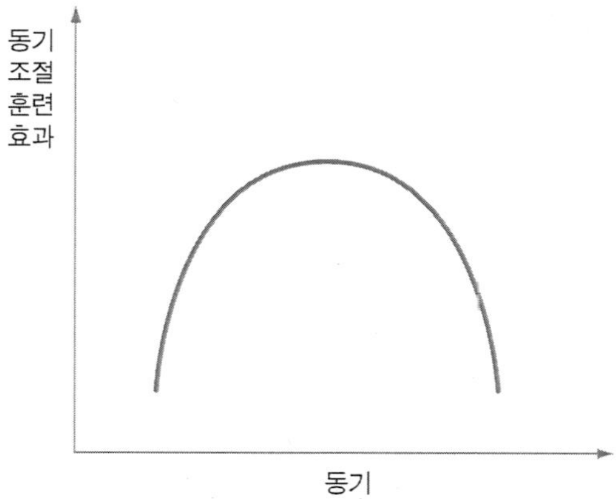


[그림 12-3] 동기와 동기조절 훈련 효과의 관계

이 장에서 중요하다고 생각되는 내용을 정리해 보자.

# 제13장 학습과 정서

영미는 자신이 시험운이 없는 사람이라고 생각한다. 중학교 때부터 자기보다 공부를 안 하는 친구들보다도 성적이 나쁘게 나와 속상했던 일이 한두 번이 아니었기 때문이다. 영미가 필기한 노트를 빌려가서 공부한 친구가 성적이 더 잘 나왔던 때도 있었다. 한번은 나름대로 시험공부를 열심히 했는데도 막상 시험지를 받고 첫 문제의 답을 몰랐을 때 식은땀이 나고 시험지가 온통 하얗게 보여 자기가 무엇을 적었는지도 모를 정도로 긴장했었던 일도 있다. 그 일이 있은 후 시험을 보기 전에 우황청심환을 먹거나 기도를 하는 등 나름대로 긴장하지 않으려고 노력한다. 공부나 성적에 대한 욕심도 많고 장학금도 타야 되는데, 실력을 제대로 발휘하지 못한다는 사실에 속상할 때가 많다.

**체 • 크 • 리 • 스 • 트**

다음은 평소에 공부할 때 어떤 생각을 하는지 알아보는 질문들이다. 공부할 때 다음과 같은 생각을 얼마나 자주 하는지 표시해 보자. 거의 하지 않을 때는 1번에, 가끔 할 때는 2번에, 종종 할 때는 3번에, 자주 할 때는 4번에 표시하면 된다.

| | 1 | 2 | 3 | 4 |
|---|---|---|---|---|
| 1. 부모님이 내 성적에 대해 기대를 많이 하시는 것이 부담스럽다. | | | | |
| 2. 시험이 있을 때 걱정을 많이 하여 공부를 시작하기도 전에 피곤해진다. | | | | |
| 3. 다른 사람들이 나의 능력에 대해 어떻게 생각할지에 민감하다. | | | | |
| 4. 시험결과가 원하는 대로 나오지 않았을 때 더 부정적인 쪽으로 생각이 든다. | | | | |
| 5. 나의 능력에 대해 실망을 많이 한다. | | | | |
| 6. 시험결과가 만족스럽지 않아도 이에 집착하지 않고 어떻게 대처할 것인가를 생각한다. | | | | |
| 7. 시험에 대해 걱정하면서도 시험공부를 바로 시작하지 못하고 뒤로 미룬다. | | | | |
| 8. 실패의 상황에서도 긍정적인 면을 찾는다. | | | | |

위의 체크리스트에서 점수를 모두 합산하여 총점을 계산하는데, 6, 8번 문항은 역산을 한다. 즉, 1번에 표시하면 4점, 2번은 3점, 3번은 2점 그리고 4번에 표시했으면 1점으로 계산한다. 모두 8문항이므로 최고점이 32점, 최하가 8점이 될 것이다. 자신의 점수가 24점보다 낮을 경우에는 정서상태를 개선할 필요가 있다. 이제 학습과 정서의 관계에 대해 자세히 살펴보도록 하자.

공부할 때 새로운 지식을 얻게 되는 배움의 기쁨만 있는 것은 아니다. 특히 부담스러운 시험을 준비하거나 내용이 너무 어려울 때 좌절감을 경험하는 경우도 많다.

문화비교 연구에서 Zimbardo(1991)는 일본과 대만, 독일의 대학생들이 수업시간에 수줍음을 많이 타는 것으로 보고하면서, 이들 문화권에서 부모들이 자녀의 학업적인 성공에 대한 기대가 크고 칭찬에 인색하며 학업적인 실패를 매우 부끄럽게 생각하는 경향이 있기 때문이라고 설명하였다.

학업 성적에 대한 기대가 너무 작을 때도 문제이지만 기대가 너무 클 때도 학습에 부정적인 영향을 미친다. 부모의 기대를 충족시키지 못했을 때 더 이상 사랑받지 못할 것이라는 두려움이 생길 수 있다. 또한 자신의 학업적인 능력을 보여야 하는 상황에서 성적이 좋지 않으면 자존심이 상하기 때문에 부담스러울 수 있다. 이러한 부정적 감정이 지나치게 되면, 더 노력하면 해낼 수 있으리라는 자신감이 없어지고, 열심히 해 보려는 동기가 줄어들며, 오히려 그 상황을 피해 보려고 시도하게 된다.

자신의 능력에 대한 확신이 없는 상태에서는 중요한 시험이나 학위논문을 제출하는 것을 계속 미루는 경우가 많다. 자신의 능력에 대한 확신이 없고 시험이 너무 어려울 것이라는 막연한 두려움이 부정적으로 작용한 것이다. 또한 불안감이 매우 클 때는 실제로 시험에 실패하게 되어 악순환이 반복된다. 실패정향적인 사람, 즉 자신이 새로운 상황을 통제할 수 없을 것이라고 믿는 사람들이 시험상황, 즉 긴장상황에서 문제해결의 동기가 낮아 성적에 부정적으로 영향을 미칠 수 있다. 특히 불안반응을 강하게 보이는 사람들은 실패의 경험에 의해 동기가 감소되어 회피반응을 보이는 경향이 있다.

## 1. 귀인

자신감이 있는 사람과 그렇지 못한 사람은 자신의 성공과 실패를 어떻게 지각하는가에는 차이를 보인다. 자신감이 있는 사람은 자신이 능력이 있기 때문에 성공한 것이다. 생각하고, 실패한 경우에는 문제가 너무 어려웠거나 운이 없었다거나 자신의 노력이 부족했기 때문이라고 생각한다. 이로써 자신의 자존심을 유지하고 새로운 도전에 대한 마음의 준비를 할 수 있다. 반면 자신감이 없는 사람은 실패를 자신의 능력 탓으로 돌린다. 성공한 경우에는 오히려 운이 좋았다고 해석하는 것과 같이 자신에게 불리하게 상황을 판단하는 경향을 보인다. 이렇게 상황의 원인을 어떻게 해석하는가를 귀인이라고 한다(제12장 참조).

Weiner(1974)는 성공과 실패에 대해 학습자가 그 원인을 어떻게 귀속하는가가 성취동기에 영향을 준다고 설명하고, 이를 학습자의 정의적 특성의 중요한 변인으로 파악하였다. 예를 들어, 학습자가 계속적인 실패를 경험하고 이를 자신의 능력이 부족한 탓으로 돌린다면, 자신이 어떻게 해도 성공할 수 없다는 무기력감을 갖게 되고 점점 학습에 무관심하게 된다.

통제할 수 없는 부정적인 경험에 의한 학습된 무기력감과 그에 따른 학습동기의 감소 그리고 인지적, 정서적 문제에 대해서는 이미 Seligman(1983)의 실험을 통해 체계적으로 연구되었다. 그는 실험을 통해 동물들이 자신이 통제할 수 없는 상황에서 정서적인 불안반응, 학습동기의 감소 등을 보이는 것을 관찰하였다. 즉, 환경을 통제할 수 없는 실패의 경험을 통하여 무기력감이 학습되는 것이다.

Rizely(1978)는 우울한 학생들과 우울하지 않은 학생들에게 '숫자추측 과제'에서 성공과 실패를 경험시키고 그 성공과 실패의 귀인성향을 분석하였다. 그 결과 성공에 대해서는 두 집단 간의 차이가 없었으나, 실패에 대해서는 우울집단이 비우울집단에 비해 더 많은 내적 귀인을 하였다. Goline 등(1981)은 부정적 결과에 대한 내적, 안정적 귀인이 우울 점수와 정적 상관을 보였다고 보고하였다.

### 1) 학습된 무기력감

앞에서 제시된 귀인에 관한 이론을 더욱 발전시켜 Abramson 등(1978)은 학습된 무기력감과 귀인성향에 대한 모델을 만들었다. 이 모델에 의하면, 부정적인 경험에 대한 해석은 개인마다 각기 다르고 내적/외적 차원, 안정적/일시적 차원 그리고 전체적/특수한 차원의 세 가지 측면에서 이루어질 수 있다. 부정적 결과에 대해 내적(internal), 안정적(stable), 전체적(global) 귀인을 하면 무기력감이 오래 지속되고, 다른 상황에 일반화하기 쉬우며, 이를 통해 자존감이 저하된다. 예를 들어, 실패 경험의 원인을 상황이나 과제의 성격으로(외적 귀인) 생각하지 않고 자신의 능력의 문제로(내적 귀인) 파악하거나, 성공은 우연히 이루어진 것이라고 생각하는 경우 자신감이 없어지게 된다. 이와는 반대로 자신이 능력이 있기 때문에 성공했다고 생각한다면 더욱 자신감을 갖게 될 것이다. 한편 그러한 원인이 비슷한 상황에서 항상 영향을 미칠 것이라고 생각하는 경우와(안정적 귀인), 이는 일시적인 현상이라고 생각하는 경우에 따라(일시적 귀인) 동기와 정서적 측면에서 차이가 나타나게 된다.

또한 자신은 능력이 부족하여 다른 모든 분야에서도 일을 제대로 할 수 없을 것이라고 생각하는 경우와(전체적 귀인), 어떤 분야에서는 실패했어도 다른 분야에서는 성공할 것이라고 생각하는 경우에 따라(특수한 귀인) 한 개인의 적응행동에 영향을 줄 것이다.

다음에 이러한 귀인성향을 알아보는 문항을 예시하였다.

다음의 상황을 상상하고 이러한 상황이 발생하게 된 원인이 무엇이라고 생각하는지 대답하시오.

상황: 자신이 매우 원하는 일(예: 취직, 시험에 합격)을 성취했다고 상상해 봅시다.

(1) 그 일을 성취할 수 있었던 주된 이유는 무엇이라고 생각합니까?

________________________________________

(2) 그 일을 성취한 이유가 자신의 능력 때문이라고 생각합니까? 혹은 다른 이유 때문이라고 생각합니까?

| 전적으로 다른 사람의 도움이나 운이 좋았기 때문이다. | 1 | 2 | 3 | 4 | 5 | 6 | 7 | 전적으로 나의 능력 때문이다. |
|---|---|---|---|---|---|---|---|---|

(3) 앞으로도 자신이 다른 일을 성취했을 때 (2)번과 같은 이유 때문일 것이라 생각합니까?

| 결코 그렇지 않을 것이다. | 1 | 2 | 3 | 4 | 5 | 6 | 7 | 항상 그럴 것이다. |
|---|---|---|---|---|---|---|---|---|

(4) 자신이 이 일을 성취할 때 영향을 미친 원인이 다른 생활 영역에도 영향을 미칠 것이라고 생각합니까?

| 단지 이 경우에만 영향을 미친다. | 1 | 2 | 3 | 4 | 5 | 6 | 7 | 다른 모든 경우에도 영향을 미친다. |
|---|---|---|---|---|---|---|---|---|

위의 설문지에서 2번 문항은 내적/외적 귀인성향에 대해서, 3번 문항은 안정적/일시적 귀인성향에 대해서 그리고 4번 문항은 전체적/특정한 귀인성향에 대해서 알아보고 있다.

### 2) 상태정향성

한편 Kuhl(1983)은 문제해결의 원인을 찾는 귀인과정을 두 가지로 구별하여 상태정향과 행동정향으로 설명하였다. 상태정향적인 사람은 일정한 목적을 달성하지 못하였을 경우 실패의 원인을 주어진 과제와 관련이 적은 정보에 주의를 분산시킴으로써 문제해결에 부정적인 영향을 미치게 된다. 상태정향성이 강한 사람은 예를 들어 시험을 보면서 '시험을 꼭 잘 봐야 하는데, 시험에 실패하면 다른 사람들이 나를 얼마나 무시할까?' 라는 생각에 불안감을 느낀다. 이러한 부정적인 사고양식으로 자신의 자존심을 지키려고 애쓰거나 자존심을 상하게 하는 상황을 회피하려고 시도하는 일에 많은 에너지를 쏟게 되어, 정작 자신이 하고 있는 과제에 집중하기가 어렵게 된다. 어떤 과제를 수행할 때에도 과제해결 전략이라든가 방법과 같은 과제와 관련된 정보에 대한 관심보다는 주변 사람들의 평가 혹은 다른 환경적인 요소에 더 많이 신경쓴다. 또한 자신이 수행한 과제에 대해 면밀히 검토하는 것을 회피한다.

신경심리학에서도 성공에 자신 있는 사람이 실패에 대한 두려움이 있는 사람보다 작업 수행에 있어 대뇌활동이 활발하다는 연구 보고가 있었다. 즉, 인간의 대뇌 활동에 정서와 동기적인 측면이 아주 중요하다는 것이다. 이러한 상관관계가 집중력장애에서도 마찬가지로 관찰되었다.

## 2. 집중력 문제

머릿속이 복잡할 때 책상 앞에 오래 앉아 있어도 멍하게 그냥 앉아 있거나, 집중해서 공부하지 못했던 경험이 있을 것이다. 목표의식이 결여되어 있는 경우에도 집중력의 문제를 보인다(Barkley, 1998). 이러한 집중력 결여의 잠정적 원인으로 피곤함이나 '왜 공부를 해야 하는지 모르겠다.'는 목표의식의 결여 외에도 '과연 이것을 성공적으로 공부할 수 있을까?' 하는 자신감의 결여와 지나친 근심과 걱정을 들 수 있다.

옆에서 나는 소리에 지나치게 민감한 반응을 보이거나 더 이상 머릿속에 공부한 내용이 들어가지 않을 것 같은 느낌이 들 때 혹은 잠깐은 집중할 수 있으나 장시간 집중하는 것이 힘들 때 자기관찰을 해 볼 필요가 있다. 이때 다음과 같은 점들을 고려해야 한다.

- 어떤 상황(장소, 시간)에서 집중이 안 되는가?
- 어떤 내용을 학습할 때 집중이 안 되는가?
- 학습할 때 다른 생각을 많이 했다면 무슨 생각을 했는가?
- 그때의 기분은 어떠했는가?
- 이에 어떻게 대응했는가?

**연습문제**

앞에서 제시된 질문들을 활용하여 자신의 집중력을 점검해 보자.

자기 자신에 대해 부정적으로 생각하거나 경직된 사고를 한다든지, 작은 일에도 과잉반응하거나, 사소한 일을 과장되게 일반화시키는 것은 문제를 더욱 어렵게 만든다. 자신에 대해 부정적으로 생각하거나 지나치게 걱정을 많이 하는 사람들이 자신의 부정적인 경험에 대해 생각하는 것은 대부분 본인도 의식하지 못한 채 이루어진다. 이를 '자동화된 사고' 라고 부르기도 한다. 예를 들어, '나는 계획한 대로 되는 일이 없다.' 라고 생각할 때 본인은 분명하게 의식하지는 않지만 습관적으로 하는 생각의 흐름은 주어진 상황을 해석하는 데에 영향을 미치게 된다.

실패에 대한 두려움이 큰 사람은 대체로 의욕이 없고 소극적이며 남의 탓을 하는 경향이 있다. 그들은 흔히 '나는 해 낼 수 없을 거야. 이번에도 실패하면 다른 사람들이 날 얼마나 무능하다고 생각할까?' 와 같이 자신에게 불리한 생각들을 많이 한다. 경우에 따라서는 이런 불쾌한 상황에 대해 구체적으로 상상하는 일도 있다.

또한 그들은 목표를 너무 높거나 낮게 잡는 경향이 있다. 목표를 너무 높게 잡음으로써 그 일이 너무 어려웠다고 변명하거나 목표를 아주 낮게 잡아 실패를 피하려는 경향을 보인다. 그러나 목표를 너무 낮게 잡았을 때는 성공했어도 기쁨이 크지 않기 때문에 자신감 회복에는 그리 큰 영향을 미치지 못한다. 또한 다른 사람들이 자신을 평가하는 것을 원하지 않기 때문에 그런 상황(예: 시험에 응시 등)을 회피한다. 시험을 보는 상황에서도 너무 긴장한 나머지 과제 자체에 집중하지 못해 자기의 실력을 제대로 발휘하지 못하는 경우가 많다. 이러한 부정적인 감정은 결국 실패에 대한 두려움을 더 키우고 다음 상황에서도 부정적인 기대를 갖게 되어 공부하는 데 집중할 수 없

는 등 악순환이 반복된다.

그렇다면 어떻게 이러한 악순환을 극복할 수 있을까? 다음의 이야기를 읽어 보자.

> 캐나다의 아홉 살짜리 소녀가 호수 한가운데에서 배사고로 물에 빠졌는데, 엄청난 거리를 수영해서 육지에 도착하였다. 아홉 살 밖에 안 된 소녀가 엄청난 거리를 수영해 온 것에 놀라워 그 소녀에게 자초지종을 물어보았다. 그 소녀는 "저는 어느 방향으로 수영을 해야 하는가를 알고 있었어요. 그리고 수영을 하면서 한 번 제칠 때마다 그다음 동작만을 생각했어요."라고 대답하였다. 학자들은 그녀가 자신이 수영해야 할 전체 거리를 생각했다면 아마 도중에 지쳐 버렸을 것이라고 하였다.

이 이야기가 시사하는 바는 시험을 준비하거나 부담스러운 작업을 길게 해야 하는 경우 그 끝이 어디일까라는 막막한 생각을 갖고 포기하지 말고 오늘 계획한 이 작업을 끝내면 어떤 보상이 기다리고 있는가(친구와의 약속, 영화 보기, CD 구입 등)를 생각하면서 현재에 충실하게 임하는 것이 바람직하다는 것이다. 그 다음날도 마찬가지로 그날에 충실하면 된다. 이제 공부하는 데 방해가 되는 정서를 조절하는 전략들을 살펴보자.

## 3. 정서조절 전략

### 1) 혼잣말의 변화

Meichenbaum(1979)은 자기교수법이라는 훈련을 통해 앞으로 해야 될 일을 스스로에게 말함으로써 좌절상황을 극복하는 방법을 개발하였다. 그는 이 방법으로 불안증세를 갖고 있는 사람들을 치유하였다고 보고하였다. 자기교수법 훈련에서는 자신에게 하는 혼잣말에 주의를 기울이고 이를 수정하는 작업이 필요한데, 그 방법은 다음과 같다(Franks & Wilson, 1980).

종이를 반으로 접어 한쪽에는 공부할 때나 시험 준비를 할 때 자신에게 하는 부정적인 말들을 적어본다. 그리고 다른 한쪽에는 자신의 부정적인 혼잣말을 긍정적이고 건설적인 그리고 자기에게 도움이 되는 말들로 바꾸어 본다.

|  부정적인 혼잣말 |  긍정적인 혼잣말 |
|---|---|
| 이번 문제는 쉬었지만 다음 문제는 훨씬 어려울 것 같아. | 이번 문제를 풀었어!<br>다음 문제도 풀 수 있을 거야. |
| 수학에는 재능이 없어. | 수학을 잘 못하지만 차근차근 하면 이해할 수 있을 거야. |
| 이번 시험을 잘 못 볼 것 같아. | 시험 준비를 열심히 하면 시험을 잘 볼 수 있을 거야. |
| 공부는 해도 소용이 없어. | 이제 공부를 시작할 것이고 내가 새롭게 알게 되는 것에 기쁨을 느낄 수 있을 거야. |
| 나는 빨리 이해를 하지 못해. 멍청이… | 천천히 이해하는 것이 나쁜 것만은 아니야.<br>오히려 더 깊게 이해할 수도 있어. |

연습문제

다음의 부정적인 혼잣말을 긍정적인 혼잣말로 바꾸어 보자.

|  부정적인 혼잣말 |  긍정적인 혼잣말 |
|---|---|
| 이번 시험은 운이 좋아서 잘 본 것이야. | |
| 이런 내용도 이해를 못하다니 나는 너무 멍청해. | |
| 집중이 잘 안 될 것 같아. | |
| 이번 시험도 잘 못 보면 친구들이 나를 얼마나 무시할까? | |

이렇게 일상에서 경험하는 부정적인 사고를 긍정적인 사고로 전환한다. 긍정적인 사고로 전환하는 것은 한 번에 이루어지는 것이 아니다. 앞에서 들었던 예에서와 같이 육지가 얼마나 멀까 생각하면서 지레 의기소침해지지 말고 어린 소녀가 했던 것처럼 바로 다음 동작을 생각하면서 조금씩 지속하는 것이 중요하다.

### 2) 상상의 활용

상상력을 활용하여 학습의 효과를 올리는 것은 'super-learning' 이라고 알려져 있다. super-learning은 불가리아의 정신과 의사 Lozanov(1978)에 의해서 개발된 방법이다. 이를 활용하는 방법은 다음과 같다. 틈틈이 자투리시간이 남을 때(예: 수업 사이의 쉬는 시간, 버스를 타고 이동하는 시간, 티켓을 사려고 줄 서서 기다리는 시간) 자신이 멋지게 과제 수행을 해 내는 상상을 해 본다. 특히 작업을 시작하기 전에 뜸을 많이 들이는 사람의 경우에 이를 활용할 만하다. 예를 들어, 글쓰기를 몹시 힘들어하는 사람은 자신이 책상 앞으로 가서 필요한 자료를 정리하고 처음 한 줄을, 둘째 줄을 그리고 그 다음 줄을 쓰는 모습을 상상해 보라.

중요한 것은 자신이 성공적으로 작업을 마무리하는 것을 상상하며 '그래 이렇게 하면 돼.' 라고 말하는 것이다. 물론 이런 상상을 처음 할 때 어색하거나 우스운 일이라고 생각이 들 수도 있으나, 반복하다 보면 자신감이 조금씩 생기는 것을 느끼게 된다. 시각적으로 상상하는 것이 이른바 마인드 컨트롤에 영향을 준다는 연구가 있다. 성공 경험에 대한 심상을 만들 때 그 장면, 색상, 소리, 몸의 느낌(호흡, 심장박동, 날아갈 것 같은 느낌 등)을 생생하게 상상할 수 있으면 오른손으로 왼손을 지그시 눌러 본다. 하루에 두 번씩 일주일 동안 반복하는 것도 좋다. 예를 들어, 자신이 멋지게 발표하는 모습을 반복적으로 상상하고는 실제 상황에서 발표를 시작하기 전에 왼손을 지긋이 눌러 본다.

많은 사람들이 자신에게 닥칠 어려움들을 상상하면서 불안해한다. 이를 긍정적인 상상으로 바꾸는 것이 치료에 효과적이다. 자신이 부정적인 상상을 하고 있다는 것을 발견했을 때는 '그만!' 이라고 외치면서 즐거웠던 기억을 떠올려 기분을 전환한 후, 앞으로의 일에 대한 긍정적인 상상을 다시 시작하는 것이 좋다(Ludwig, 2000).

### 3) 현실적인 목표 설정

시험불안이 있으면 공부가 하기 싫어지고 학습상황을 회피하게 된다. 이때 회피하지 않고 문제해결적인(예: 적절한 목표의 설정, 계획적인 학습, 효과적인 학습전략의 활용) 대응을 하게 되면, 불안에 대처하는 건설적인 역동성이 생기게 된다. 반대로 시험에 대한 불안한 마음 때문에 시험공부를 미루고, 컴퓨터 게임을 한다든지 수업시간에 빠진다든지 하면 불안감은 더욱 커지게 된다. 이런 악순환에서 빠져 나오는 방법은 학습계획을 짜고 이를 지키는 것이다.

시험을 준비하거나 과제를 시작하기 전에 구체적인 목표를 설정하는 것이 필요하다. 이때 목표를 너무 높거나 낮지 않게 설정하는 것이 중요하다. 그 기준은 지금까지의 성적이나 과제 수행 정도를 삼는 것이 좋다. 지난 번 평균이 70점이었다면 다음 목표는 75점에서 80점 정도로 하는 것이 어떨까? 단번에 목표를 평균 95점으로 잡는다면 이는 비현실적인 목표라 할 수 있다. 처음 시작하는 일일 때는 이미 이 일을 완수한 사람들과 대화를 나누어서 어느 정도의 수준이 요구되는지 알아본다든지, 시험에 대비해서 기출문제들을 풀어 보면서 자신의 수준을 가늠해 보는 것도 한 방법이다. 목표를 너무 높게 설정하면 실패를 경험할 확률이 높고 너무 낮게 잡으면 그 목표를 달성해도 성취감을 느낄 수 없다.

### 4) 집중력 증가와 효과적인 학습

책을 몇 번 읽어도 무엇을 읽었는지 생각나지 않는 경험을 해 보았을 것이다. 특히 시험을 준비할 때 시간을 많이 내어 책을 열심히 읽었지만 기억이 나지 않는 경우 실망감은 매우 크다. 이는 책을 읽을 때 집중해서 읽지 않았기 때문인 경우가 대부분이다. 특히 시험에 대한 불안감을 갖고 있는 사람은 집중력이 더 떨어진다고 한다(Dusek, 1980). 예를 들어, 불안한 학생은 다른 사람들이 자기를 어떻게 평가할 것인가에 신경을 많이 쓰기 때문에 학습내용 자체에 주의를 덜 기울이게 된다(Wine, 1980).

주의집중이 잘 되지 않을 때에는 단순히 책을 읽는 것보다는 목차를 만들고 요약을 해 보는 것이 좋다. 또한 책의 내용을 위계적으로 조직화하고 내용과 관련된 문제를 만들어 보는 작업을 통해 더 집중적으로 학습할 수 있다. 중요한 정보를 선택하고 과제 수행과 관련된 정보에 주의를 기울이는 훈련을 병행해 본다.

이 외에도 다음과 같은 방법을 활용하여 집중력을 높인다.

- 학습과정에 대한 계획을 짜 본다: 몇 시간 정도 집중해서 어느 분량을 학습할지 결정한다. 이때 될 수 있으면 자세하게 계획을 짜는 것이 좋다. 어디까지 한 번에 공부할 것인지, 자신이 학습한 내용을 제대로 이해했는가를 어떻게

점검할 것인지 그리고 제대로 이해하지 못한 내용에 대해서는 언제 반복할 것인지에 대해 계획한다.

- **학습과정을 머릿속에서 정리한다**: 자신이 지금 책상 앞에서 공부할 때 어느 정도 집중했는지, 어떤 내용을 학습할 때 특히 집증이 잘되었는지 혹은 잘되지 않았는지를 검토한다.
- **학습 중간중간에 학습내용을 검토한다**: 지금까지 공부한 내용 중 어떤 것을 잘 이해했는지 혹은 잘 이해하지 못했는지 점검한다.
- **다음에 무엇을 할 것인가를 결정한다**: 계획에 따른 학습이 끝난 후 다음 학습 계획을 설정한다.

필요에 따라 다음과 같이 학습 진행상황을 점검하여 기록할 수 있는 일지를 마련하는 것도 좋다. 이로써 학습 진행상황에 대한 의식적인 통제와 조절을 할 수 있다.

| 시간 | 학습내용 | 이해정도 | 반복여부 | 반복시간 |
|---|---|---|---|---|
| 8월 1일 9:00~11:00 | 기억전략 | 보통 | 필요 | 8월 3일 9:00~10:00 |
| 8월 2일 9:30~12:00 | 상위인지 | 양호 | 필요 없음 | |
| | | | | |
| | | | | |

**연습문제**

이번 일주일 동안의 학습일지를 작성해 보자.

| 시간 | 학습내용 | 이해정도 | 반복여부 | 반복시간 |
|---|---|---|---|---|
| | | | | |
| | | | | |
| | | | | |
| | | | | |
| | | | | |
| | | | | |
| | | | | |

## 4. 시험불안

어찌보면 시험불안은 불안에 대한 불안이라고 할 수 있다. 시험불안은 시험을 망칠 것이라고 생각하거나 혹은 시험결과가 어떻게 될지 모를 때 발생할 수 있다. 시험을 잘 못 보면 부정적인 결과를 경험하게 될 것이고 이를 피할 가능성이 적을 때, 즉 자신이 그 상황을 통제할 수 없다고 느낄 때 불안감을 느끼게 된다. 실패 그 자체가 문제가 아니라 실패와 그 결과가 자신에게 차지하는 비중이 클 때 불안감도 커진다. 시험불안은 시험성적뿐 아니라 학습과정, 성격, 건강 등에 영향을 미치기 때문에 원인을 분석하고 예방하는 것이 필요하다.

시험불안은 다음과 같은 요소들을 포함한다(Zeidner, 1998).

- **정서적 요소**: 예민하고 흥분된 정서
- **인지적 요소**: 실패할 것이라는 예측과 그 결과에 대한 걱정
- **생리적 요소**: 심장박동의 증가, 땀을 흘리는 것과 같은 신경계의 활성화
- **동기적 요소**: 회피하려는 경향

시험불안에 영향을 주는 요소는 다음과 같다.

- **학습내용**: 학습내용이 이해하기에 어렵고 잘 구조화되지 않거나 과제가 너무 어려우면 학습자가 그 상황을 통제할 수 없다고 느끼게 되고 불안해지기 쉽다.
- **시험**: 시험의 횟수, 중요도 외에도 시험문제가 어떻게 나올지 알 수 없거나 너무 어려울 것이라고 예상될 때 불안해지기 쉽다.
- **시험의 결과**: 시험의 결과가(예: 부모님으로부터 야단맞음. 상급학교 진학이나 자신의 진로에 방해가 됨) 자신에게서 차지하는 비중이 클 때 불안해지기 쉽다.

### 1) 학습에 미치는 영향

시험불안은 공부하면서 느끼는 지루함과 비교할 때 이를 극복하기가 더 어렵다는 점에서 학습과정에 더 부정적인 영향을 미친다(Pekrun et al., 2002). 시험불안이 학습에 미치는 영향은 다음과 같다.

- **주의력**: 시험불안이 있으면 과제 자체에 주의를 기울이기 힘들다. 시험에 대한 불안감이 클 때는 실패하면 어떻게 하나, 실패의 결과가 얼마나 끔찍할까 등에 대한 생각이 머릿속에 맴돈다. 이런 생각들로 과제에 집중할 수 없고, 특히 어렵거나 복잡한 과제를 풀어야 할 때 방해받게 된다.
- **동기**: 불안감은 한편으로는 흥미를 떨어뜨리고 내적 동기를 감소시키나, 또 다른 한편으로는 시험에 대한 불안감을 느낄 때 더욱 열심히 준비하게 하므로 시험불안이 동기에 미치는 영향은 복합적이다.
- **학습전략의 사용**: 긍정적인 정서가 창의적이고 융통성이 있는 사고를 촉진하는 학습전략(예: 정교화, 조직화)을 활용하게 하는 반면에, 부정적인 정서는 경직된 사고와 세부적인 것에 주의를 하는 전략(예: 반복)을 활성화하는 경향이 있다.

이와 같이 불안감은 특히 어렵거나 복잡한 과제를 해결하는 데에 부정적인 영향을 미친다.

### 2) 시험불안의 극복

시험불안에 대처하는 전략들은 다음과 같다.

- **회피전략**: 시험이 있다는 사실을 잊어버리고 다른 일에 관심을 보임으로써 시험불안을 줄여 보려는 대처방법이다. 이때 다른 일을 하면서 시험공부를 늦게 시작하거나 빨리 끝내기 때문에 결과적으로 시험성적에 부정적인 영향을 미친다. 이러한 대처방법은 일시적으로 시험불안을 덜 느끼게 할 수 있으나, 이는 주관적인 느낌일 뿐이고 실제로는 자신이 의식하지 못한 채 신체적인 부담을 갖게 한다(Spangler, Pekrun, Kramer, & Hofmann, 2002). 또한

장기적으로 스트레스를 가중시키는 부정적인 영향을 미치게 된다. 회피 전략은 차라리 시험이 끝난 후 결과를 기다릴 때 사용하면 긍정적인 효과를 볼 수 있다.

- **정서적 대처**: 시험상황에 직접적으로 변화를 주는 것이 아니라 간접적으로 대처하는 방법이다. 예를 들어, 이완훈련을 한다든지 약을 먹는 것과 같이 정서적인 반응을 조절하는 방법이다. 또는 실패나 실패의 결과를 인정하는 것과 같이 자신의 생각을 바꾸는 방법도 이에 해당된다. 유머나 음악, 다른 사람들의 정서적 지원을 통해서 시험불안을 줄이는 방법도 있다. 이런 방법들을 적절히 활용하면 시험불안을 줄이고 시험공부를 하는 데 도움이 된다.
- **문제중심적 대처**: 상황을 변화시키는 적극적인 대처방법이다. 예를 들어, 효과적인 학습전략을 적극적으로 활용하여 시험을 준비하는 것이다. 물론 시험준비를 하면서 계속 시험과 직면해야 하기 때문에 불안감이 더 커질 수 있으나, 장기적으로는 효과가 있는 시험불안 대처방법이다.

시험을 보기 일주일 전부터 잠을 설치는 등 불안함으로 시험 준비를 제대로 하지 못하는 학생들이 많다. 또한 시험을 볼 때에도 너무 긴장한 나머지 실력 발휘를 제대로 하지 못하는 경우도 종종 발생한다. 시험불안은 시험내용 외의 여타의 걱정을 하게 하여 집중력을 저하시킨다. 물론 시험을 앞에 두고 약간의 긴장을 하는 것은 오히려 긍정적으로 작용할 수도 있다. 시험을 보기 전에 그 결과가 어떻게 나와도 상관 없다는 태도는 되레 시험을 준비하는 동기 형성에 부정적으로 작용할 것이다.

시험공부를 할 때 밤낮을 가리지 않고 책상 앞에 앉아 있다고 제대로 공부하는 것은 아니다. 오히려 운동이라든지 친구들과 잠깐 대화를 나눈다든지 하여 긴장과 이완의 균형을 유지하는 것이 중요하다. 물론 이완을 위해서 하는 행위들이 지나치면 공부할 수 있는 시간을 놓치기도 한다. 시험공부를 할 때에도 책 읽는 것, 요약하는 것,

질문을 만들고 대답하는 것 등으로 변화를 주는 것이 좋다. 늦어도 시험 보기 전날까지는 시험공부를 완료하고 그날은 내용을 가볍게 반복하는 정도로만 하고 휴식을 취한다. 시험당일 아침 다른 학생들이 한 질문에 대한 답을 모른다고 해도 신경쓰지 않도록 한다. 시험을 볼 때 시험내용에 집중하려면 이런 상황에서 걱정하며 신경을 분산시키는 것은 좋지 않다. 자신이 요약한 종이를 보면서 조용히 시험이 시작되기를 기다린다.

시험지를 받으면 문제를 전체적으로 훑어본다. 물론 그중에는 자신이 잘 알고 있는 내용도 있지만 그렇지 않은 내용들도 있다. 시험을 볼 때에도 시간 배분이 중요하다. 시험문제를 풀고 시험지를 제출하기 전까지 한 번 시험지를 재검토할 수 있는 시간을 남겨야 한다. 시험을 보는 중에 공부를 한 내용인데 생각이 나지 않는다고 겁낼 필요는 없다. 종종 그런 일이 발생할 수 있기 때문이다. 서술형 문제를 해결할 때에는 일단 다른 종이에 간단히 메모하고 어떤 골격으로 답을 그성할지 계획을 짜는 것도 좋다. 그 문제에 대해 많은 것을 알고 있다고 해도 바로 답안지에  쓰기 시작하는 것보다는 답의 내용을 구조화하는 것이 좋다.

시험상황에서 한 질문에 대답을 못했다고 시험에 떨어지는 것은 아니므로 답을 못했다고 '이제는 끝이다.' 라고 생각할 필요가 없다. 질문을 잘 이해하지 못했을 때는 질문의 의미를 다시 한 번 확인하는 것이 좋다. 질문에 대한 답을 어렴풋이 알고 있을 때에도 모른다고 포기하지 말고 답을 하도록 시도해야 한다. 구두시험을 준비할 때는 다른 사람과 역할놀이를 통해 가상적인 시험상황을 연출하여 연습해 보는 것도 도움이 된다.

시험불안을 극복하기 위해서 어떤 대처방법을 활용할 것인가는 비교적 복합적인 문제다. 좋은 결과를 얻기 위해서는 일반적으로 문제중심적 대처가 효과적이라고 하나, 경우에 따라서는 시험 준비를 하는 중에 긴장이완 훈련을 함께 활용하여 더 집중적으로 공부할 수 있다. 시험이 끝난 후에는 오히려 다른 일을 하면서 긴장을 이완시킬 수 있다.

긴장이완을 위해 많이 활용되는 방법으로 체계적 둔감화가 있다. 체계적 둔감화 방법은 Wolpe(1974)에 의해 개발된 치유법이다. 자신이 피하고자 하는 상황이 가까워지면 불안이 더 커지게 되므로 불안감이 덜 느껴지는 상황부터 체계적으로 덜 민감하게 하는 방법이다. 이를 위해 우선 불안감을 덜 느끼는 상황으로부터 불안감을 많이 느끼는 상황까지 차례대로 열거해 본다. 이완된 상태에서 가장 덜 불안한 상황부터 차례로 직면한다. 실제가 아니라 상상 속에서 직면해도 효과가 있다.

Wolpe는 긴장이완을 위해서 Jacobson에 의해 개발된 점진적 이완훈련을 권하였다. 물론 다른 이완훈련 방법(예: 명상)을 활용해도 좋다. 여기에서는 간단하게 호흡을 활용한 방법을 소개하려고 한다.

**긴장이완**

편안하게 앉아서 눈을 감고 천천히 호흡을 한다. 이때 특히 숨을 천천히 내쉬는 것이 좋다. 호흡을 깊고 천천히 하면서 마음속으로 '나는 편안하다.'라고 말해 본다.

체계적 둔감화를 위해 다음과 같이 시험 보기까지의 상황을 열거해 볼 수 있다.

1. 시험 보는 날 아침에 일어난다.
2. 아침 식사를 한다.
3. 시험을 보기 위해 학교로 가고 있다.
4. 학교에 도착하여 교실로 들어간다.
5. 교실로 들어가니 다른 학생들이 공부한 내용을 정리하고 있다.
6. 교실로 감독관이 들어왔다.
7. 감독관이 시험지를 나누어 주고 있다.
8. 시험지를 받아 첫 번째 문제를 풀기 시작한다.

시험이 점점 가까워지면서 불안이 커지기 때문에 이는 시험불안에 대한 위계관계를 보여 주기도 한다. 이완훈련을 한 후 1번부터 차례로 상상하면서 불안한 상황에 민감하게 반응을 보이지 않도록 훈련한다. 훈련 도중 긴장을 느끼게 되면 다시 이완을 하고 다음 단계로 넘어간다. 물론 개개인이 불안을 경험하는 상황이나 불안의 위계구조가 다르기 때문에 앞에서 제시한 것과는 다른 불안 목록이 만들어질 수도 있다.

연습문제

자신이 많이 활용하는 긴장이완 방법에 대해 탐색해 보자.

### 3) 효과적인 시험 준비

대부분의 학생들에게 시험은 피하고 싶고 고통스러운 일이다. 그러나 시험에 대해 조금 더 긍정적으로 생각해 본다면 시험을 통해서 공부를 더 할 수 있게 된다는 것을 알 수 있다. 또한 시험으로 자신이 무엇을 알고 무엇을 모르는지 체크할 수 있다. 경우에 따라서는 중간중간 자기 실력을 체크하는 것이 나중에 한꺼번에 큰 시험을 보는 것보다 더 나을 수 있다.

시험에 임박해서 한꺼번에 공부하는 것보다 평소에 공부할 내용을 구조화하고 배운 내용을 잘 이해하고 있는지 검토해 보는 것이 좋다. 시험 준비를 시작하기 전에 '무엇을 준비해야 하는가?' '시험범위는 무엇인가?' 등에 대해 생각하면서 전체적인 윤곽을 파악할 필요가 있다. 다른 학생들과 함께 준비하면서 자신의 실력이 어느 정도 되는지 비교해 보는 것도 좋다.

#### (1) 시간 계획

시험 준비하는 데 시간이 얼마나 걸릴 것인가를 예측하기는 쉽지 않다. 따라서 항상 여유 있게 시간을 계획하는 것이 좋다. 적어도 이틀 전부터는 반복할 시간을 갖는 것이 좋다. 처음 시험범위를 학습할 때에는 시간이 많이 걸리지만 이를 반복할 때에는 이보다 훨씬 빠른 시간에 학습이 이루어진다. 물론 처음 학습할 때에 그 내용을 충분히 이해했다는 것이 전제된 것이다. 학생들이 많이 하는 이른바 '당일치기'는 적은 시간을 들여서 반복하여 내용을 더 잘 기억할 수 있는 효과를 놓치는 방법이라고 할 수 있다.

물론 무엇보다도 시간을 절약할 수 있는 방법은 그날 배운 것을 그날 저녁 한 번 훑어 보고, 이해되지 않았던 부분은 참고자료를 찾아 해결하고, 새로 배운 내용을 자신이 이미 알고 있는 내용과 연결시켜 보는 작업을 하는 것이다. 이렇게 그날 배운 내용을 정리함으로써 학습내용의 윤곽을 파악하고 학습내용들의 관계를 이해하게 되면 그 다음날 새로 배울 내용을 더 잘 소화를 할 수 있어 이른바 일석이조의 효과를 볼 수 있다. 이러한 방법은 나중에 시험에 닥쳐 한꺼번에 공부하는 것보다 훨씬 더 경제적인 방법이다.

### 시험 준비 계획표의 예

**학기말 시험 계획**

시험 전 ______주

시험범위는 무엇인가?

______________________________

______________________________

______________________________

첫째 주 계획

시험범위의 이해 정도

| 시험범위 | 100% | 거의 다 | 어느 정도 | 약간 | 0% |
|---|---|---|---|---|---|
| | | | | | |
| | | | | | |
| | | | | | |
| | | | | | |
| | | | | | |

공부를 더 해야 하는 부분

| 시험범위 | 참고도서 | 공부해야 될 양 | 노트정리 | 필요한 시간 |
|---|---|---|---|---|
| 학습전략 | 학습심리학 | 제1장, 25쪽 | 보충해야 됨 | 5시간 |
| | | | | |
| | | | | |
| | | | | |

전체 필요한 시간의 합: ______________

반복하는 데에 필요한 시간: ______________

주간 계획(요일별 공부시간)

월요일: __________ 화요일: __________ 수요일: __________

목요일: __________ 금요일: __________ 토요일: __________

일요일: __________

⇨ 둘째 주부터도 첫째 주의 검토사항을 같은 방법으로 지속적으로 점검해 나간다.

⇨ 시험 2일 전에는 반복학습을 한다.

### (2) 학습전략의 활용

시험범위가 넓을 때에는 일단 전체적인 윤곽과 공부할 내용들의 관계를 파악하여 중요한 것과 그렇지 않은 것을 구별한다. 이렇게 함으로써 처음부터 세세한 것을 공부하느라고 시간을 모두 뺏기지 않을 수 있다. 즉, 나무를 보느라고 숲을 보지 못하는 우를 범하지 않을 수 있다. 이때 제2장에서 설명한 조직화, 정교화와 같은 학습전략을 활용해 보는 것이 좋다. 예를 들어, 마인드맵을 활용하여 전체적인 내용을 요약하고 반복학습할 때 이를 기초로 각각의 내용을 기억해 낼 수 있는지 체크할 수도 있다. 혹은 제9장에서 제시한 노트필기 방법에서 C부분에 자신의 생각과 전체적인 내용을 정리하여 기록할 수도 있다. 공부한 내용을 표나 그래프로 정리하는 방법도 학습내용에 대해 적극적으로 정보처리하는 방법이 된다. 예를 들어, 역사적인 사건의 발생 연도를 무작정 외우는 것보다 이들보다 앞서서 혹은 동시에 혹은 나중에 일어난 사건들을 종적으로, 횡적으로 연결하여 외우는 것이 더 효과적이다.

암기가 필요한 내용에 대해서는 카드를 활용한다. 카드 한 면에 핵심단어를 적고 뒷면에 이에 대한 설명이나 이와 관련된 개념들을 적어 놓는다. 암기할 때 앞면을 보고 뒷면에 있는 내용을 기억해 보고, 반복학습을 할 때에는 뒷면을 보고 앞면의 내용을 기억해 내도록 한다. 이렇게 해서 모두 기억해 낼 수 있었던 카드는 옆으로 치워 놓고, 그렇지 못한 카드는 다른 카드 밑에 삽입하여 다시 반복학습한다.

때로는 그룹스터디를 함으로써 다른 학생들과 토론을 통해 학습내용을 더욱 심층적으로 소화할 수 있으며, 서로에게 질문하여 자신의 실력을 점검할 수 있다. 특히 자신이 질문할 때에는 평소와는 다른 시각으로(예를 들어, 교사의 시각으로) 학습내용을 보게 되고 중요한 것과 그렇지 않은 것이 무엇인지 볼 수 있다. 그러나 중요한 것은 그룹스터디를 하고 나서 개인적으로 학습내용을 반복할 수 있는 충분한 시간이 주어지도록 계획을 짜야 한다는 것이다.

### (3) 시험 본 후의 전략

Bransford와 Stein(1993)은 컴퓨터 프로그래밍의 디버깅(debugging), 즉 프로그램이 잘못되었을 때 이를 찾아내어 수정하는 작업의 중요성을 강조하며 이를 학습상황에 적용하였다. 예를 들어, 시험을 잘 못 보았을 때 이를 다시 검토해 보는 것이다. 대부분의 사람들은 망친 시험지를 다시 보는 것을 꺼려하고, 단순히 '노력이 부족해서 시험을 망쳤으니까 다음에 더 노력해서 잘 보면 될 것' 이라고 생각하고 덮어두게 된다. 누구나 언짢은 경험을 반복하고 싶지 않은 것이 사실이다. 그러나 중요한 것은 시험을 잘 못 본 것에 대한 단순한 반성이 아니라 어디에 문제가 있었는지 이를 알아내는 것, 즉 디버깅 과정이다. 우선 시험지를 다시 검토해 보면서 틀린 문제의 답을 알아내기 위해서 어디를(책, 노트필기, 기출문제집 등) 찾아보아야 하는지 알아본다. 이것도 알 수 없다면 자신의 노트필기하는 방법이라든가, 책을 읽는 방법에 대해 다시 검토해 보아야 한다. 노트필기하는 방법에 대해서는 제9장, 읽기 전략에 대해서는 제8장을 참조할 수 있을 것이다.

이 장에서 중요하다고 생각되는 내용을 정리해 보자.

제14장

# 시간과 학습환경 관리

철수는 공부를 시작하기 전에 마실 것도 챙기고, 신문기사를 대충이라도 훑어 보는 등 이런 저런 일로 뜸을 들이다가 늦게 시작한다. 그러나 그는 늘 공부해야 한다는 부담감 때문에 여가시간을 제대로 즐기지도 못한다. 너무 많은 일을 한꺼번에 하려다가 이것저것 손만 대고 정작 끝내지 못하는 경우가 허다하다. 이렇게 하루, 일주일 또는 한 달을 보내고 나면 도대체 시간이 어떻게 흘러갔는지 모른다고 불평을 하게 된다.

**체 • 크 • 리 • 스 • 트**

다음은 평소에 어떻게 시간을 관리하는지 알아보는 질문들이다. 다음과 같은 행동을 얼마나 자주 하는지 표시해 보자. 거의 하지 않을 때는 1번에, 가끔 할 때는 2번에, 종종 할 때는 3번에 그리고 자주 할 때는 4번에 표시하면 된다.

| | 1 | 2 | 3 | 4 |
|---|---|---|---|---|
| 1. 하루/일주일 시간 계획을 짠다. | | | | |
| 2. 계획한 것을 잘 지킨다. | | | | |
| 3. 오늘 하루 시간을 어떻게 썼는지 잘 안다. | | | | |
| 4. 무엇 때문에 시간을 잃어버리는지 잘 안다. | | | | |
| 5. 무슨 일을 하는 데 얼마나 시간이 걸리는지 생각해 본다. | | | | |
| 6. 중요한 일과 그렇지 않은 일을 구별한다. | | | | |
| 7. 시간계획표를 적어 놓고 이를 지키는지 점검한다. | | | | |
| 8. 예상하지 못한 일이 발생할 것을 생각해서 계획을 짠다. | | | | |

위의 체크리스트에서 점수를 모두 합산하여 총점을 계산한다. 모두 8문항이므로 최고점이 32점, 최하가 8점이 될 것이다. 자신의 점수가 22점보다 낮을 경우에는 시간관리 전략을 개선해야 한다.

## 1. 시간관리

'요즘 시간이 없어서…' 라는 말을 자주 듣고 또 자주 사용한다. 그러나 누구나 매일 매일 24시간, 1,440분, 86,400초라는 많은 시간을 갖고 있다는 사실을 생각하면 '시간이 없다' 라는 말이 맞는 것만은 아니다. 중요한 것은 '누구에게나 똑같이 주어진 시간을 어떻게 효율적으로 활용할 것인가' 일 텐데, 시간을 사고 팔고 할 수 없고 멈추어 서게 할 수도 없다. 시간이 많으면 시간 은행에 저축했다가 필요할 때 꺼내서 쓸 수 있다면 얼마나 좋을까? 그것도 이자까지 붙여서 말이다.

시간이 남아도는 사람은 거의 없다. 문제는 시간을 잘 관리하여 시간에 쫓기지 않는 것이다. 그럼 시간을 관리한다는 것은 무엇을 의미할까? 시간의 속성을 이해하고 자신의 생활을 잘 구조화하여 시간을 효율적으로 사용한다는 것이다. 이것은 목표를 설정하고 목표에 맞게 자신의 시간을 구조화하고 중요한 것과 그렇지 않은 것을 구별하는 것 그리고 자신이 시간을 어떻게 사용하고 있는가를 검토하고 통제하는 것을 포함한다.

Koch와 Kleinmann(2002)은 시간관리를 '효율적인 결과를 성취하기 위해 자기통제적으로 시간을 사용하는 것'이라고 하여 자기통제성과 효율적인 결과 성취를 강조하였다. Barun, Adjei와 Munch(2003)는 해야 할 일에 대해 파악하고 있고 중요도에 따라 우선순위를 매기는 것이라고 설명하였다. Macan(1994)은 효율적으로 시간을 관리하기 위해 다음과 같은 절차를 제안하였다.

- 우선 효과적인 결과를 성취하기 위해서는 자신의 목표(중간 목표)를 선택해야 한다. 목표가 여러 개이면 우선순위를 정한다.
- 목표를 이루기 위한 과제(부분 과제)를 설정한다.
- 과제의 목록을 작성하고 우선순위를 정하여 실행한다.

### 1) 시간계획

목표설정이 동기 형성에 중요하다는 것은 이미 제1장에서 설명하였다. 목표설정과 이를 달성하기 위한 시간계획도 매우 중요하다. 계획을 세우는 것의 목적은 하루에 할 수 있는 일을 최대한 늘리는 것이 아니다. 융통성을 갖기 위해 계획을 하지 않는다고 말하는 사람들도 있으나, 자칫하면 주변의 상황에 끌려 다닐 위험이 있다는 것도 주지하여야 한다. 계획을 잘 세운다는 것은 필요한 일을 제때에 하는 것이다. 이를 위해 일의 목록을 작성하고, 우선순위를 결정하며, 각각의 작업을 수행하는 데 필요한 시간을 예측한다. 물론 때로는 아무리 시간을 투자해도 이룰 수 없는 일들이 있다. 이런 때는 경우에 따라서 시간의 한계를 정하여 계속 질질 끌지 않도록 하는 것이 좋다.

목표달성을 위해 차근차근 수행해야 할 일들이 많기 때문에 장기적인 계획과 단기적인 계획이 수립되어야 한다.

- **장기 계획**: 몇 년에 걸쳐 이루어야 할 목표-어느 외국어를 학습해야 하는가? 무슨 시험에 합격해야 하는가? 읽어야 할 책들, 들어야 할 강좌들에 대한 계획을 세운다.
- **단기 계획**: 일주일 중 공부할 시간과 휴식시간에 대한 계획을 세운다. 또 각각의 학습단위 시간에 무엇을 어떻게 학습할 것인가에 대한 구체적인 계획을 세운다.

물론 개인차가 있는 것도 사실이다. 아주 구체적인 계획을 세우는 사람이 있는가 하면 느슨하게 계획을 짜고 융통성 있게 시간을 활용하는 사람도 있다. 또한 자신이 계획을 어떻게 수행하고 있는가를 통제하는 것도 중요하다. 예를 들어, 주간 계획을 이루지 못했을 때 그 원인을 분석하는 것이 이후 자신의 계획을 수행하는 데 필요하다. 경우에 따라서는 계획을 너무 과대하게 세워서 문제가 생겼을 수도 있다. 이럴 때는 계획의 수정이 필요하다. 혹은 공부하는 방법에 문제가 있을 수도 있다. 이때는 학습전략을 검토해야 한다.

### (1) 장기 계획

장기 계획은 단순히 단기 계획을 합해 놓은 것이 아니다. 장기 계획은 단기 계획을 짜기 전에 세워야 한다. 처음에 방향을 설정해야 하는데 어떻게 자신의 목표를 가장 잘 이룰 수 있는지 생각해야 한다. 대학생들의 경우 졸업 후의 진로를 설정하는 것으로부터 시작해야 할 것이다. 물론 모든 학생들이 입학과 동시에 진로에 대해서 확신을 갖는 것은 아니다. 대부분 적어도 1~2년의 진로탐색 기간을 갖게 되는데, 그렇다고 해서 이 기간 동안 목표 없이 시간을 보내는 것은 아니다. 예를 들어, 졸업할 때까지 외국어 실력을 향상하는 것과 같은 계획을 세울 수 있는데, 이를 어떻게 실현할 것인가를 생각해 보아야 한다.

이런 계획을 세울 때는 다음과 같은 질문을 스스로에게 할 수 있다.

- 나는 지금 어디에 있는가?
- 나는 무엇을 이루려고 하는가?
- 장기적인 계획을 이루기 위해 어떤 단기 계획들을 세울 수 있는가?
- 이러한 단기 계획을 위해 어떤 작업을 해야 하는가(예: 어느 강좌를 수강해야 하는가)?
- 그 작업을 수행하기 위해 필요한 것(예: 책, CD, 보조자료)들은 무엇이고 어떻게 준비해야 하는가?

위의 질문들을 통해 목표를 이루기 위한 수단의 우선순위가 정해진다. 어떤 작업들은 순서대로 해야 되는(예를 들어, 한 강좌를 듣기 위해서 선수 과목이 있을 경우, 책의 경우 상권을 읽어야 하권을 이해할 수 있는 경우) 반면에, 순서를 자유스럽게 결정할 수 있는 작업도 있다. 이러한 작업의 위계관계에 따라서도 우선순위가 정해진다.

장기 계획만 있고 단기 계획이 없는 경우, 그리고 중간 계획을 위해 구체적으로 어떤 작업이 필요한지에 대한 계획을 세우지 않으면 아직 시간이 많이 남아 있다고 생각해서 자꾸 뒤로 미루게 된다. 따라서 구체적인 계획을 세운 후, 각각의 작업을 수행하기 위해 어느 정도 시간을 투자해야 할지 계획을 세운다. 물론 각각의 작업을 마친 후 시간계획이 현실적이었는지 검토하고 필요에 따라 이를 수정해야 한다. 계획을 세울 때 너무 욕심내지 말고 휴식시간에 대한 고려도 해야 한다.

필요에 따라 장기 계획에 포함된 과업들의 목록을 작성하고 언제까지 이 일들을 해야 하는지 표시해두는 것도 좋다. 이때 중요한 일과 급한 일을 구별한다. Vilfredo Pareto라는 이탈리아 경제학자는 이른바 'Pareto 법칙'이라는 것을 발표하였는데, 이를 시간관리에 적용하면 사람들은 대부분 80%의 시간을 활용하여 20%의 효과를 달성한다고 하였다. 즉, 바꿔 말하면 20%의 시간을 더 잘 활용하였다면 80%의 효과를 볼 수 있었을 것이라는 것이다. 하루에 10가지 일 중에서 8가지 일을 처리하면 미처 하지 못한 2가지 일이 중요한 일이었을 수 있다는 것이다.

중요한 일이란 자신의 목표를 달성하는 데 기여하는 일이라고 할 수 있다. 따라서 대부분 장기적으로 수행되어야 할 일이다. 한편 급한 일은 일정한 시점에 처리되어야 할 일인데, 자신의 목표에 부합할 수도 있고 그렇지 않을 수도 있다. 급하게 처리해야 되는 일이 많을수록 시간적인 압박을 많이 받게 된다. 심할 경우 급한 일만 처리하다 하루 종일 시간을 보내고 정작 중요한 일은 하지 못하게 될 수도 있다.

급한 일을 하다 중요한 일을 하지 못할 때에는 급한 일이 정말로 필요한 일이었는지 검토해 볼 필요가 있다. 이와 같은 생각들을 기초로, 해야 할 일들을 다음과 같이 중요한 정도와 급한 정도를 중심으로 4가지로 구별할 수 있다. 첫 번째는 중요하면서 급한 일로 가장 우선적으로 처리해야 할 일이다. 두 번째는 중요하나 급하지 않은 일이다. 이런 일들은 막연히 언젠가 해야지 하고 미루어 둘 가능성이 있다. 따라서 언제 할 것인지 시간을 정해 놓는 것이 중요하다. 세 번째는 중요하지는 않지만 급한 일이다. 이럴 때에는 그 일이 꼭 해야 하는 일인지 검토해 보고 꼭 해야 한다면 빨리 처리하고 그렇지 않으면 포기한다. 중요하지도 급하지도 않은 일은 포기하거나 다음에 언제 처리할지 시간을 정해 놓는다.

**연습문제**

이번 달에 해야 될 일들을 다음의 범주를 기준으로 구별해 보자.

| 구분 | |
|---|---|
| 중요하면서 급한 일 | |
| 중요하나 급하지 않은 일 | |
| 중요하지는 않지만 급한 일 | |
| 중요하지도 급하지도 않은 일 | |

과업목록을 3단계 정도로 구별하여 빨리 처리되어야 할 일, 조만간 처리되어야 할

일, 천천히 처리되어도 되는 일로 나누어 표시해두는 것도 좋다. 그러나 천천히 처리되어도 되는 일들도 가끔씩 검토하여 시기를 조절할 필요가 있는지 점검한다. 이제 주단위로 과업목록을 확인하고 그 주에 끝내야 하는 일들을 주간 계획에 기록한다.

### (2) 단기 계획

해야 할 일과 하고 싶은 일의 균형이 잡힌 하루일과 계획을 짜는 것이 중요하다. 예를 들어, 방학 때 공부를 열심히 하겠다고 마음을 먹었으면서도 막상 책상 앞에 앉으면 방학이 길다는 느긋한 마음에 바로 집중해서 공부하지 못하고 시간을 보내는 경우가 있다. 또 방학하고 나서 일단 좀 쉬어야겠다고 생각해도 게으름을 피운 시간이 증가함에 따라 마음이 편치 않게 되는 것도 사실이다. 그러므로 처음부터 언제 공부하고 언제 쉰다는 것을 구체적으로 계획하면, 공부를 시작하면서도 언제 쉴 계획을 갖고 있다는 것을 알기 때문에 쉽게 학습궤도에 진입할 수 있고, 또한 자신이 계획한 시간에는 마음 편하게 놀 수 있다.

단기 계획을 세울 때는 장기적인 계획과 당장 해야 할 일들의 균형을 맞추어야 한다. 당장 급한 일들만 하고 있을 때 언제 자신의 원하는 바를 성취할 수 있을 것인가에 대해 불안감을 가질 수 있다. 따라서 자신의 목표에 하루하루 조금씩 다가가고 있다는 성취감도 함께 느낄 수 있도록 장기적인 목표의 수행과 매일의 의무를 균형 있게 계획하는 것이 필요하다.

예비시간을 설정해 놓는 것도 좋다. 예비시간에는 계획에 차질이 있을 때 보충을 할 수도 있고, 예비시간이 남는 시간이 될 때에는 자신이 하고 싶은 일을 하면서 즐거움을 느낄 수 있다.

공부시간은 대개 한 시간을 기준으로 하여 40~50분 공부하고 10~20분 휴식하도록 계획하는 것이 좋다. 물론 작업의 종류에 따라 시간배당을 융통성 있게 해야 할 것이다. 예를 들어, 뜸을 들이는 시간이 필요한 작업을 할 경우 40분이 지났다고 그만두는 것은 바람직하지 않다. 하루 종일 한 가지 작업만 하는 것보다는 과목을 변경하거나 작업(예: 읽기에서 쓰기로)에 변화를 주는 것도 좋을 것이다. 휴식시간에는 이완훈련, 가벼운 운동을 하는 것도 좋은데, 이때에는 자신이 작업한 것에 대한 보상으로 생각하고 이를 즐기는 것이 좋다.

### (3) 구체적인 계획표 작성

구체적인 일과표 혹은 주간 계획표를 작성함으로써 시간 낭비를 방지할 수 있다. 계획 없이 작업할 때에는 무엇부터 해야 할지 몰라 시간을 낭비하거나, 한 가지 일을 하면서 다른 일도 해야 된다는 부담감을 느끼고, 할 일이 너무 많다는 생각에 의욕을 잃어버릴 수도 있다. 그러나 미리 계획을 짜두었을 때는 우선순위를 정하고 각각의 과업이 언제 이루어져야 하는지를 알고 부담감을 덜 느끼게 된다. 또한 계획에 따라 그 다음날에 해야 될 일을 준비할 수 있다. 계획적인 생활은 공부시간과 여가시간을 분명히 구별할 수 있게 한다.

많은 학생들이 어차피 해야 할 일은 정해져 있고 시간이 많지 않기 때문에 계획을 세울 필요가 없다고 생각한다. 그러나 계획을 잘 세움으로써 시간을 벌 수 있다. 연구 결과, 목표와 과제 수행의 우선순위를 결정하여 계획하고 조직화하여 학습할 때 더 좋은 결과를 기대할 수 있었고, 또한 시간관리를 잘하는 사람이 스트레스를 덜 경험하는 것으로 나타났다(Macan et al., 1990; Jex & Elacqua, 1999). 시간 관리에서 위험요인으로 지목되는 것은 바로 '오늘 할 일을 내일로 미루는 것' 이다. 공부를 미루는 사람은 결국 전체 학습시간이 다른 사람보다 적고 학습동기도 낮다는 연구 결과가 있다(Koch & Kleinmann, 2002).

- 일과표를 짤 때에는 수업시간이나 아르바이트 시간 등 고정된 과업을 시간 계획표에 배치하여 자신이 자유롭게 계획할 수 있는 시간이 어느 정도 되는지 살펴본다. 이미 정해진 과업과 시간을 기록한다. 예를 들어, 수업시간이라든지 여가를 위해 이미 정해진 시간을 기록한다.
- 다른 사람들과 조정해야 되는 일이(예: 그룹 스터디, 친구와 함께하는 운동시간) 무엇인지 살펴본다.
- 식사시간을 너무 짧게 계획하지 않는다. 가족이나 친구들과 식사하면서 대화하는 것은 긴장이완에 도움이 된다.
- 수업시간 사이에 남는 시간을 어떻게 활용할지 기록한다.
- 수업을 들었던 과목은 그날 공부하도록 계획한다. 어려운 과목은 시간을 더 많이 배정해야 하는데, 하루에 8시간 공부하는 것은 바람직하지 않다. 이를 매일 나누어서 하되, 가장 집중이 잘되는 시간을 선택한다. 또한 계획을 세울 때 예비시간을 배정하는 것이 좋다.

고정시간 배치

| 시간 | 월요일 | 화요일 | 수요일 | 목요일 | 금요일 | 토요일 | 일요일 |
|---|---|---|---|---|---|---|---|
| 6~7 | | | | | | | |
| 7~8 | | | | | | | |
| 8~9 | | | | | | | |
| 9~10 | | | | | | | |
| 10~11 | | | | | | | |
| 11~12 | | | | | | | |
| 12~13 | | | | | | | |
| 13~14 | | | | | | | |
| 14~15 | | | | | | | |
| 15~16 | | | | | | | |
| 16~17 | | | | | | | |
| 17~18 | | | | | | | |
| 18~19 | | | | | | | |
| 19~20 | | | | | | | |
| 20~21 | | | | | | | |
| 21~22 | | | | | | | |

하루 일과표를 작성할 때 다음과 같은 서식을 활용할 수 있다.

| 하루 일과 | | 날짜:<br>요일: | | | |
|---|---|---|---|---|---|
| 시간 | 약속/활동 | 오늘 할 중요한 일의 순서 | | | ok |
| 7:30 | | 1. | | | |
| 8:00 | | 2. | | | |
| 8:30 | | 3. | | | |
| 9:00 | | 4. | | | |
| 9:30 | | 5. | | | |
| 10:00 | | 6. | | | |
| 10:30 | | 7. | | | |
| 11:00 | | 8. | | | |
| 11:30 | | 과제물 제출 | | | ok |
| 12:00 | | | | | |
| 12:30 | | | | | |
| 13:00 | | | | | |
| 13:30 | | | | | |
| 14:00 | | ~와의 약속 | 시간 | 장소 | ok |
| 14:30 | | | | | |
| 15:00 | | | | | |
| 15:30 | | | | | |
| 16:00 | | | | | |
| 16:30 | | 전화할 곳 | 주제 | 전화번호 | ok |
| 17:00 | | | | | |
| 17:30 | | | | | |
| 18:00 | | | | | |
| 18:30 | | e-mail | 주제 | 메일 주소 | ok |
| 19:00 | | | | | |
| 19:30 | | | | | |
| 20:00 | | | | | |
| 20:30 | | | | | |
| 21:00 | | 쇼핑할 것 | 장소 | | ok |
| 21:30 | | | | | |
| 22:00 | | | | | |
| 22:30 | | | | | |
| 23:00 | | | | | |

효율적인 시간 활용을 위해서는 시간의 양적, 질적 측면을 고려한다. 시간을 많이 할애하여 공부하였다고 반드시 결과가 좋은 것은 아니다. 책상 앞에는 오래 앉아 있으나 집중해서 공부하지 않았다면 그 결과는 별로일 것이다. 자신이 언제 가장 집중적으로 작업할 수 있는지 살펴보자. 보통 점심식사 후에는 능률이 떨어진다. [그림 14-1]은 평균적으로 언제 효율적으로 작업할 수 있는지를 보여 준다. 물론 사람들마다 능률적으로 작업을 할 수 있는 시간이 다르다. 보통 아침형 인간은 오전에 효율적으로 시간을 활용할 수 있는 사람들이다. [그림 14-1]은 Graf(1961)가 관찰한 이른바 생체리듬을 보여 주고 있다. 대부분의 사람들은 아침 8~10시 사이에 가장 효율적으로 작업할 수 있다고 한다. 오후에 다시 한 번 능률이 오르기는 하나, 오전에 비하면 그 정도가 약하다. 자정이 넘어서, 특히 새벽 2시경에 가장 비효율적인 것으로 나타났다.

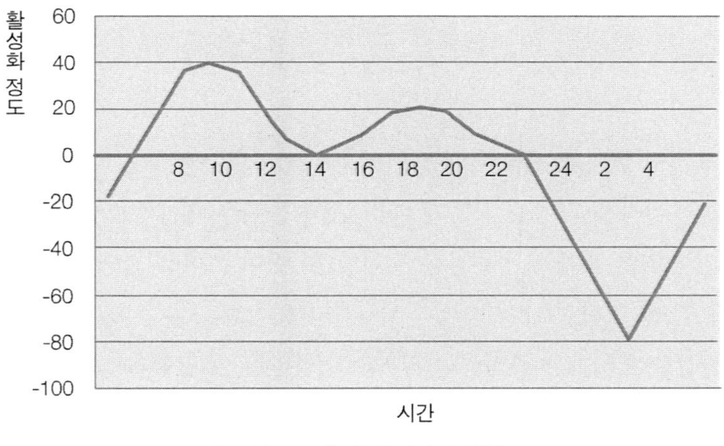


**[그림 14-1] 생체리듬의 변화**

시간표를 작성했을 때는 한 가지 시간표만 활용하고 여기저기에 메모하지 않도록 한다. 중요한 것은 시간표를 규칙적으로 작성하고 또한 자신의 시간계획을 규칙적으로 확인해야 한다는 것이다. 이렇게 함으로써 자신의 계획에 대해 전체적으로 파악할 수 있고, 계획한 일을 빠뜨리지 않고 수행하게 된다. 또한 시간 계획표 자체가 자신의 생활의 기록이 될 수도 있다.

즐거움과 재미는 사는 데 중요하지 않다고 생각하는 사람들도 있을까? 적당히 운동하는 것의 중요성은 많이 강조되었다. 계속 책상 앞에 앉아 있다고 공부가 잘되는 것은 아니다. 오히려 하루에 자기가 좋아하는 일을 하는 시간을 별도로 잡아두는 것이 좋다. 이는 시간을 낭비하는 것이 아니라 재충전의 시간이 될 수 있다. 물론 계획한 시간을 넘겨서 재미에 몰두하면 오히려 기분이 나빠지게 되어 역효과가 날 수 있다는 것에 유의해야 한다. 또한 자신이 계획한 일을 마무리했을 때는 스스로에게 보상하는 것을 잊지 말아야 한다.

책상 앞에 앉아 공부를 시작할 때는 어려운 과업보다는 비교적 쉬운 것부터 시작하는 것이 좋다. 어려운 과업을 시작할 때는 뜸을 들이는 데에 시간을 낭비하기 쉽다. 수월한 일을 처리한 후에는 성취감을 경험할 수 있어 그다음 과업을 수행할 때 긍정적인 영향을 줄 수 있다.

너무 장시간을 요구하는 과업을 시작하려고 할 때는 부담감을 느끼게 된다. 이때에는 그 과업을 분할해서 시작하는 것이 좋다. 예를 들어, 아주 두꺼운 책을 읽기 시작하거나 긴 보고서를 작성하려고 할 때 '오늘은 제1장을 읽는다.' 라든지 혹은 '보고서의 서문만 쓴다.' 라고 하여 과업을 나누면 부담감이 줄어들고 과업을 시작할 용기가 생긴다.

### 2) 시간 사용의 분석

'언제 시간이 지나갔는지 모르겠다.' 라든가 '그 5분이 마치 5시간같이 느껴졌어.' 라는 말을 들어 본 적이 있을 것이다. 시간의 흐름은 상황에 따라서 매우 다르게 느껴지므로 어떻게 사용하는가를 의식적으로 점검해 보는 것이 중요하다. 하루 시간을 어떻게 보내는지 분석하는 것이 시간관리의 시작이라 할 수 있다.

다음은 어느 학생이 하루를 어떻게 보내는지 분석한 것이다. 이 학생은 하루에 8시간 정도 수면을 취하고 수업은 6시간, 혼자 별도로 공부하는 시간은 3시간, 친구들과 보내는 시간은 2시간 그리고 가족과 보내는 시간, 운동, 취미, TV 시청에 각각 1시간을 보내고 있다.

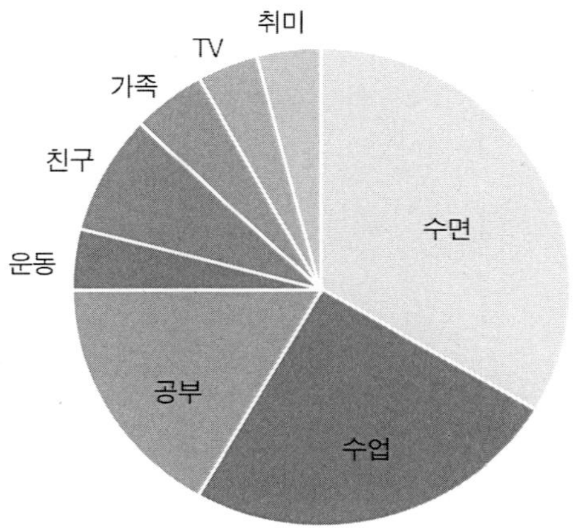


**[그림 14-2] 개인 일과표의 예**

이제 다음의 원 그래프를 활용하여 자신의 각각의 삶의 영역에 어느 정도 시간을 쓰고 있는지 분석해 보자.

물론 어떤 일을 하느라고 객관적으로 보내는 시간이 그 일이 자신에게 차지하는 비중과 일치하는 것은 아니다. 예를 들어, 공부를 하면서도 가족 걱정을 하느라고 집중하지 못할 수도 있고, 반대로 시험이 가까워 오면 가족들과 시간을 보내면서도 공부 생각을 많이 할 수 있다. 이제 다시 다음의 원에 각 삶의 영역과 관련된 생각을 하는 시간을 표시해 보자.

앞의 두 원이 일치할 때 가장 이상적이라고 할 수 있다. 어떤 사람은 가족에 관한 생각을 하는 시간이 많은 사람도 있고, 공부하지 않으면서도 하루 종일 공부생각이 머리에서 떠나지 않는 사람도 있을 수 있다. 즉, 이 원은 각 삶의 영역의 중요도 혹은 부담이 되는 정도를 나타낸다.

이제 다시 다음의 원에 자신이 원하는 시간 배분을 표시해 보자. 자신이 실제로 하루 시간을 각 삶의 영역에 어떻게 안배하고 싶은지 표시한다. 실제적인 시간 활용을 나타내는 첫 번째 원과 자신이 바라는 세 번째 원을 비교하면서 앞으로 어떻게 시간 관리를 해야 할지 생각해 보자.

### 3) 시간기록 작성

앞에서 대략 각 생활영역에서 어느 정도의 시간을 할애하는지를 살펴보았다. 이제는 시간 기록을 작성해 자신에게 주어진 시간을 어떻게 활용하는지 구체적으로 분석해 보자. 이를 위해 1년에 한 번 최소한 하루 종일 자신이 그날 시간을 어떻게 활용하였는지 기록한다. 물론 일주일 정도 기록하는 것이 바람직하다. 하루 내내 자신이 무엇을 하는지 15분 간격으로 관찰하여 기록하는데, 나중에 이를 종합하여 영역별로 시간을 계산해 본다. 이때 중요한 것은 중요한 일만 기록하는 것이 아니라 모든 활동을 기록해야 한다. 물론 이렇게 기록하는 것을 의식해서 시간 활용에 변화를 주지 말고 평소 생활 그대로 기록해야 한다. 그렇지 않으면 있는 그대로를 진단할 수 없게 된다.

시간기록을 작성할 때에는 시간과 활동을 중심으로 기록하고 가능하면 그 일을 왜 하는지도 기록하는 것이 좋다. 이렇게 함으로써 시간을 필요한 일에 활용하고 있는지 확인할 수 있다. 생활영역별로 분배된 시간과 비율을 정리해 본다. 자신이 예상하지 못한 방향으로 시간을 활용하고 있지는 않은지 검토해 본다.

시간 기록　　　　　　　　　요일: ________　　　　날짜: ________

| ~ 까지 | 했던 일(이유) | 소요 시간 |
| --- | --- | --- |
| | | |
| | | |
| | | |
| | | |
| | | |
| | | |
| | | |
| | | |
| | | |
| | | |
| | | |
| | | |
| | | |
| | | |
| | | |
| | | |
| | | |
| | | |
| | | |
| | | |
| | | |
| | | |
| | | |

### 4) 하루 일과의 평가

하루 일과가 끝난 후 여러 활동영역에 활용되는 시간을 적고 자신이 계획한 일을 얼마나 수행할 수 있었는지 평가한다.

| 활동 | 월요일 | 화요일 | 수요일 | 목요일 | 금요일 | 토요일 | 일요일 | 총합 | 평균 |
|---|---|---|---|---|---|---|---|---|---|
| 수면 | | | | | | | | | |
| 식사 | | | | | | | | | |
| 수업 | | | | | | | | | |
| 아르바이트 | | | | | | | | | |
| 공부 | | | | | | | | | |
| 동아리 | | | | | | | | | |
| 친구 | | | | | | | | | |
| 운동 | | | | | | | | | |
| 이동시간 | | | | | | | | | |
| 취미 | | | | | | | | | |
| 오락 | | | | | | | | | |
| TV 시청 | | | | | | | | | |
| 가족 | | | | | | | | | |
| 기타 | | | | | | | | | |
| 총합 | | | | | | | | | |

하루 일과를 평가할 때 다음과 같은 점들을 체크해 본다.

- 하루 일과를 정직하게 기록하였는가?
- 어느 정도의 시간이 일상적인 일에 활용되었는가?
- 시간이 많이 필요했던 일은 무엇인가?
- 공부하는 데 어느 정도의 시간을 할애하는가? 긴 시간 동안 집중해서 공부할 수 있었는가?
- 가장 방해가 되었던 것은 무엇인가?
- 장소를 이동하기 위해(예: 등교/하교) 길에서 소요하는 시간은 어느 정도인가?
- 하루 일과 중 제대로 활용하지 못하고 잃어버리는 이른바 자투리시간은 많지 않은가?
- 어떤 순서로 활동했는가? 중요도, 급한 정도 혹은 하고 싶은 정도?
- 단순한 것부터 하고 복잡한 일은 뒤로 미루었는가?

- 자신의 시간 활용에 만족하는가?

이렇게 분석하다 보면 자신이 어느 정도 TV를 시청하는가에 놀랄 수도 있고 생각하는 것보다 적게 공부하고 다른 일로 주의가 분산되어 공부하지 못하는 경우가 많다는 것을 발견할 수도 있다. 하루 일과를 분석하고 매일의 생활 속에서 자신이 계획한 일을 얼마나 수행할 수 있었는지 평가한다. 혹시 너무 많은 계획을 세웠다면 다음 계획을 세울 때 이를 반영한다. 그날 수행하지 못했던 계획에 대해서는 언제 이를 처리할지 시한을 정하는 것도 좋다.

- 하루의 일과가 자신의 목표나 욕구에 부합되게 이루어졌는가?
- 각 활동영역에 시간이 제대로 안배되었는가? 시간을 배분하는 것이 달성하려는 목표에 부합하는가?
- 무엇을 변화시켜야 하는가?
- 어떻게 변화를 줄 수 있는가?
- 언제 변화를 주려고 하는가?

시간을 효율적으로 사용하지 못하는 데에는 성격적인 면이 작용하기도 한다. 예를 들어, 결단을 내리지 못하는 성격 혹은 일을 미루는 성격일 경우 일을 시작하기 전에 많은 시간적 손실이 발생할 수 있다. 완벽주의적인 경향을 갖고 있는 사람 혹은 다른 사람에게 일을 맡기기를 꺼려하는 사람도 시간을 많이 잃어버릴 수 있다.

시간은 많이 들었는데 소득이 없어서 화가 났었던 기억이 있을 것이다. 다음 중 시간을 쓸데없이 썼던 경험이나 효과적으로 작업하지 못했던 이유가 있는지 살펴보자.

- 스팸메일
- 계획에 없었던 친지의 방문
- 전화통화
- 컴퓨터 문제
- 대기시간
- 필요 없는 약속 등

하루에 하는 전화통화 시간을 계산해 보라. 의외로 많은 시간을 뺏기고 있을 수 있다. 하루에 TV 혹은 인터넷 사용 시간을 산출해 보자. 그냥 멍하니 TV를 시청하다 보면 시간을 많이 뺏길 수 있다. 앞의 일들이 한두 번 발성했을 때는 문제가 되지 않지만 계속해서 반복적으로 일어나면 시간을 많이 뺏기게 된다. 방해가 되는 요인을 바로 제거하거나 그 일을 위해 별도로 시간계획을 잡는 것도 좋다.

또한 중요하거나 어려운 일은 방해를 많이 받는 시간에 하지 않도록 한다. 하루에 자신만의 시간을 지정하고 이 시간에는 약속을 하지 않는 방법도 있다. 바로 이 시간에 주변으로부터의 방해받지 않고 집중적으로 작업할 수 있다.

이제 자신의 시간 도둑을 어떤 것들이 있는지 리스트를 만들어 보자.

나의 시간 도둑:

하루에 방해를 많이 받는 시간 그래프를 그려서 자신이 어느 시간대에 가장 방해를 많이 받는지 분석해 볼 수 있다.

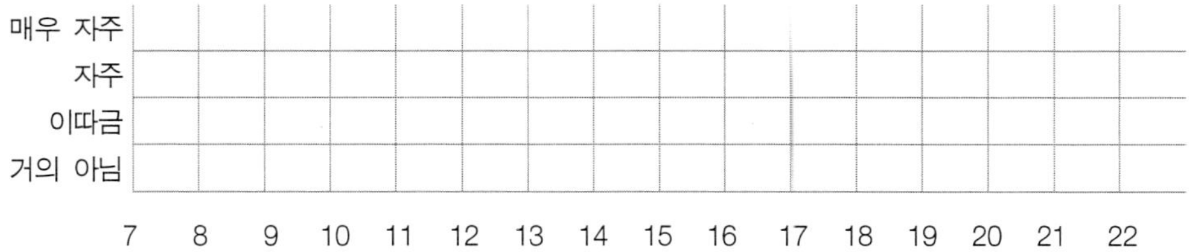


같은 방법으로 일주일에 방해를 받는 정도를 그래프로 그려서 자신이 어느 요일에 가장 방해를 많이 받는지 분석해 볼 수 있다.

| | 월요일 | 화요일 | 수요일 | 목요일 | 금요일 | 토요일 | 일요일 |
|---|---|---|---|---|---|---|---|
| 매우 자주 | | | | | | | |
| 자주 | | | | | | | |
| 이따금 | | | | | | | |
| 거의 아님 | | | | | | | |

학교에 등, 하교하는 데 드는 이동시간, 수업 사이에 다음 수업을 기다리는 대기시간 등이 대표적인 빈 시간이다. 대부분 빈 시간에 제대로 휴식을 취하지도 못하면서 시간을 잃어버리는 일이 많다. 빈 시간을 활용할 때에는 책을 읽는다든지, 다음 수업을 준비하든지 등의 활동을 할 수도 있고, 스트레스를 받지 않고 편한 마음으로 틈새시간을 즐기는 방법도 있다. 흔히 짧은 틈새시간에는 아무것도 할 수 없다는 편견을 갖는다.

다음에는 5분, 10분 동안 할 수 있는 일들을 적어 보자. 의외로 짧은 틈새시간에도 할 수 있는 일이 많다는 것을 느낄 것이다.

5분 동안에 할 수 있는 일들:

10분 동안에 할 수 있는 일들:

자신의 수면시간을 분석하고 경우에 따라 평소보다 약 30분 정도 수면시간을 줄여 보자. 대부분 기상 30분 전에는 숙면을 취하지 않기 때문에 이 정도 일찍 일어났다고 생활에 지장을 초래하지 않는다. 약 2주일 정도 시행해 보고 별 문제가 없을 때에는 이를 습관화할 수 있을 것이다. 이렇게 해서 얻은 30분은 아침운동이나 명상하는 데 활용할 수 있다.

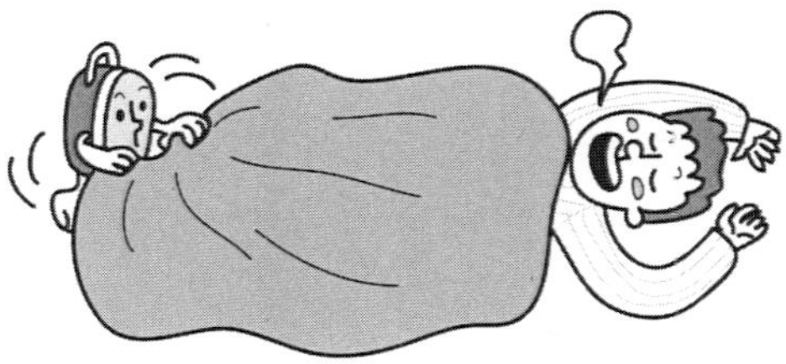

이 밖에도 새로운 습관을 들일 때 이미 고정된 습관에 새로운 활동을 연결시켜 반복하면 습관화하기가 쉽다. 예를 들어, 매일 9시에 뉴스를 보는 습관이 있고 평소에 시간이 없어서 운동을 못한다면, 9시 뉴스를 보면서 스트레칭하는 습관을 들여 본다.

## 2. 학습환경 관리

집에서 자기 방이나 자기 책상에서 공부할 때는 공부할 책이나 자료를 비치해 둘 수 있고 이들이 잘 정리되어 있을 때에는 자료를 찾느라고 시간을 낭비할 필요가 없다. 일정한 장소에서 공부하다 보면 그 자리에 갔을 때 자연스럽게 공부하고자 하는 마음의 준비를 하게 된다. 이를 조건화의 개념으로도 설명할 수 있다. 그러나 집에서 공부하는 경우 주변으로부터(예: 전화, TV, 라디오, 방문객, 가족) 방해받을 가능성이 크다. 이런 이유로 도서관의 열람실과 같이 통제된 환경을 선호하는 사람들도 있다. 도서관에서 공부할 때의 장점은 조용하고 옆에서 열심히 공부하는 사람들로부터 자극을 받을 수 있고 주의를 산만하게 하는 다른 방해요소들이 적다는 것이다. 그러나 공부할 책이나 자료를 갖고 다녀야 한다. 물론 각자에게 능률적으로 학습할 수 있는 장소는 다르다. 그러나 대부분의 경우 자신이 원하는 장소에서 항상 공부할 수 있는 것이 아니기 때문에 아무 장소에서 공부할 수 있는 것도 중요하다. 예를 들어, 강의시간 사이의 쉬는 시간을 활용할 경우 잠깐 볼 수 있는 메모장을 활용하거나, 이전 수업내용의 복습 혹은 다음 수업을 예습하는 것과 같은 가벼운 작업을 할 수 있다.

조건화란 학습을 설명하는 기초적인 개념으로 그 예로 고전적 조건화가 있다. 고전적 조건화는 러시아의 생리학자 파블로프가 개의 소화기능에 대해 실험하다가 우연히 발견한 학습의 법칙이다. 그는 자신의 유명한 실험에서 개에게 먹이를 주기 전에 종을 쳤는데, 나중에는 개가 종소리만 들어도 침을 흘리는 것을 발견하였다. 즉, 종소리 자극(조건 자극)이 먹이(무조건자극)와 연합을 이루어 침을 흘리게 되었는데(무조건반응), 이때 종소리 자극이 조건화되었다고 한다.

### 1) 물리적 환경

너무 이완된 상태에서는 집중해서 공부하기 어렵다. 예를 들어, 침대에 누워서 어려운 전공서적을 읽다가는 잠이 들기 쉽다. 편안한 의자에서는 딱딱한 공부를 하기보다는 긴장을 풀고 가벼운 책을 읽는 것이 더 좋을 것이다. 어느 정도 근육이 긴장되어야 정신적인 활동도 활발히 이루어질 수 있기 때문에 공부할 때에는 푹신한 의자보다는 약간 딱딱한 의자가 좋다.

두뇌활동을 위해서는 산소공급이 필수적이다. 따라서 적절한 환기로 신선한 공기가 들어올 수 있도록 한다. 필요한 물품과 참고자료를 놓을 수 있도록 책상의 크기를 고려하고 의자도 너무 낮거나 높지 않게 자신의 체형에 맞도록 조절하는 것이 좋다. 가능하면 책상 위에는 공부에 방해가 되는 물건들은 놓지 않도록 한다. 과제물을 작성할 수 있도록 컴퓨터가 준비되어 있는 것이 좋고 이 외에도 공부할 때 수시로 참고하는 자료(예: 사전, 전자수첩, 지도)도 가까이 배치하는 것이 좋다. 자신의 시간 계획을 기록한 달력이나 메모지, 기본적인 학용품들을 준비해 놓아야 공부하면서 이런 물품들을 찾기 위해 자주 일어서지 않게 된다. 작업하고자 할 때 충분한 공간이 확보될 수 있도록 이런 물품들을 잘 정리한다. 그렇지 않으면 공부를 시작하기 전에 책상을 정리하느라 많은 시간을 낭비하게 된다.

공부할 때 너무 어둡거나 혹은 너무 밝으면 집중하는 데 많은 에너지가 소모되고 쉽게 피곤함을 느끼게 된다. 그림자가 생기지 않도록 하고 가능하면 책상 전체가 비슷한 정도로 조명을 받는 것이 좋다. 이 외에도 환기와 난방 등의 조건도 고려해야 하는데, 너무 높은 온도보다는 약간 서늘한 것이 공부하는 데에는 더 좋다.

### 2) 소음과 음악

높은 주파수와 큰 소리의 소음은 쾌적한 학습환경을 방해한다. 또한 갑자기 소리가 나거나 소리의 변화가 많은 것도 집중하는 데에 방해가 된다. 물론 소음에 대한 민감성은 사람들에 따라 다르나, 소음의 진원이 되는 자극에 대해 부정적인 느낌을 갖고 있을 때에는 그 소리가 더 불쾌하게 지각될 수 있다.

많은 학생들이 공부하면서 음악을 듣는다. 물론 단순하고 반복적인 일을 할 때, 특히 작업의 능률이 떨어질 때 음악을 듣는 것이 효과적일 수 있다. 그러나 고도의 지적인 작업을 할 때에는 방해가 될 수 있다. 특히 음악을 소화하는 데 집중을 요하는 무거운 곡이나 라디오를 들으면 주의가 분산된다.

음악을 듣는 것은 익숙한 작업을 할 때에는 긍정적으로 작용하고 어려운 일이나 주의를 기울여야 하는 일에는 부정적으로 작용한다는 연구 결과가 있다. 따라서 어려운 내용을 공부할 때에는 별도로 주의를 기울이지 않아도 되는 가벼운 곡을 듣는다. 경우에 따라서는 음악이 오히려 주변의 잡음들을 흡수하여 주의가 산만해지는 것을 막는 효과도 있다(Grandjean, 1963).

다음의 표를 활용하여 자신의 학습환경을 점검해 보자.

| 환경 | 영향 | | | 개선방법 |
|---|---|---|---|---|
| 소음 | 문제가 없음 | 견딜 만함 | 방해가 됨 | |
| 주변 자극 | 거의 없음 | 가끔 | 자주 | |
| 조명 | 너무 약함 | 적당함 | 너무 강해서 눈부심 | |
| 공기 | 좋지 않음 | 보통 | 양호함 | |
| 난방 | 너무 약함 | 적당함 | 너무 강함 | |
| 책상 | 너무 작음 | 적당함 | 너무 큼 | |
| 필요한 보조자료 | (사전, 계산기 등) | | | |

이 장에서 중요하다고 생각되는 내용을 정리해 보자.

## |참고문헌|


강미은(2006). 논리적이면서도 매력적인 글쓰기의 기술. 서울: 원앤원북스.

강진령 편저(2005). APA 논문작성법. 파주: 양서원.

김경옥 외 공역(2001). 인지학습과 문제해결. 서울: 상조사.

김만권, 이기학(2003). 자기조절학습전략 프로그램이 학업성취와 심리적 특성에 미치는 효과. 한국심리학회지: 상담 및 심리치료, 15(3), 491-504.

김명숙(2002). 공교육에서의 비판적 사고 교육의 방향과 쟁점. 철학연구, 58, 107-144.

김재식(2003). 가치판단의 논리적 구조를 통한 자율론적 수업모형 분석. 초등도덕교육, 13, 47-81.

김혜온(2007). e-러닝의 심리학적 기반. 서울: 학지사.

박영목(1987). 작문의 인지적 과정에 대한 제약. 국어교육, 61, 65-84.

박영태, 현정숙(2002). 자기주도학습력의 이해. 동아대학교 출판부.

변영계(2005). 교수·학습이론의 이해(개정판). 서울: 학지사.

서수현(2006). 글쓰기에서의 내용 지식에 대한 개념 규정. 국어교육, 121, 107-128.

송명자(1995). 발달심리학. 서울: 학지사.

송인섭(2006). 현장적용을 위한 자기주도학습. 서울: 학지사.

송인섭, 정미경(1999). 고등학생의 자기조절학습 모형의 구조분석. 교육심리연구, 13(3), 71-91.

신종호, 박종효, 최지영, 김민성 공역(2007). 학습과학. 학지사.

양요철(2002). 학습심리학. 서울: 교육과학사.

이성진(1996). 교육심리학서설. 서울: 교육과학사.

이승훈(1995). 글을 어떻게 쓸 것인가. 서울: 문학아카데미.

이용남 외(1999). 신교육심리학. 서울: 학지사.

이정모 외(1989). 인지과학. 서울: 민음사.

한규석(2002). 사회심리학의 이해(개정판). 서울: 학지사.

한효석(2006). 이렇게 해야 바로 쓴다. 서울: 한겨레출판.

Abramson, L. Y., Seligman, M. E. P., & Teasdale, J. D. (1978). Learned helplessness in humans: Crotique and reformulation. *Journal of Abnormal Psycholcgy, 87,* 49-74.

Alexander, J., & Tate, M. (1999). *Web wisdom: How to evaluate and create information quality on the Web.* Mahwah, NJ: Lawrence Erlbaum Associates.

Ames, C., & Archer, J. (1988). Achievement goals in the classroom: Students' learning strategies and motivation processes. *Journal of Educational Psychology, 80,* 260-267.

Anderson, J. R. (1983). *The architecture of cognition.* Cambridge, MA: Harvard University Press.

Anderson, J. R. (1989). *Kognitive Psychologie.* Heidelberg: Spektrum der Wissenschaft.

Anderson, J. R. (1990). *Cognitive psychology and its implications.* San Francisco: Freeman.

Andre, T. (1987). Questioning and learning from reading. *Questioning exchange, 1,* 47-86.

Applebee (1984). Writing and reasoning. *Review of Educational Research, 54,* 577-596.

Artelt, C. (2000). *Strategisches Lernen.* Munster: Waxmann.

Atkinson, R. C., & Shiffrin, R. M. (1968). Human Memory: A proposed system and its control processes. In K. W. Spence & J. T. Spence (Eds.), *The psychology of learning and motivation: Advances in research and theory* (pp. 89-195). New York: Academic Press.

Ausubel, D. P. (1968). *Educational Psychology: A cognitive view.* New York: Holt, Rinehart & Winston.

Baddley, A. D. (1986). *Die Psychologie des Gedächtnisses.* Stuttgart: Klett Cotta.

Bandura, A. (1997). *Self-efficacy: The exercise of control.* New York: W. H. Freeman and Company.

Barkley, R. A. (1998). *Attention deficit hyperactivity disorder-a handbook for diagnosis and treatment.* New York: Guilford Press.

Barun, O. L., Adjei, M., & Munch, M. (2003). Selbstmanagement und Lebenszufriedenheit. In G. F. Muller (Ed.), *Selbstverwirklichen im Arbeitsleben* (pp. 151-170). Lengerich: Pabst.

Bereiter, C., & Scardamalia, M. (1987). *The Psychology of written composition.* Hillsdale, NJ: Lawrence Erlbaum Associates.

Bransford, J. D. (1984). Schema activation and schema acquisition: Comments on Richard C. Anderson' s remarks. In R. C. Anderson, J. Osborn, & R. J. Tierney (Eds.), *Learning to read in American schools* (pp. 259-272). Hillsdale, NJ: Lawrence Erlbaum Associates.

Bransford, J. D., & Stein, B. S. (1993). *The ideal problem solver.* New York: W. H. Freeman and Company.

Brown, A. L., & Palincsar, A. S. (1989). Guided, cooperative learning and individual knowledge acquisition. In L. Resnick (Ed.), *Cognition and instruction: Issues and agendas* (pp. 117-161). Hilsdale NJ: Erlbaum.

Brown, A. L., Bransford, J. D., Ferrera, R. A., & Campione, J. C. (1983). Learning, remembering, and understanding. In J. H. Flavell & E. M. Markman (Eds.), *Handbook of child psychology* (Vol. 3, pp. 77-166). New York: Wiley.

Burkhard, R. A. (2005). Towards a framework and a model for knowledge visualization: Synergies between information and knowledge visualization. In S.-O. Tergan & T. Keller (Eds.), *Knowledge and information visualizaion: Searching for synergies.* (pp. 226-242). Heidelberg: Springer.

Buzan, T., & Buzan, B. (2002). *Das Mind-Map-Buch. Die beste Methode zur Steigerung Ihres geistigen Potenziales.* Landsberg: mvg.

Cameron, J., Banko, K. M., & Pierce, W. E. (2001). Pervasive negative effects of rewards on intrinsic motivation: The myth continues. *The Behavior Analyst, 24,* 1-44.

Cañas, A. J., Carff, R., Hill, G., Carvalho, M., Arguedas, M., Eskridge, T. C., Lott, J., & Carvajal, R. (2005). Concept maps: Integrating knowledge and information visualization. In S.-O. Tergan & T. Keller (Eds.), *Knowledge and information visualizaion: Searching for synergies.* (pp. 208-227). Heidelberg: Springer.

Dansereau, D. F., McDonald, B. A., Collins, K. W., Garland, J., Holley C. D., Diekhoff, G. M., & Evans, S. H. (1979). Evaluation of a learning strategy system. In HF. O' Neill & CD Spielberger (Eds.), *Cognitive and affective learning strategies.* New York: Academic Press (pp. 3-43).

de Bono, E. (1970). *Lateral thinking: creativity step by step.* New York: Harper & Row.

de Bono, E. (1985). *de Bono' s thinking course.* New York: Facts on File Publications.

Deci, E. L., & Ryan, R. M. (1985). *Intrinsic motivation and self-determination in human behavior.* New York: Plenum Press.

Dinnel, D., & Glover, J. A. (1985). Advance organizers: encoding manipulations. *Journal of Educational Psychology, 77,* 514-521.

Dörner, D. (1989). *Die Logik des Misslingens.* Reinbek: Rowohlt.

Dumke, D., & Schäfer, G. (1986). Verbesserung des Lernens durch trainiertes Unterstreichen. *Psychologie der Erziehung und Unterricht, 33,* 210-219.

Duncker, K. (1945). On problem solving. *Psychological Monographs,* 1-113.

Dusek, J. B. (1980). The development of test anxiety in children. In I. G. Sarason (ed.), *Test anxiety: Theory, research, and application.* Erlbaum: Hilsdale.

Dweck, C. S. (1986). Motivational process affecting learning. *American Psychologist, 41,* 1040-1048.

Einhorn, H., & Hogarth, R. (1981). Behavioral decision theory: Processes of judgement and choice. In M. Rosenzweig, L. Porter (Eds.), *Annual Review of Psychology,* Palo Alto, CA: Annual Reviews.

Einstein, G. O., Morris, J., & Smith, S. (1985). Individual differences and memory for lecture information. *Journal of Educational Psychology, 77*(5), 522-532.

Ennis, R. H. (1989). Critical thinking and subject specificity: Clarification and needed research. *Educational Researcher, 18*(3), 4-10.

Ericsson, K. A., Chase, W. G., & Fallon, S. (1980). Acquisition of a memory skill. *Science 208,* 1181-1182.

Fischer, F., Gräsel, C., Kittel, A., & Mandl, H. (1996). Entwicklung und Unterscuhung eines coputerbasierten Mappingverfahrens zur Strukturierung komplexer Information. *Psychologie in Erziehung und Unterricht, 43,* 266-280.

Flesch, R., & Lass, A. H. (1996). *Classic guide to better writing.* New York: HarperResource.

Flower, L., & Hayes, J. (1984). The representation of meaning in writing. *Written communication, 1,* 120-160.

Franks, C. M., & Wilson, G. T. (1980). *Annual review of behavior therapy, theory and practice.* Deutsche Gesellschaft für Verhaltenstherapie, Tübingen.

Furedy, C., & Furedy, J. (1985). Critical thinking: towards research and dialogue. In J. Donald, & A. Sullivan (Eds.), *Using research to improve teaching. New directions for teaching and learning.* San Francisco: Jossey-Bass.

Gick, M. L., & Holyoak, K. J. (1980). Schema induction and analogical transfer. *Cognitive Psychology, 12,* 306-355.

Glover, J. A., Ronning, R. R., & Bruning, R. H. (1995). *Cognitive psychology for teachers.* New York: Macmillan Publishing Company.

Golin, S., Sweney, P. D., & Schaffer, D. E. (1981). The causality of causal attributions in depression: A cross-lagged panel correlation analyses. *Journal of abnormal psychology, 90,* 14-22.

Graf, O. (1961). *Arbeitszeit und Arbeitspausen. Handbuch der Psychologie.* Göttingen: Hogrefe.

Graham, S., & Weiner, B. (1996). Theories and principles of motivation. In D. Berliner & R. Calfee (Eds.), *Handbook of educational psychology* (pp. 63-84). New York: Simon and Schuster Macmillan.

Graham, S., Harris, K., & Troia, G. (1998). Writing and self-regulation: Cases from the self-regulated strategy development model. In D. Shunk & Zimmerman (Eds.), *Self-regulated learning: From teaching to self-reflective practice* (pp. 20-41). New York: Guilford.

Grandjean, E. (1963). *Physiologische Arbeitsgestaltung.* Leitfaden der Ergonomie. Munchen: Ott-Verlag.

Hasselhorn, M. (1992). Metakognition und Lernen. In G. Nold (Ed.), *Lernbedingungen und Lernstrategien: Welche Rolle spielen kognitive Verstehensstrukturen?* (pp. 35-63). Tübingen: Narr.

Heckhausen, H. (1989). *Motivation und Handeln.* Berlin: Springer.

Heider, F. (1958). *The psychology of interpersonal relations,* New York: Wiely.

Hoppe-Graff, S., & Kim, H. O. (2001). *Struktur, Klutur und Entwicklung.* Hamburg: Dr. Kovac.

Howe, J. A. (1977). Learning and the acquisition of knowledge by students: some experimental investigations. In J. A. Howe (Ed.), *Adult learning.* New York: Wiley & Sons (pp. 145-160).

Hull, G. (1987). The editing process in writing: A performance study of more skilled and less skilled college writers. *Research in the Teaching of English, 21,* 8-29.

Jaspers, J., Fincham, F. D., & Hewstone, M. (1983). *Attribution theory and research: conceptual, developmental and social dimensions.* London: Academic Press.

Jenkins, J. G., & Dallenbach, K. M. (1924). Obliviscence during sleep and waking. *The American Journal of Psychology, 35,* 605-612.

Jex, S. M., & Elacqua, T. C. (1999). Time management as a moderator of relations between stressors and employee strain. *Work and Stress, 13,* 182-191.

Jones, E. F., Kanouse, D. E., Kelly, H. H., Nisbett, R. E., Valins, S., & Weiner, B. (1972). *Attribution: Perceiving the causes of behavior.* Morristown, NJ: General Learning Press.

Kennedy, M., Fisher, M. B., & Ennis, R. H. (1991). Critical thinking: literature review and needed research. In L. Idol, & B. Fly Jones (Eds.), *Educational values and cognitive instruction: Implications for reform* (pp. 11-40). Hillsdale, NJ: Lawrence Erlbaum.

Kim, H. O. (1991). *Fragenstellen ald eine aktive Problemlöseheuristik.* unveröfftl. Disseration. RWTH Aachen.

Kim, H. O. (2003). Evaluation netzbasierter Lehr-Lern-Arrangements-Konzeption und praktische Umsetzungsformen. *Schriften zur Sächsischen Wirtschaftspädagogik, 1*(1), 109-130.

Kim, H. O., & Klauser, F. (2002). Zielgruppenanalyse-Grundlage für die effektive Entwicklung und Implementation netzbasierter Lernumgebungen. *Zeitschrift für Berufs-und Wirtschaftspädagogik, 99*(1), 26-41.

King, P. M., & Kitchener, K. S. (1994). *Developing reflective judgment.* San Francisco: Jossey-Bass.

Knowles, M. S. (1980). *The modern practice of adult education: From pedagogy to andragogy.* Englewood Cliffs: Prentice Hall/Cambridge.

Koch, C. J., & Kleinmann, M. (2002). A stitch in time seves nine: Behavioral decision-making explanations for time management problems. *European Journal of Work and Organizational Psychology, 11,* 199-217.

Kuhl, J. (1983). Emotion, Kognition, and Motivation: Die funktionale Bedeutung der Emotionen für das problemlösende Denken und für das konkrete Handeln. *Sprache & Kognition, 4,* 228-253.

Lauth, G. W., Brunstein, J. C., & Grünke, M. (2004). In G. W. Lauth, J. C. Brunstein, & M. Grünke (Eds.), *Interventionen bei Lernstörungen.* Göttingen: Hogrefe.

LeFevre, J. (1988). Reading skills as as source of individual differences in the processing of instructional texts. *Journal of Educational Psychology, 80,* 312-314.

Leopold, C., & Leutner, D. (2004). Selbstreguliertes Lernen und seine Förderung durch prozessorientiertes Training. In J. Doll & M. Prenzel (Eds.), *Bildungsqualität von Schule: Lehrerprofessionalisiertung, Unterrichtsentwicklung und Schülerförderung als Strategien der Qualitätsverbesserung* (pp. 364-376). Münster: Waxmann.

Lipman, M. (2003). *Thinking in Education.* NY: Cambridge University Press.

Lozanov, G. (1978). *Suggestology and outlines of suggestopopedy.* London.

Luchins, A. S., & Luchins, E. H. (1959). *Rigidity of behavior: A variational approach to the effects of Einstellung.* Eugene, OR: University of Oregon Books.

Ludwig, P. H. (2000). *Imagination.* Opladen: Leske+Budrich.

Lutz, J. A. (1987). A study of professional and experienced writers revising and editing at the computer and with pen and paper. *RITTYE, 21,* 398–421.

Macan, T. H. (1994). Tme management: Test of a process model. *Journal of Applied Psychology, 79,* 381–391.

Macan, T. H., Shahani, C., Dipboye, R. L., & Philips, A. P. (1990). College students' time management: Correlations with academic performance and stress. *Journal of Educational Psychology, 82,* 760–768.

Mähler, C., & Hasselhorn, M. (2001). Lern-und Gedächtnistraining bei Kindern. In K. J. Klauer (Ed.), *Handbuch Kognitives Training* (pp. 407–429). Göttingen: Hogrefe.

Maier, N. R. F. (1931). Reasoning in humans II: The solution of a problem and its appearance in consciousness. *Journal of Comparative Psychology, 12,* 181–194.

McClelland, D. C., & Winter, D. G. (1969). *Motivating economic achievement.* New York: Free Press.

McPeck, J. E. (1990). Critical thinking and subject specificity: A reply to Ennis. *Educational Researcher, 19*(4), 10–12.

Meichenbaum, D. W. (1979). *Kognitive Verhaltensmodifikation.* München: Urban & Schwarzenberg.

Metcalf, L. E. (1971). *Value education: Rationale, strategies, and procedures.* National Council for the Social Studies.

Meyers, A. (2006). *Writing with confidence* (8th ed.). New York: Pearson Education.

Ostrander, S., & Schroeder, L. (1982). *Leichter lernen ohne stress.* München: Reinhardt.

Paivio, A. (1986). *Mental representation: A dual coding approach.* New York: Oxford University Press.

Paul, R., & Elder, L. (1995). *Critical thinking: Tools for taking charge of your learning and your life.* Rohnert Park, CA: Foundation for Critical Thinking.

Pekrun, R., Goetz, T., Titz, W., & Perry, R. P. (2002). Academic emotions in students' self-regulated learning and achievement: A program of quantitative and qualitative research. *Educational Psychologist, 37,* 91–106.

Piazza, C. L. (1987). Identifying context variables in research on writing: A review and suggested directions. *Written Communication, 4,* 107–138.

Pintrich, P. R., Wolters, C., & Baxter, G. (2000). Assessing metacognition an dself-regulated learning. In G. Schraw & J. Impara (Eds.), Issues in the measurement of metacognition (pp. 43-97). Libcoln, NE: the University of Nebraska Press.

Pintrich, P. R., & Schunk, D. (2002). Motivation in education: Theory, research and applications. Upper Saddle River, NJ: Merill/Prentice Hall.

Pressley, M. (1986). The relevance of the good strategy user model to the teaching of mathematics. *Educational Psychologist, 21,* 139-161.

Pressley, M., & Woloshyn, V. (1995). *Cognitive strategy that really improves children' s academic performance.* Cambridge, MA: Brookline Books.

Rehäuser, J., & Kracmar, H. (1996). Wissensmanagement in Unternehmen. In G. Schreyögg & P. Conrad (Eds.), *Wissensmanagement* (pp. 1-40). Berlin: de Gruyter.

Reusser, K. (1988). Problem solving beyond the logic of things: Contextual effects on understanding and solving word problems. *Instructional Science, 17,* 309-338.

Rheinberg, F., & Krug, S. (2005). *Motivaionsforderung im Schulalltag.* Gottingen: Hogrefe.

Rheinberg, F. (1995). Individuelle Bezugsnormen der Leistungsbewertung und Motivation im Unterricht. *Pädagogische Welt, 49,* 59-62.

Rheinberg, F. (2002). *Motivation.* Stuttgart: Kohlhammer.

Rheinberg, F. (2004). *Motivationsdiagnostik.* Göttingen: Hogrefe.

Rizley, R. (1978). Depression and distortion in the attribution of causality. *Journal of abnormal psychology, 87,* 32-48.

Robertson, J. (2000). Is attribution training a worthwhile classroom intervention for K-12 students with learning difficulties? *Educational Psychology Review, 12,* 111-134.

Robinson, F. (1972). *Effective study.* New York: Macmillan.

Schack, G. D. (2004). Effects of a Creative Problem-solving curriculum on Students of varying ability Levels. In D. J. Treffinger (Ed.), *Creativity and Giftedness* (pp. 125-140). Thousand Oaks, CA: Corwin Press.

Schiefele, U., & Pekrun, R. (1996). Psychologische Modelle des fremdgesteuerten und selbstgesteuerten Lernens. In F. E. Weinert (ed.), *Psychologie des Lernens und der Instruktion.* Göttingen: Hogrefe.

Schiefele, U., & Streblow, L. (2006). Motivation akrivieren. In H. Mandl, & H. F. Friedrich (eds.), *Handbuch Lernstrategien.* Gottingen: Hogrefe.

Schiefele, U. (2004). Förderung von Interessen. In G. W. Lauth, M. Grunke & J. C. Brunstein (Eds.), *Interventionen beim Lernstörungen* (pp. 134-144). Göttingen: Hogrefe.

Schiefele, U., Wild, K. -P., & Winteler, A. (1995). Lernstrategien im Studium. Ergebnisse zur Faktorenstruktur und Reliabilität eines neuen Fragebogens. *Zeitschrift für differentielle und diagnostische Psychologie, 15,* 185-200.

Schmalt, H. G. (1976). Das LG-Gitter: *Ein objektives Verfahren zur Messung des Leistunsmotives bei Kindern.* Göttingen: Hogrefe.

Schnotz, W. (2006). *Pädagogische Psychologie.* Weinheim: Beltz.

Seligman, M. E. P. (1983). *Erlernte Hilflosigkeit.* München: Urban und Schwarzenberg.

Siegel, H. (1992). The generalizability of critical thinking skills, dispositions, and epistemology. *The generalizability of critical thinking: Multiple perspectives on an educational ideal,* In S. P. Norris (Ed.), 97-108.

Simons, P. R. (1984). Instructing with analogies. *Journal of Educational Psychology, 76,* 513-527.

Simons, P. R. J. (1992). Lernen selbständig zu lernen-ein Rahmenmodell. In H. Handl & H. F. Friedrich (eds.), *Lern-und Denkstrategien: Analyse und Intervemtion* (pp. 251-264). Göttingen: Hogrefe.

Singh, B. (1995). The effects of self versus others reference on retention. *Psychological Development Societies, 7,* 237-258.

Spangler, G., Pekrun, R., Kramer, K., & Hofmann, H. (2002). Students' emotions, physiological reactions, and coping in academic exams. *Anxiety, Stress and Coping, 15,* 413-432.

Spielberger, C., & Vagg, P. (1995). *Test anxiety: Theory, assessment, and treatment.* Washington, DC: Taylor & Francis.

Spielberger, C. D., & Smith, L. H. (1966). Anxiety (drive) stress and serial position effects in serial-verbal learning. *Journal of experimental psychology, 72,* 589-595.

Standing, L. (1973). Learning 10000 pictures. Quarterly *Journal of Experimental Psychology, 25,* 207-222.

Sternberg, R. J., & Wagner, R. K. (1994). *Mind in context.* New York: Cambridge University Press.

Stevens, R. J. (1988). Effects of strategy training on the identification of the main idea of expository passages. *Journal of Educational Psychology, 80,* 21-26.

Symons, C. S., & Johnson B. T. (1997). The self reference effect in memory: A meta analysis. *Psychological Bulletin, 121,* 371-394.

Taylor, B. M. (1982). Text structure and children' s comprehension and memory for expository material. *Journal of Educational Psychology, 74,* 323-340.

Thomas, E. L., & Robinson, H. A. (1972). *Improving reading in every class: A sourcebook for teachers.* Boston: Allyn & Bacon.

Tulving, E. (1972). Episodic and semantic memory. In E. Tulving & W. Donaldson (eds.), *Organization of memory.* New York: Academic Press.

Tversky, A., & Kahneman, D. (1973). Availability: A heuristics for judging frequency and probability. *Cognitive Psychology, 5,* 207-232.

Tversky, A., & Kahneman, D. (1982). Judgement of and by representativeness. In d. Kahneman, P., Slovic, & A. Tversky (Eds.), *Judgement under uncertainty: Heuristics and biases.*

Cambridge: Cambridge University Press.

VanderStoep, S. W., & Pintrich, P. R. (2003). *Learning to learn.* Upper Saddle River, NJ: Prentice Hall.

Weiner, B. (1972). *Theories of motivation; from mechanism tc cognition.* Chicago: Markham.

Weiner, B. (1974). *Achievement motivation and attribution theory.* Moristown, NJ: General learning Press.

Whimbey, A., & Lockhead, J. (1985). *Problemsolving and comprehension.* Hillsdale, NJ: Lawrence Erlbaum Associates.

Whitehead, A. N. (1929). *The aims of education & other essays.* New York: Macmillan.

Wild, K. P. (2000). *Lernstrategien im Studium: Strukturen und Bedingungen.* Munster: Waxmann.

Wine, J. D. (1980). Cognitive-attentional theory of test anxiety. In I. G. Sarason (ed.), *Test anxiety: Theory, research, and application.* Erlbaum: Hilsdale.

Wolpe, J. (1974). *Praxis der Verhaltenstherapie.* Bern: Huber.

Wolters, C. (1998). Self-regulated learning and college students' regulation of motivation. *Journal of Educational Psychology, 90,* 224-235.

Wolters, C. A. (2003). Regulation of motivation: Evaluating an underemphasized aspect of self-regulated learning. *Educational Psychologist, 38,* 189-205.

Wood, E., Woloshyn, V., & Willoughby, T. (1995). *Cognitive strategy instruction for middle and high schools.* Cambridge, MA: Brookline Books.

Zeidner, M. (1998). *Test anxiety: The state of the art.* New York: Plenum.

Ziegler, K., Hofmann, F., & Astleitner, H. (2003). *Selbstreguliertes Lernen und Internet.* Frankfurt: Peter Lang.

Zimbardo, P. G. (1991). *Shyness.* New York: Addison-Wesley.

Zimmer, G. (2004). Erfolgsfaktoren virtueller Studienangebote. In A. Busian, G. Drees, & M. Lang (Eds.), *Mensch-Bildung-Beruf-Herausforderungen an die Berufspädagogik* (pp. 198-208). Aschffenburg: Medienservice Untermain.

Zimmerman, B., & Kitsantas, A. (1999). Acquiring writing revisionskill: Shifting from process to outcome self-regulatory golas. *Journal of Educational Psychology, 91,* 241-250.

Zimmerman, B. J., & Martinez-Pons, M. (1986). Development of a strategy model of student self-regulated learning. *Journal of Educational Psychology, 80,* 284-290.

Zimmerman, B. J., & Martinez-Pons, M. (1990). Student differences in self-regulated learning. *Journal of Educational Psychology, 80,* 284-290.

Zimmerman, B. J. (2002). Becoming a self-regulated learner: An overview. *Theory Into Practice, 41,* 64070.

## | 저자 소개 |

### 김혜온

서울대학교 가정관리학과 졸업
독일 베를린 공대 심리학사
독일 아헨대학교 대학원 심리학 석사, 박사
현 목포대학교 교육학과 교수

〈주요 저술〉

Entwicklung als Strukturgenese(공저, 구조발생으로서의 발달, Dr. Kovac, 2001)
Interpretationskompetenz in der entwicklungspsychologischen Forschung(논문, 발달심리학 연구에서의 해석능력, 2001)
Zielgruppenanalyse-Grundlage für die effektive Entwicklung und Implementation netzbasierter Lernumgebungen(논문, 대상 집단 분석-웹기반 환경의 효과적인 구성과 실행을 위한 기초, 2003)
Entwicklungspsychologie(공저, 발달심리학, Beltz, 2003)
Grundlagen der Evaluation computer und netzbasierter Lernangebote(공저, 컴퓨터 및 웹기반 교육평가의 기초, IMPULS, 2004)
Human rights and duties: Psychology' s contributions(공저, APA Press, 2005)
e-러닝의 심리학적 기반(학지사, 2007)

### 김수정

목포대학교 교육학과 졸업
독일 뮌헨대학교 교육심리학 석사
독일 뮌헨대학교 심리학 박사
현 목포대학교 교육연구소 연구원
목포대학교, 순천대학교 강사

〈주요 저술〉

A study of personal and environmental factors influencing bullying(논문, 2004)
집단따돌림의 가해 · 피해 성향에 영향을 미치는 심리적 · 사회적 요인(논문, 2005)

대학생을 위한

# 자기주도학습기술

2008년 8월 25일 1판 1쇄 발행
2023년 9월 20일 1판 5쇄 발행

지은이 • 김혜온 · 김수정

펴낸이 • 김진환
펴낸곳 • (주) 학지사
04031 서울특별시 마포구 양화로 15길 20 마인드월드빌딩
대표전화 • 02)330-5114 팩스 • 02)324-2345
등록번호 • 제313-2006-000265호

홈페이지 • http://www.hakjisa.co.kr
페이스북 • https://www.facebook.com/hakjisabook

ISBN 978-89-5891-763-2 93370

정가 15,000원